普通高等教育"十五"国家级规划教材

教 育 学

——情境与原理

傅道春 编著

教育科学出版社

·北 京·

策划编辑　罗永华
责任编辑　罗永华
版式设计　沈晓萌
责任校对　刘永玲
责任印制　叶小峰

图书在版编目（CIP）数据

教育学：情境与原理/傅道春编著 . —北京：教育科学出版社，1999. 6（2023. 9 重印）

普通高等教育"十五"国家级规划教材

ISBN 978-7-5041-1867-7

Ⅰ. 教⋯　Ⅱ. 傅⋯　Ⅲ. 教育学—高等学校—教材　Ⅳ. G 40

中国版本图书馆 CIP 数据核字（1999）第 00344 号

出版发行　**教育科学出版社**

社　　址　北京·朝阳区安慧北里安园甲 9 号　　市场部电话　010-64989009

邮　　编　100101　　　　　　　　　　　　　　编辑部电话　010-64981252

传　　真　010-64891796　　　　　　　　　　　网　　址　http://www.esph.com.cn

经　　销　各地新华书店

印　　刷　唐山玺诚印务有限公司

制　　作　北京博祥图文设计中心

开　　本　850 毫米×1168 毫米　1/32

印　　张　12.5　　　　　　　　　　　　　　　版　　次　1999 年 6 月第 1 版

字　　数　300 千　　　　　　　　　　　　　　印　　次　2023 年 9 月第 28 次印刷

定　　价　39.00 元　　　　　　　　　　　　　印　　数　129 001— 130 000 册

如有印装质量问题，请到所购图书销售部门联系调换。

目　录

绪论 学会研究教育事实和教育问题

曾有人问,不学教育学能不能当老师?如果回答说"不能",那么要举出实证并答复一些质疑可能要花费一些功夫。如果问,不掌握必要的教育理论会不会当教师?人们可能会比较一致地回答说"不会"。如果再具体地问,不学好教育理论能不能成为一名效果最优、效率最高的教师?可以明确而肯定地回答"不能"。

一、教育学将会使你具有教师的资格

事实说明,教育学对于教师来说就好比是学医的人的一门"临床医学",不学好教育学而从教,可能要经过一个相当漫长的适应过程,且不能准确、全面、高效、优质地履行教师的职责。对于教师来说,在求职之初,教育学是获得教师资格的一门课程,到后来,教育学就是实施自主劳动的必备工具。

现在,我们通过两个实例,看看具有教育理论素养的教育工作者与社会中的一般常人在进行教育活动上的差别,从中可以体会到教育理论对教育实践活动的作用和功能。

一个孩子的母亲,因孩子把她刚买回家的一块金表当成新鲜玩具给摆弄坏了,就狠狠地揍了孩子一顿,并把这件事告诉了孩子的老师。老师幽默地说:"恐怕一个中国的'爱迪生'被你枪毙了。"这个母亲不解其意,老师给她分析说:"孩子的这种行为是创造力的一种表现,你不该打孩子,要解放孩子的双手,让他从小有动手的机会。"

"那我现在该怎么办?"这位母亲听了老师的话,对自己的行为后悔不迭。

"补救的办法是有的。"老师接着说道,"你可以和孩子一起把金表送到钟表铺,让孩子站在一旁看修表匠如何修理。这样,钟表铺就成了课堂,修表匠成了先生,令郎就成了学生,修理费成了学费,你孩子的好奇心就可以得到满足,说不定,他还可以学会修理呢!"

这个故事发生在半个世纪前。故事中的那位老师是我国著名的教育家陶行知先生。[①]

可见,教师具有了教育理论知识,就能用教育的专业的观点去看待和分析教育现象,并能提出符合教育规律的工作主张和解决教育问题的办法。半个世纪前的陶行知先生能做到的,今天许多教师却不能很好做到,其原因还是教育理论素养问题。再看一个例子:

一天,孙敬修老师在楼下散步,两个孩子在摇一棵新栽的小树,一位街道老大妈正用高声训斥的方法进行"镇压",孩子做着鬼脸还在摇,孙敬修看在眼里,迈不动腿了。他有教育家的独特方法:走上去,抱起小树,把耳朵贴在小树上,装作在认真听的样子,还不住地点头。"您听什么哪?""我听小树说话哪!""它说什么啦?""它说你们刚才摇得它难受极了。根都要折了,让我告诉你们别摇了。

---

① 吕迎春:《别"枪毙"一个中国的"爱迪生"》,《光明日报》,1994 年 11 月 13 日。

等它长大了好给人们遮荫凉。行吗?""行!"两个孩子高高兴兴地走了。老大妈直冲孙老师伸大拇指:"孙老师您真有办法!"①

那位街道老大妈按成人的习惯和常识去制止孩子的不良行为之所以难以奏效,是因为,教育作为一种社会现象,它有自己的规律,按生活中一般通用的认识去处理教育现象很有可能收不到理想的教育效果。老大妈夸孙老师真有"办法",这个"办法"就是教育学知识在具体教育实践中的运用。

概括地说,教育学就是研究教育事实和教育问题,揭示教育规律的一门科学。师范院校公共教育学就是帮助教师或未来教师获得必要的教育理论素养、必需的专业思维意识和基本的解决教育问题的工作原则和方法的一门课程。

教育事实。教育的事实具有广阔的含义。一方面,教育事实作为研究对象,说明教育学研究对象是存在于现实之中的客观存在物,而不是我们主观臆测的各种观念。教育事实是可感知、可认识的事物。另一方面,教育事实是正在从事着的教育实践。它包括:各种形式、各种类型、各种模式的教育事实,还包括教与学过程中教育因素和教育行为。这些是教育学研究对象中的教育事实部分。

教育问题。当教育事实积累到一定程度,被教育工作者议论、评说,当做一个个的"教育问题"提出来进行回答、解释并解决矛盾和疑难时,才是教育科学研究的发端。如人们有意识地提出了"要造就什么样的人"、"用什么方法培育人"等问题并对之进行讨论,于是就产生了"教育问题"。这是教育学的使用价值所在。

所谓规律,它是不以人们意志为转移的客观事物内在的、本质性的联系及其发展变化的必然趋势。教育规律就是教育内部诸因素之间、教育与其他事物之间的具有本质性的联系,以及教育发展

---

① 傅道春编著:《情境教学学》,2页,哈尔滨,黑龙江教育出版社,1996。

变化的必然趋势。例如,在人类历史上,各个阶段的教育都有所不同,但各个阶段的教育都受当时的生产力和经济政治制度以及社会的文化生活所制约,则是一个具有普遍性的规律。又如,在教育工作中,教与学,传授知识与发展智力,智育与德育,小学、中学、大学各个教育阶段之间,都存在着内在的本质性的联系,即存在着规律。教育学的任务,就是依照教育的逻辑层次,去揭示教育的各种规律(包括宏观的和微观的),并在揭示教育规律的基础上,阐明教育工作的原则、方法和组织形式等问题,为教育工作者提供理论上和方法上的依据。

二、教育学将会告诉你如何成为一个好教师

许多教师在教育教学行为上的差别,也都表现为对教育规律性认识上的差异,每个教师的教育观念、教育思想、教育方式和方法的最初形成或确定,也都体现了他对教育事实和问题及规律理解和认识的程度。我们通过下面的例子来反映一下这种差别。

几个学生手里拿着几套煎饼果子,踩着晚自习的上课铃声,上气不接下气地跑到教室。这个"特写镜头"正好被班主任老师撞见。还没等这几名学生坐好,老师就示意他们将煎饼果子送到讲桌上来。几个学生彼此交换了一下眼神,无可奈何地将煎饼果子放到了讲桌上。出乎意料的是,老师非常生气将这几套煎饼果子使劲地扔到纸篓里。无独有偶,在另一所学校也发生上课后学生拿着煎饼果子进教室的事情。然而,老师发现以后,迎上前去,急忙撕下了几张教案纸把煎饼果子接了过来,用自己的手绢包上后轻轻地说:"委屈一会儿,下早自习给你送来。"下课后,老师一手提着暖瓶,夹着两个杯子,一手拿着煎饼果子交给学生,亲切地说:"肚子提抗议了吧,早起十分钟就行了。"一个暖瓶,两个杯子把师生的心连在一起。

两位教师对类似事件做出了不同的处置。从前一位教师看,看不出是事前周密设计的,许多教师行为都是一种思想素养的流

露；如果他将自己的行为经过教育理论的处理，充分认识情感在教育中的意义，就可能像后一位教师那样，实施更为有效的教育。我们再看一例：

某中学一位班主任路遇未请假擅自回家的学生。

老师：(吆喝)嗨，你过来！

学生：(不快地)干吗？

老师：(责问)你为什么不请假就回家？

学生：(不耐烦地)家里有事。

老师：(生气地)你怎么这个态度？

学生：(抵触不满地)我怎么啦？

另一位班主任也遇到了类似情况。一位学生上课迟到了，正好被班主任碰到。

老师：(温和地)××同学，今天来迟了，是家里有事，还是身体不舒服？你可以告诉我吗？

学生：(难为情地)不是。

老师：(委婉地)你今天起床迟了？昨晚睡得太迟了吧？以后可要早睡早起啊！

学生：(由衷地)老师，我明白了。①

第一位班主任的批评引起学生的抵触和不满，第二位班主任没有一句训斥的话，既问清了迟到的原因，又使迟到的学生受到教育。可见，教师们同样是在教育学生，其做法和效果的区别是多么大呀。教育学，将会告诉你如何成为一名合格、胜任的教师。

三、教育情境的介入将会使你学得更愉快、更明白

这本教育学，是结合教育情境展开、陈述应用理论的实践教育学。意在为理性的教育活动提供规范，提供教育行为的有效准则；

---

①　傅道春编著：《情境教育学》，3页，哈尔滨，黑龙江教育出版社，1996。

告诉教育者在特定教育情景中的教育任务和完成任务所需的手段。教育情境,即情况、环境,是由外界、景物、事件和人物关系等因素构成的某种具体的教育境地。它包含林林总总的形象化的典型的教育现象和问题。教育情境可以利用文字、音像等多种方式表示教育行为的诸多因素的运行,其中主要因素是:教师、学生、教育中介及三者之间的联系,实施教育的过程、时间、地点。

将教育情境材料引入教育理论的学习,是为了解决师范生对教育现象缺乏感性认识的难题。师范生学习教育学一开始就陷入定义、规则、原则、分类这些概念体系,由于缺乏对教育事实的感性认识,因此感到艰涩、枯燥、不易理解。教育情境介入后,就有了具体、形象的与教育原理相匹配的教育事实,不仅弥补师范生没有从教经历缺憾,也给教育学的原理的运用准备了翔实的材料。同时还可将中小学教育的实际有机地纳入教育学的学习过程结构之中。情境在教育学中的出现,可以通过从"境"入手,以"理"入心,教理与教例一体化,从具体至抽象等体例结构方式,实现理论与实践的统一,从而引起教学方法、课堂结构等课程方面的一系列变化。情境化的教育学对"情境"的介入寄托了极大的希望。情境化的教育学将淡化无形知识的内容,强化教育教学信息、教学方法与课堂活动等有形知识,紧紧地扣住学校教育过程中的诸多技术问题,具有明显的临床性,因此,对培训教师来说,也可以理解为"临床教育学"。

情景与原理的结合,可以把师范生的情感活动与认知活动结合起来,在教育的境界中,以"物"激"情",以"情"发"辞",以"辞"促"思",以便更快地实现师范生精神培养和职业适应过程的专业指导。

加入情境的教育学,不是简单的教育情境的附加,而是整个学科体系的变化,它由情境线索、理论线索和技术操作线索三个维度组成。它对教育理论与实践都会产生积极的影响。

（一）教育情境的介入对教育学研究产生的影响

1.深化理论学习

具体的教育情境都或多或少地蕴藏着教育学的理论。这样可以通过个别到一般,透过现象到本质,由表及里地来揭示其中蕴含的教育思想,探寻带有普遍指导意义的内在规律。

2.典型示范引导

教育情境经过案例化处理后都带有典型性,因此,对其解剖分析本身就有揭示规律的意义,具有示范价值和引导的功能。从典型的情境中总结出的原则和方法、经验和教训,能反映出特定时代的教育活动规律。

3.逼真的模拟训练

教育情境的设置,能营造一个逼真的教育教学氛围,使学生好像身临其境一般,参与式地进行学习和研究。学生以主人翁的角色出现,去分析问题,把握症结,策划活动,解决问题,这样不仅可以激发学生的学习研究兴趣,也为日后的教育工作作了活动方面的准备。

4.知识转化技能

设置教育情境的根本目的是要使学生将知识转化为技能,学生在具体的教育情境中,综合而灵活地运用教育学知识,会逐步提高其用教育原理去发现问题、分析问题、解决问题的能力。

5.理论联系实际

教育情境本身就是理论与实际结合的产物。教育情境是在大量教育活动中精选出来的,它以现象问题为研究对象,以事实和数据为根据;将理论知识寓于情境之中,可以使大量的感性体验升华为理性认识,从而进一步指导活动。

（二）情境化了的教育学对课堂教学产生的影响

1.加强了教材的教学法功能

加入情境的教育学将"案例教学法"普遍地运用到师范院校教育学的教学之中。具体教学过程可以是这样的:教师将某种教育情境呈现给学生,教师通过对情境分析或指导学生讨论,使学生学习教育学知识,获得用理论思考问题的方法。

2.帮助任课教师克服缺少中学教育经验的局限

当前,我国师范院校公共教育学的师资队伍的一个薄弱环节就是没有足够的中学教育的实践和实感,也没有更多的时间和精力去整理研究新的教育案例,情境化了的教育学提供的教育情境对教师队伍的这一缺欠将是一个重要的弥补。

3.引起课堂教学结构和课型的变化

现在,师范院校教育学课堂大都是完全的"讲述",教师和学生对此都有不同程度的厌倦。这种困境,有时是由于缺少其他一些学习材料的一种无奈做法。文字的或音像的"教育情境"的出现将会为课堂的讨论、师生的对话提供机会和实用的话题材料。在教学中,其认知线索是:情境—材料分析—理论确立—实践设想。教师教学过程为:描述—引导—讲述—养成指导。学生的学习过程为:体验—感知—原理—实际联想。这样,教育学的课堂结构就有了明显的变化。

4.引导教学内容的更新

事物是不断发展的,教育情境是不断更新的,情境在教学中也要不断地更换,这也会给教育原理的归纳带来一些新的思考,使教育学的教学更贴近时代,与现行教育的阶段特征更为吻合和一致,会使一些"老原理"富于许多的新意。

好,那么我们就进入"本论"的学习吧!

教师——认识教育

提示：一个人对自己所从事工作的性质、作用、内容和方式的认识与理解，直接关系到他的工作质量。您进入的师范院校，也就是确立了您的教育职业方向。那么，教育究竟是干什么的？这是我们首先认识并在一个长时期里要实践的问题。本章在教育基本理论的范畴集中回答四个问题："教育是什么"，指对教育的本质和属性的理解；"教育应该干什么"，指对教育价值的追求，体现为教育目的、目标或期望；"教育能够干什么"，指教育能够发挥的作用，也就是教育的功能；"教育实际干了什么"，则是指教育的效应，教育功能实现或发挥的结果。

教育是什么——教育的属性

引言：教育是什么？主要探讨教育的本质属性问题。在这一节中,我们从感性和理性两个方面去认识和理解教育区别于其他事物现象的根本特征、构成教育活动的基本要素和教育处于不同时期的历史形态。

一、教育的概念

情境1：在人类即将走向21世纪的90年代,面对一组教育问题的数字,会令做教师的人从中感到沉甸甸的历史责任。

全球约占学龄人口的20%的1.28亿儿童未能接受初等教育,其中至少包括一半以上的女童,未能接受初等学校教育；

尽管全球文盲的比例在下降,但是1990年仍有9.48亿成人属于文盲,其中2/3是妇女,其中9个人口最多的发展中国家的成人文盲人数占9.48亿的72%,而印度和中国两国就分别占到总数的30%和23%；功能性文盲(意味着一个人所掌握的书面文字和一般基础知识还明显地不足以使其在越来越复杂的社会中"行使功能")已成为包括工业化国家和发展中国家在内所有国家的严重问题；

世界1/3以上的成人尚未学习能改进其生活质量并帮助他们适应社会和文化变化的文字知识及新技能和新技术：

1亿多儿童和不计其数的成人未能完成基础教育计划,更多的人虽能满足上学的要求,但并未掌握基本的知识和技能。[1]

据1982年中国第三次人口普查资料,每1000名在业人口中,农业劳动力具有大专文化程度的仅有0.4人,具有高中文化程度的为54.3人,具有初中文化程度的214.7人,具有小学文化程度的371.6人,文盲和半文盲为359人。[2] 目前世界上15岁以上的

---

[1] 张瑞香、王承绪主编：《中外教育比较史纲》(现代卷),189—190页,济南,山东教育出版社,1997。

[2] 吴福生：《我国农村教育改革的若干问题》,《教育研究》,1998年第3期。

文盲有 8.84 亿,其中我国占 2.2 亿。[1] 我国人口占世界人口的 1/5,我国文盲则占世界文盲的 1/4。

根据 1990 年人口普查,全国 15 岁以上人口中,还有文盲半文盲 1.8 亿左右,小学文化程度 4.2 亿左右,初中文化程度 2.6 亿左右;全国每 10 万人中仅有大学文化程度 1422 人。[2]

解决上述社会问题的事业就是教育事业,使教育事业得以运行的主体就是教师。因此俄国教育家乌申斯基曾说:教师是过去历史上所有高尚而伟大的人物跟新一代之间的中介人……是过去和未来之间的一个活的环节。作为一个历史的活的环节,具体到某位教师,他(她)所从事的工作究竟能给人类留下点什么? 能让人们看到多少? 那么,就让我们走进一所中国的山村学校,真切地看看这所学校惟一的一名教师在山沟里默默地为人类社会刻印着怎样的痕迹。

情境 2:王思明,男,48 岁,陕西省延长县罗子山乡下西渠小学教师。1968 年起担任下西渠村小学民办教师。他所在的下西渠村距离延安市 160 公里,距离延长县城也有 80 多公里。人们常常说这里是"十里同村,隔山为邻",自然条件十分恶劣,山大沟深峁梁纵横,经济非常落后。全村只有 47 户村民,176 口人,20 个劳动力。直到 80 年代,这里的交通还是靠骑毛驴出进。下西渠小学是个多级复式小学,学校 7 个年级只王思明一个老师。每堂课 45 分钟,一个年级平均只能讲 6 分钟,加之这里的学龄儿童因缺乏良好文化环境和近亲结婚,素质先天不足,其教学难度是城市教师无法想象的。27 年来,他扎根山区,献身教育,自己动手,艰苦创业,创造性地开展勤工俭学活动,改善办学条件,使下西渠小学由最初两孔破窑洞发展到一座两层 12 间,340 平方米的现代化"小洋楼",而且从 1970 年起,就实现了免费教育,全村适龄儿童入学率、巩固率、合格率、按

①　张持坚:《我国扫盲任务十分艰巨》,《光明日报》,1998 年 8 月 18 日。

②　睢文龙等主编:《教育学》,49 页,北京,人民教育出版社,1996。

时毕业率均实现100%,比延安地区规划整整提前15年。从1971年算起,这所学校18届91名毕业生,全部升入了初中,后来,30名取得了大中专文凭,其余的也都成为当地经济建设的带头人。

王思明在为下西渠新一代办学的同时,充分利用学校这块文化阵地积极向当地群众渗透现代文明。70年代初,他用学校勤工俭学得来的50元钱,给学校买回一台自鸣钟,全村人都跑来看希罕,觉得挂钟很神秘。接着,他又给学校买回了可以对讲、收音、扩音和电唱的四用机,接通各户的有线广播,把学生朗朗的读书声,传送到每户每家。1976年,他用学校种土豆收获的50元钱,买回高音喇叭,第一次使下西渠人听到了大山外的声音。随着勤工俭学收入的增加,1989年,他又亲自跑到西安买回一台风力发电机,使小煤油灯昏浊的光线下生活了多少辈的下西渠人,终于见到了人类文明的象征——电灯。王思明把20英寸彩电带回学校后,小山村更热闹了,每当夜幕降临,村民们就争先恐后地聚集在学校看电视,以享受现代文明带来的幸福。①

原理:教育质的规定性

如果我们从王思明办学的场面,追忆从原始社会至今天老一代将积累起来的生产斗争经验和社会生活经验传授给新生一代,从而实现成年人对青少年的抚育和培养,对教育可以做以下几点理解。

第一点,教育是一种社会现象。教育产生于社会生活的需要,是社会继承和延续、人类生存和发展必不可少的手段。它伴随人类的产生而产生,随着社会的发展而发展,教育是同人类社会共始终的。

第二点,教育是人类社会所特有的现象。有些动物在养护幼小动物上虽与人类的抚育子女有些类似,但是它们是一种本能活动——是由遗传获得的简单的行为定型,这种活动在意识上是不

---

① 傅道春等编著:《中国杰出教师行为访谈录》,26页,上海,上海教育出版社,1995。

存在的。教育之所以为人类社会所特有，是因为教育是一种只有人才具有的意识的活动；教育是凭借语言文字的物质外壳传递经验的形式，不致因个体的死亡而消失；教育起源于生产劳动这样一种人类社会所特有的实践之中。

第三点，教育是培养人的活动。从诸多的社会现象的差别中去认识教育，我们会发现教育区别于其他事物的根本特征：教育是培养人的活动。它的具体过程是：一部分人以某种特定的影响作用于另一部分人的身心，使社会能够更好地延续和发展。由此，我们可以把"教育"这一概念定义为：教育是教育者按照一定的社会要求，系统地对受教育者的身心发展施加有目的、有计划、有组织的影响，以使教育者发生预期变化的活动。

二、教育的基本要素及各要素之间的关系

通过以上分析，我们看到，教育是培养人的活动。这种活动是一个多因素多层次的整体系统，从成分上分析，含有目的、内容、制度、方法等；从层次上分，有学前教育、初等教育、中等教育、高等教育等。但对教育活动的本质认识还必须具体分析它的基本要素。让我们试着从教育情境中进行要素的提取，看看能找出几种基本要素？他们之间又存在着怎样的规律联系？

情境：河北赵昌芝老师叙述了她的一段教学活动：课前，我在黑板上画好一幅美丽的春景图（先遮上），让学生按组分别扮成小鸡、小兔、小狗、小猫、小羊、小猴等六种小动物。上课开始（这时露出黑板上的图景），我说："今天我们到野外去玩好吗？"孩子们高兴极了，齐声说："好！"我弹起琴来，让他们随着欢快的乐曲做种种动作来到"野外"（当然只是在座位上模拟）。看到五颜六色的"野花"，绿油油的"小草"，他们更是乐得合不拢嘴。这种情绪，为下一步的学习创造了良好的心理条件。

"猜"，最能激发学生的兴趣。我抛开"我们先复习一下得数是

6的加法"的套话,很神秘地说:"老师这里有一个得数是6的算式,你们猜是几加几?"孩子们开始一愣,接着一个个小脑袋歪起来了:1+5、2+4、3+3……得数是6的算式接连不断地出来了。

新课讲授开始,我说:"中午到了,小动物们都饿了吧? 你们看,老师给你们带来了许多好吃的东西。"我把"装有"桃子、青草、骨头、小鱼、麦穗、萝卜等食物的"花篮"贴上黑板时,"小动物"们高兴得拍起手来。"先不忙吃,看谁先数出第一篮食物的个数。"这个要求刚一出口,教室里立刻活跃起来,孩子们一个个瞪大眼睛,认真点数,都想第一个数出来。"这篮食物的个数是几呀?""6!"——孩子们异口同声。我在这个"花篮"的下面板书"6"。接着说:"其他篮里食物的数量和第一篮同样多,请几位小动物,把个数分别写到各篮的下面。"于是各篮下面都出现了数字"6"。接下去是"吃午餐"。我让"小动物"按指定的数目取走自己喜欢吃的食物,再让他们把取食情况叙述出来,于是,花篮下面便出现了6-1=5、6-2=4、6-3=3……6个算式。

吃完"午餐",紧接着以"猜拳"的游戏进行算理分析。每人按老师的要求拿上6个豆豆,分别握在两只手中。然后同桌一边说"两个好朋友,猜拳数豆豆,张开这只手,请猜那只手"的儿歌,一边从分解组成加、减等各个角度进行算理分析。于是,教室里异常活跃——"因为4和2组成6,这只手是4,所以那只手是2。""因为3+3=6,这只手是3,所以那只手一定是3。"……

最后以"接力赛"的游戏巩固练习。一种"动物"一组题,每人一道,相继到黑板上去做(老师把事先出好题的小黑板挂起来),做得又对又快的组为优胜组,发给红花奖。

通过"吃午餐"、"猜拳"、"接力赛"三个游戏,学生们把6的减法从实物分解到算理分析再到巩固练习,非常轻松愉快地学完了,正确率达到100%。①

---

① 傅道春编著:《教师行为访谈》(一),166页,哈尔滨,黑龙江教育出版社,1996。

原理：

（一）教育的基本要素：

1.教育者

教育者是教育活动的主体，他以教育为目的把受教育者作为对象，以其自身的活动来促进受教育者身心的发展和变化。他把教育的影响作为手段，用它来把自己的活动传导到教育对象上去。教育者受社会的委托，是作为社会的代表来作用于受教育者的。他们向受教育者提出的要求，都是经过较高层次概括、较为全面完整的社会要求，同时，他又能自觉地促进受教育者获得符合这种要求的发展。

2.受教育者

受教育者是教育实践活动的对象，是学习的主体。教育活动是受教育者将一定的外在的教育内容和活动方式内化为他自己的智慧、才能、思想、观点和品质的过程。受教育者的积极活动是好的教育效果的必要条件。

3.教育影响

教育影响是置于教育者与受教育者之间的一切"中介"的总和。它包括作用于受教育者的影响以及运用这种影响的活动方式和方法。教育影响又可分解为教育媒体、教育内容、教育手段、教育活动方式方法和教育环境五种成分。其中每一部分都能影响整个教育的效果。教育影响是经过教育者的选择和安排的。教育影响往往具有较高的社会价值和教育价值，以其在促进人的发展中能够产生最优效果和最高效率为加工和选择的准则。教育影响也构成了教育结构中一个独立的因素。

（二）教育要素之间的关系

1.教师是教育影响和学生间的中介

我们以独立形态出现的教育影响——教材为例来说明这个关系。教材是教学过程的客体因素，其规定了教学内容和教学程序。但以文字或音像形态贮存在教材中的知识不会自动流向学生，而学生在一定的学习阶段又不能有效、独立地去获取相应的知识。于是教材和学生之间就产生了一段传递上的差距。教师的中介作用就在于充当联结两者的中间环节来调节他们之间的关系，缩小他们之间的距离，使他们在矛盾中达到统一。教师这种在两端之间"亦此亦彼"的中介作用缩小了教材与学生之间的距离，使教材有可能通过教师这一中介过渡到学生那里去；而学生又可能通过教师的中介去同教材进行有目的、有方向的接触。这就要求教师在授课前要深入到教材中去，仔细研究教材的各种客观现象（如教材的编写范围、结构安排、适用对象等），通过设计教学过程、组织课堂教学、提出各种启发性问题等为教材知识的转化和再生提供中介服务。同时也要求教师在授课前要充分地了解学生，掌握他们的学习现状、知识基础、学习习惯和能力差别。在教学过程中，学生和教材的矛盾是人与物、主体与客体的矛盾，同时也是教学过程的主要矛盾，教师在这一矛盾的解决中起着主导作用，是使学生和教材有机联系起来的中介力量。

2.教育影响是教师对学生施加影响的桥梁

教师对受教育者的作用是以教育影响为中介的。教师只有通过教育影响才能把自己的目的意志和转化的知识信息传递给学生。也就是说，在教育过程中，教师通过对教育影响的直接掌握、控制和调节来间接地控制和调节学生的发展。在教师有目的的活动中，使得教育影响和学生各自按照自身的特性相互作用，发生所需要的某种变化。

教学过程中所表现出的教师和学生的矛盾，主要表现在教师的认识能力和水平与学生认识能力和水平之间的矛盾。教师要把自己所掌握的前人的科学知识转化为符合学生认识能力的知识，必须借助和运用教育影响这一强有力的中介。教育影响作为教师所使用的手段，它必然蕴含着教师的目的、意愿和个体特有的方式。教育影响作为作用于学生的一种现实力量，要引起学生的预期变化,它又必须服从和蕴含着学生认识发展过程的客观规律。教育影响应是教师主观目的和学生客观发展规律的结合和统一。只有这样,它才能成为一种中介,接引教师和学生的关系,使学生在服从客观规律的前提下,又沿着教师的意志所规定的方向发生变化。

3.学生是教师选择和使用教育影响的依据

教师的教育对象是学生,学生的任务不是单纯接受,而是创造。因此,教师在选择和使用教育影响时要依据学生身心发展的规律及学生的个性特点。

教师作为一种外部影响是不会自动地化为学生的意识的,教育影响也不能简单地授予、移植到他人身上,它必须以学生自身的活动作为中介,才能使外部影响纳入到学生的主观世界中去。这也就是说,教育过程不仅包括了教师的活动,也包括了学生的活动,包括了学生对外部世界有目的的作用、改造过程。从这个意义上说,学生受教育过程不单纯是一个由外向内的传导过程,也是一个由内向外的主动作用过程。因此,教师的活动一定要与学生的主体活动相联系,教师的活动目的一定要转化为学生的活动目的,教师所施加的影响一定要成为学生活动的手段和对象,这样教育影响才会起作用。教师是无法超越、脱离学生自身的活动而为所欲为的,教师在选择使用教育影响时,必须以学生为中介和依据。

可见,教师、教育影响和学生之间存在相互影响、相互作用。教学过程就是在教师、教育影响、学生三者的互相对立、互为中介中运动和发展的。我们在认识教育时,除了考虑构成要素外,还要注意他们的关系的探讨。教育过程中的某一成分,从效能上讲都不能单独出现,单独作用。我们不能从某一方面去说明某意义,不能从某一因素上去论证独立作用。只有把相关部分连接起来,才能看到每个因素的整体功能。

三、教育的产生与发展

（一）教育的产生

情境：山顶洞人的生活[①]

　　原理：从猿到人，从自然到社会的演变过程也是教育逐渐产生的过程。劳动形成了人和社会，从而也成为人类生存和社会延续发展的必不可少的条件。为了人和社会的延续，在劳动中，个体每一种动作、方法的改进都必须在群体中广泛传播，使个体的知识、经验变为人类的经验，能世代相传；为了在生产劳动和社会生活中的协调，要遵循一定的规范，包括要求遵循群体在社会生活中的各种经验、习俗、礼仪、传统，等等。这些都是集体创造的精神财富，必须保存、传递、积累。所有这些在客观上就需要有教育。而作为保存、传递、积累经验的手段，主要是劳动中创造的工具和语言，这便是教育活动得以进行的条件。实物工具是人类物质生产的工具，语言是精神生产工具（或心理工具）。

---

　　①　人民教育出版社历史室编著：《中国历史》，第1册，11页，北京，人民教育出版社，1996。

无论是人创造的物质生产工具,还是精神生产工具,都体现了人类历史经验本身,体现了人在创造工具过程中形成、发展起来的能力。在有声语言之前,经验的传递主要靠实物的展现、动作、体态语言。而语言,作为符号,是人类保存、传递文化最理想的工具。各种工具都是物化的人类智慧,是人类文化发展的基础,是文化传递的工具。

由此可知,教育是在劳动基础上,在人、社会形成过程中产生的,教育的产生离不开社会和人的形成。

（二）教育的发展

与人和社会发展相对应的教育的发展,其线索是:远古教育（原始社会教育）→古代教育（农业时代社会的教育）→现代教育（包括工业社会和信息社会的教育）。

1. 远古教育

远古教育是同使用石器工具社会的发展和人的发展水平相适应的教育。使用石器工具的生产力水平很低,不存在私有制,也没有阶级划分;人们共同参加劳动,没有脑力劳动和体力劳动的分化;人们对自然、社会、人自身的知识很贫乏,抽象思维很不发展,所有这些决定了远古教育的原始性,具体表现为以下三方面。

第一个方面,非独立性。远古教育是融合在社会生产和生活之中的,没有成为独立的社会活动领域,没有专门从事教育活动的人和机构。

第二个方面,贫乏性。表现在教育内容上只有简单的生产知识、劳动技能、宗教观念、行为规范等;表现在教育方法上的单调性,即主要是在劳动和社会生活中的口传身授。

第三个方面,无阶级性。教育不分阶级,仅在教育内容、要求上有性别差异和年龄差异。

远古教育尽管很原始,但使当时简单的社会经验得以保存、传递,是保障人和社会的延续和进步,不可缺少的条件。

2.古代教育

情境:墨子和弟子在一起[①]

原理:古代教育是以使用青铜器(奴隶社会)、铁器(封建社会)手工工具为标志的古代社会的教育。人的发展从使用石器工具到使用金属工具是一个大的飞跃。古代文字产生,人的抽象思维得到发展,脑力劳动和体力劳动分离,出现了古代知识分子,也有了最初的科学艺术。社会从没有私有制、没有阶级的原始形态,进入到古代阶级社会,包括奴隶制和封建制。古代社会是自然经济占主导地位,政治上是专制和人治、人身依附的社会。与人的发展和社会发展相应,教育上也产生了一次大的飞跃,从远古教育进入古代教育,主要表现在以下四个方面。

第一个方面,教育具有了自身的独立活动领域。教育从生产劳动和社会生活中分化了出来,出现了古代学校,即产生了专门的教育机构;出现了专门从事教育活动的人——教育者和受教育者。

----

① 人民教育出版社历史室编著:《中国历史》,第1册,60页,北京,人民教育出版社,1996。

　　第二个方面,教育内容丰富充实起来。随着科学和艺术的产生,学校的教育内容得到充实,崇尚书本知识,但是轻视生产劳动知识,轻视体力劳动。学校教育与生产劳动相脱离。学校的教育方法注重背诵记忆,主要采取个别方式。

　　第三个方面,教育具有了阶级性、等级性、狭隘性。只有私有者、剥削者、统治者、脑力劳动者才能得到接受学校教育的机会,学校被统治阶级利用为压迫人民的工具,不具有培养生产工作者的职能。另一方面,广大劳动者子女依然在生产、生活中受教育,学习手工劳动的经验、技能。

　　第四个方面,体力劳动与脑力劳动的分离与对立是社会进步的表现,教育的第一次分化,古代学校的出现,是古代文明的重要标志。学校在培养统治阶级人才、维护古代社会制度方面起了重要作用。古代文字的产生和学校古文字的教学,使人类文化得以通过文字保存、继承和发展。

　3.现代教育

　　现代教育包括资本主义社会和社会主义社会的教育,它是适应商品经济普遍化和现代大机器生产的教育。由于使用大机器生产,商品经济普遍发展,承认人的独立性,社会承认民主与法治。脑力劳动从体力劳动中第二次分化,但分出的是脑力劳动生产工作者,同时体力劳动者也增加了脑力劳动因素。而且在体力劳动同脑力劳动分工、对立的同时,也逐渐出现体力劳动和脑力劳动结合的趋势。由于科学的物化,生产劳动的技术化,也要求生产工作者智力化。与社会经济科学技术发展以及人的发展相适应,产生了教育上的第二次飞跃,即产生子现代教育,出现了现代学校。现代生产客观上要求教育同生产劳动相结合,因此,教育从生产中的分化,不是脱离生产;教育结合生产,也不是削弱教育,不是使教育回到生产中去,回到生活中去。相反的,社会生产越发展,随着对人的素质要求越高,越发要求发挥教育的作用。到了知识经济的时代,将是教育的大大扩展和增强的时代。

　　现代教育的发展可分为三个阶段:以使用蒸汽机为标志的第一次工业技术革命阶段(18 世纪末—19 世纪后期);以电气化为标志的第二次工业技术革命阶段(19 世纪末—20 世纪中期);以使用信息机为标志的第三次工业技术革命阶段(20 世纪中叶—目前)。由于现代生产的发展,商品经济逐渐普遍化,以至在世界范围内发展和扩大,对人的素质要求也日益提高。三个阶段的社会生产水平性质制约着社会和个人对教育的需求,第一阶段,对一般劳动者从要求具有初等教育水平的文化和智力水平,发展到第二、第三阶段,要求具有初中教育水平的文化、智力和具有高中和高中以上教育水平的文化和智力。对脑力劳动者则从要求具有更高科学知识素养和智力水平,到要求有高智力、高技术,有学士、硕士、博士水平的知识和智力。由于现代生产和科技革命的发展以及对人的素质要求逐步提高,推动了教育的普及与发展。第一次工业技术革命阶段,初等教育得到普及与发展,中等教育转向现代教育,中世纪大学向现代大学转变,出现了一些现代大学。第二次工业技术革命以后,出现了资本主义教育与社会主义教育并存的状况,这是两种社会性质不同的教育。这一阶段义务教育年限延长,初中教育普及,中等教育,特别是中等职业教育大发展,同时推动了高等教育和研究生教育的发展。第三次工业技术革命,教育开始全民化、社会化,形成学习化社会,发达国家普及了高中教育,致力于提高中学教育质量,发展中等职业技术教育,并高速发展大学教育和研究生教育,特别是短期大学趋向大众化、普及化,在职教育、成人教育、终身教育也迅速发展。现代社会生产力水平的性质决定着教育发展的水平和性质,教育的经济功能日益被重视,并逐渐成为教育的主要功能。

2

教育应该干什么——教育的目的

引言："教育应该干什么"指对教育的价值追求,体现为教育目的、目标或期望。陈桂生教授曾指出："真实的教育目的存在于千百万教育过程当事人的教育行为之中。"我们这里要揭示的教育目的,不限于对指令性的教育目的的解释,而是对教师所领悟的教育目的,教育活动中体现的教育目的及其效益进行一些具体分析,着重阐明一下教育质量追求。

一、我国的教育目的在人才培养规格方面的追求

任何人类有意识的活动,总以一定目的设定作为起点和归宿。目的性是人类活动的一个特点,人们对于把受教育者培养成什么样的人,都有着自己的期望,在观念上有着某种预期的结果或理想的形象,这就是各自主张的教育目的。受教育者在成长中明确的追求,即自我教育的目的。教育学研究教育目的,并不是罗列人们的这些带有差异的目的,而是要研究社会的总体上的教育目的。这种教育目的由国家机关制定推行,在教育活动中具有主导地位,对整个教育活动具有一定的作用。它是制定各级各类学校具体教育目的、确定教育内容、选择教学方法、评价教育效果的依据。它贯穿于整个教育活动的始终。

情境:1957 年,在生产资料所有制的社会主义改造基本完成以后,毛泽东在最高国务院会议上提出:"我们的教育方针,应该使受教育者在德育、智育、体育几方面都得到发展,成为有社会主义

觉悟的有文化的劳动者。"①1958 年,中共中央、国务院《关于教育工作的指示》又指出:"培养有社会主义觉悟的有文化的劳动者","正确地解释了全面发展的涵义",是我国"教育的目的"。② 这是建国后对教育目的的第一次明确表述。

1982 年,第五届全国人民代表大会第五次会议通过了《中华人民共和国宪法》。《宪法》提出:"国家培养青年、少年、儿童在品德、智力、体质等方面全面发展。"这也是有关教育目的的规定。

1985 年,中共中央《关于教育体制改革的决定》又指出:教育要为我国的经济和社会发展培养各级各类合格人才;"所有这些人才,都应该有理想、有道德、有文化、有纪律,热爱社会主义祖国和社会主义事业,具有为国家富强和人民富裕而艰苦奋斗的献身精神,都应该不断追求新知,具有实事求是、独立思考、勇于创造的科学精神。"③人们把《决定》的这段话简化为"四有、两热爱、两精神",当做是我国教育目的的最新表述。

1986 年,第六届全国人民代表大会第四次会议通过的《中华人民共和国义务教育法》规定:"义务教育必须贯彻国家的教育方针,努力提高教育质量,使儿童、少年在品德、智力、体质等方面全面发展,为提高全民族的素质,培养有理想、有道德、有文化、有纪律的社会主义建设人才奠定基础。"④这是关于义务教育性质和目的的规定,同时也涉及我国整个教育的目的。

1995 年 3 月 18 日公布的《中华人民共和国教育法》规定：教育必须为社会主义现代化建设服务，必须与生产劳动相结合，培养德、智、体等方面全面发展的社会主义事业的建设者和接班人。[①]

原理：

（一）社会主义教育目的的基本特点

1. 以马克思主义关于人的全面发展学说为理论基础

这一学说是从社会分工出发来论述人如何从片面发展到全面发展的历史进程。它指出，社会存在作为人的发展的前提条件，必然制约着人的发展水平。在一定的历史时期内，社会发展甚至以大多数人的片面发展为代价；只有当生产力高度发展，社会物质财富和人的闲暇时间极其充裕，并彻底消灭了人压迫人、人剥削人的制度，实现了"每个人的自由发展是一切人的自由发展的条件"的共产主义联合体，才真正有普遍的个人自由而全面的发展。[②] 这一学说为制定社会主义教育目的提供了正确处理社会发展需要和个体发展需要之间关系的理论依据。它既不同于资产阶级某些人文主义教育学家，抽象地谈论人的发展和教育的最高目的，并把社会发展的需要与个体发展的需要对立起来；又不同于某些社会学家，把满足社会需要，实际上首先是统治阶级的需要，看作教育的惟一目的，并把社会与个体两种分属不同范畴发展的需要混为一谈，宣称只要满足了社会需要，个体发展的需要也就自然实现。马克思主义还认为实现人的全面发展的惟一方法，是教育与生产劳动相结合，这为我们进行人的全面发展教育指明了道路。

2. 鲜明地提出培养人的政治方向

[①]　郭齐家主编：《中华人民共和国教育法全书》，1 页，北京，北京广播学院出版社，1995。

[②]　马克思、恩格斯：《马克思恩格斯论教育》，109 页，北京，人民教育出版社，1986（修订版）。

　　无产阶级教育不掩饰阶级社会中教育的阶级性,公开宣称在培养人的要求上坚持社会主义的政治方向。它不同于资产阶级宣扬的教育目的的超阶级性,也不同于奴隶社会、封建社会以剥夺大多数劳动人民受教育权利为前提的、为本阶级狭隘利益服务的教育目的;它以每一个社会成员都享有受教育的平等权利为前提。社会主义教育在自己的实践中积累了丰富的经验,也有不少教训,它越来越深刻地认识到政治与业务的统一、德与才的兼备,是社会主义社会发展和个体发展的根本需求。

　　3.主张人的全面发展与个性发展的统一

　　社会主义教育目的提出人的全面发展,包括德、智、体诸方面的发展,这是对人的发展的最一般的基本的要求。同时提出个性的自由的、充分的发展,包括每个人的特性和潜在能力的发展。社会主义社会的不同领域需要具有不同才能、特长的人才,社会主义社会也尊重每个人存在的独特性。因此社会主义教育目的在强调全体受教育者在德、智、体诸方面发展的同时,激励每个人才能、特长的积极发展,寓一般于特殊之中。

　　(二)教育目的的结构

　　所谓教育目的,是指社会对教育所要造就社会个体的质量规格的总的设想或规定。分析教育目的的结构,也就是要弄清教育目的的组成部分及其相互关系,教育目的有两个基本组成部分。

　　第一个组成部分是对培养何种社会成员(角色)的规定。这方面曾有过多种提法,如培养"劳动者"、"建设者"、"接班人"、"公民"等。这是教育目的的核心部分。教育要培养何种社会成员,随着社会经济制度、政治制度变化而变化,因民族文化传统不同而各异。中学教育是普通教育,它要培养的是一般的社会主义公民。

　　第二个组成部分是对教育对象形成何种素质结构的规定。这也就是对受教育者思想、道德、心理、知识、能力、体质等方面素质的教育要求和规定。中学教育是普通教育,主要是为提高人的一般素质打基础。

教育目的结构的这两个部分是相互联系的。人的社会角色决定了它的社会功能,因而要求具备相应的素质结构;而人的素质结构又制约着社会功能的性质和水平。社会的不同部门、不同劳动岗位要求培养出具备各种素质结构的各种社会功能的人,决定了各级各类学校教育目的的多样性。

教育目的的完整表述,应包括其组成部分的两个方面,其规范形式应是培养具有哪些素质的何种人。

教育目的又有着明显的价值取向,在教育目的的理论上具有比较重大影响的主要是两大派。一派认为教育目的应当由人的本性、本能的需要决定,教育的最根本目的就是人的本性和本能的高度发展,这就是所谓"个人本位论"。另一派认为,教育的目的是由社会的需要所决定的,培养社会所需要的人,就是教育的目的,这就是"社会本位论"。争论的焦点是一个人应当为他自己而受教育,还是为服务于社会而受教育。按照马克思主义的观点分析,社会需要与人的自身发展是辩证统一的,教育目的应当反映这种辩证统一的关系。

普通中小学教育的性质是基础教育,它的任务是培养全体学生的基本素质,为他们学习做人和进一步接受专业(职业)教育打好基础,为提高民族素质打好基础。

普通中小学的教育目的包括体育、智育、德育、美育、劳动技术教育等五个组成部分。

体育。体育是授予学生健身知识、技能,发展他们的体力,增强他们的体质的教育。体力和体质的发展是个性全面发展的生理基础。人们进行生产劳动、社会活动、军事活动和幸福地生活都需要强健的体魄。

普通中小学在体育方面的要求主要是:向学生传授基本的运动知识、技能,培养他们锻炼身体和讲究卫生的良好习惯,促进他们身体的正常发育和机能的成熟,增强他们的活动能力和身体素质。

智育。智育是授予学生系统的科学文化知识、技能和发展他们的智力的教育。它在帮助学生认识自然规律、社会规律,提高分析和解决问题的能力,掌握从事社会主义现代化建设实际本领和个性全面发展中起着重要作用。

普通中小学在智育方面的要求主要是:帮助学生系统地学习科学文化基础知识,掌握相应的基本技能和技巧,拓宽文化视野,发展思维能力、想象能力和创造能力,养成良好的自学的能力、兴趣和习惯。

德育。德育是引导学生领悟社会主义思想政治观点和道德规范,组织和指导学生的道德实践,培养学生的社会主义品德的教育。它集中地体现了我国教育的社会政治性质,并对学生的全面发展起着定向和动力的作用。

普通中小学在德育方面的要求主要是:教育学生初步了解马克思主义的基本观点和建设有中国特色的社会主义的理论、路线、政策,热爱中国共产党,热爱社会主义祖国,热爱人民,热爱劳动,热爱科学;引导学生逐步树立把我国建设成为富强、民主、文明的现代化国家的理想,养成为民族振兴、国家富强、人民富裕而艰苦创业的献身精神和实事求是、追求真理、独立思考、勇于开拓的科学精神,形成社会主义道德品质、文明行为习惯和抵制资本主义、封建主义腐朽思想侵蚀的能力;帮助学生逐步提高主体意识、群体意识、公民意识、民主意识、竞争意识、自律意识和对改革开放的心理承受能力、应变能力。

美育。美育是培养学生正确的审美观,发展他们的鉴赏美、创造美的能力,培养他们的高尚情操和文明素质的教育。它在净化学生心灵,激励学生热爱生活和追求美好事物,促进学生全面发展中,具有重要作用。

普通中小学在美育方面的要求主要是:通过音乐、美术、文学教育和其他各种审美活动,充实学生的生活,丰富学生的情感,培养学生评价美、欣赏美的能力,引导学生初步掌握一种艺术活动技能,如绘画、唱歌、舞蹈、演奏乐器等,使他们具有健康的审美情趣和高尚的情操,形成朝气蓬勃、乐观向上的精神面貌。

劳动技术教育。劳动技术教育是引导学生掌握劳动技术知识和技能,形成劳动观点和习惯的教育。它帮助学生把脑力劳动和体力劳动结合起来,促进他们的全面发展,为他们的就业和生活打下劳动技术知识、劳动技能和劳动态度的基础。

普通中学在劳动技术教育方面的要求主要是:通过科学技术知识的教学和劳动实践,使学生了解物质生产的基本技术知识,掌握一定的职业技术知识和技能,提高动脑和动手能力,养成良好的劳动态度和劳动习惯。结合劳动技术教育,还可授予学生一定的商品经济知识,使学生初步懂得商品的生产、经营和管理,了解当地的资源状况和经济发展规划,以及国家的经济政策、法律,具有一定的搜集和利用商品信息的能力。

普通中小学教育目的的五个组成部分各有自己的特点、规律和功能,是相对独立的。对于普通中小学学生的全面发展来说,都是缺一不可的,不能相互取代;同时它们又是相互联系、相互制约、相互依存、相互渗透的,在实践中,共同组成统一的教育过程。因此,我们必须考虑到人的素质发展的全面性和整体性,坚持五育并举,对某种倾向性的问题着重强调和抓紧某一方面的教育,但这并不意味着可以忽视和放松其他方面的教育。

(三)教育目标

教育目标是教育目的在各级各类学校教育中的具体化。根据中小学教育任务,我们将教育目的分解为若干个教育目标,并再分解,使教育目的具有可操作性,使每个教师头脑中形成一个教育目标体系,明确地认识自己所承担的教育教学工作与实现教育目标的关系,使之变成直接指导教师进行教育教学活动的行动目标。

　　情境:南京师大附中校长胡百良将新时期的教育目的具体化为以下十个方面,从整体上培养人的素质。

　　(1)坚定的信念和理想。古今中外,凡有贡献于社会的人才,无一不具有崇高的理想和强烈的社会责任感。人才的政治素质,一方面有鲜明的时代特点,同时还有阶级属性。在社会主义初级阶段,信念和理想,大体可分为两个层次:基本层次是要有较强的集体意识、民族意识和国家意识,热爱自己的社会主义祖国,有抱负,有社会责任感,有事业心;较高层次是有共产主义信念,有为全人类而献身的精神、信念和理想。它不仅是一个人一生为之奋斗的基础,而且也是学生时代刻苦勤奋学习的动力,因而是人才素质中最基本的一条。

　　(2)开拓创新精神。在这充满竞争的世界上,开拓创新是使一个国家一个民族以至每一个人,有竞争力、不落后、不被淘汰的关键因素。开拓创新精神,主要表现在乐于接受新的思想观念与新的行为方式;能适应社会发展与变革,有探索真理的精神;有独立鉴别是非、科学预见和评价能力;有不怕挫折失败、不畏艰险的竞争意识和毅力。

　　(3)务实作风。任何成功都要依靠脚踏实地的努力才能取得。务实作风主要指不讲大话、空话和假话,办事讲究实效,思考问题比较实在。

　　(4)合作品格。人的活动有强烈的社会性,现代社会的发展,需要人的合作品格。这包括能理解不同意见,容得下反对意见,人与人之间能相互尊重、互相依赖,能与人合作共事。

　　(5)社交才能。现代社会广泛的人际交往,使得社交才能成为人才的基本素质之一。它主要指要具有说服、宣传、交际和组织等社会活动能力,灵活而又正派,遵守社会公德和法纪。

　　(6)广博扎实的文化基础知识。掌握文化知识是一个人才智素质的重要方面,它既要求较为广博,又要求比较扎实;还要有较强烈的求知欲和广泛涉猎知识的兴趣和习惯;有较合理的知识结构,并有终生的进取心。

（7）有特长。凡优秀人才总是不仅有共性的基础,还表现为有某种专长,在某一方面有特殊的兴趣和较高的追求目标。

（8）自立能力。现代社会特别要求人富有独立精神,不依赖别人,有劳动自立观念;有较强的独立学习、工作、生活能力、自我评价能力和认识能力。

（9）丰富的生活情趣。对生活有高尚的美的理解与追求,生活有弹性、有节奏,会学习、会工作、会娱乐、会休息。

（10）良好的体质。有一二项终生喜爱的体育活动;能适应高强度的工作生活节奏。

我们体会到,要全面提高学生的素质,实际上要比单纯追求升学率更难。要达到这一目标,归根结底,要依靠建立一个与培养目标相适应的新的教学体系,这就是我们进行教育教学改革的根本出发点。

原理:

1. 教育目标体系

教育目标体系是一个多种层次的体系,大致有以下层次。

第一层次教育目的。这是指导各级各类学校教育的总目标,或称终极的教育目标。这一层次的教育目标的制定与社会制度、历史背景、民族传统、教育思潮直接有联系,由国家以法律形式规定,或以政策形式规定。终极教育目标具有高度概括性、方向性、指导性,是制定各级各类学校教育目标的依据。

第二层次教育目标。即某一级某一类学校培养目标,依据教育目的,结合各级各类学校性质、专业特点制定。它可分解为各种教育目标。

第三层次课程目标。是依据教育目标而制定的各种教学、教育活动的课程标准,体现在课程计划、教学大纲以及德、智、体等各种教育大纲中。课程目标可以是一个学年的,也可以是一个学期的。

第四层次单元目标。即一个教学单元或一项教育活动的教育目标,这是依据学校的教育目标、课程目标,结合学生实际由教师制定,并可进一步分解,具体编制为课时目标或某一次教育活动(如一次班会活动或一次春游活动)的目标。

上述第一、二层次教育目标是按学制规定,整个修业期满方能实现的目标,我们称之为远期目标或理想目标。其意义着重在指出方向、远景,使人得到鼓舞,是制定具体目标的重要依据。第三层次的目标是更加具体化的,可以在较短时期内实现的,我们称之为中期目标或中程目标。第四层次目标是通过一次或少数几次教育活动即可实现的,我们称其为近期目标。教育目标从第一层次到第四层次是逐次具体化的。我们把具体到可观察、可测量、可直接操作的目标称作教育的行动目标。

2.教育目标的分类

为了使目标更清晰,便于选择适宜的教学方法,还应对其进行分类。一般地分为三大类。

①认知领域:包括有关学科的知识、原理、定理、定律,如政治理论、道德规范、心理知识、审美知识等。②能力领域:包括一般的智能,各学科的特殊能力、思想品德能力(包括政治觉悟和道德践行等主观条件)、审美能力、体育运动技术技能等。③情意领域:包括观点、信念、情趣、态度、价值观、适应性等等,主要是思想品德的、心理的、审美的等方面要求。

对各类目标以简明扼要方式列入自己的教案或教育活动计划中,执行这些方案(计划)的过程,也就是落实教育目标和实现教育目标的过程。只有一个个行动目标得以实现,才能保证理想目标、终极目标的实现。

3.教育目标的实施问题

各层级教育目标的制定是从确立教育目的开始,按照教育目的——→教育目标——→课程目标——→教育行动目标的顺序进行的。而教育目标的实现,则是从通过具体的教育、教学活动实现行动目标开始,所经历的顺序是:教育行动目标——→课程目标——→教育目标——→教育目的。

教育目标的实现必须通过各种各样具体的教育、教学活动,可以说一切教育、教学活动都是为实现一定教育目标的,因此保证教育目标的实现,总是从搞好一个个具体的教育、教学活动开始的。为了保证教育目标的最终实现,不仅要编制适宜的行动目标,而且对每一层次教育目标的要求、精神实质都能正确领会。

3

教育能够干什么——教育的功能

引言: "教育能够干什么"指教育能够发挥的作用,也就是教育功能。"功能"是事物内含的、可能实现的有效作用。教育的功能就在于能够满足一定的需求。需求不外乎社会的需求与个体的需求。教育的功能大致可分为:个体发展功能与社会发展功能。教师是教育功能的重要实现者,所以要认识当代学校教育应具备的功能,形成科学的教育功能观。

一、教育的个体发展功能

个体发展,概括地说,即个体的身心发展。鉴于个体"身"的方面的发展相对更多地取决于自然的成熟,教育对个体的发展的影响更多地在个体"心"的方面。个体"心"的发展反映出来的对教育的需求,主要为个性化和社会化两方面。教育的个体发展功能又可分为教育的个体社会化功能与个体个性化功能两方面。现在，我们就来探讨一下个体发展中诸多影响及其规律，了解一下个体社会化和个体个性化的内容。

（一）影响个体发展的主要因素

情境1：我国明代文人夏完淳5岁知五经，7岁善诗赋词，15岁从军，17岁殉国。德国化学家卡尔·威特八九岁已能运用六国语言，并通晓数理化学科，9岁考入莱比锡大学，14岁获得博士学位。[①]

情境2：宋朝王安石写过一篇《伤仲永》的短文，说江西金溪有个名叫方仲永的少年，小时比较聪明，5岁就能作诗，但由于缺乏良好的生活条件和及时的教育培养，十二三岁时写的诗已不如以前的好了，年到20岁左右，则"泯然众人矣"。[②]

情境3：美国斯坦福大学心理学教授特尔门对智商在130以上的1528名超常儿童进行了历时50年之久（从1921年到1972年）的追踪观察与系统研究，他的结论是，早年智力测验并不能正确地预测晚年工作的成就，一个人的成就同智力的高低并无极大的相关，有成就的人并非都是家长、教师认为非常聪明的人，而是有恒心，做事求好、求精的人。[③]

情境4：中国社会上广泛流传着"孟母三迁"的故事：战国时思想家、教育家孟轲幼年丧父，他家住在墓地附近，孟轲做游戏就学埋葬死人。他母亲怕对孟轲产生不良影响，就把家搬到集市附近居住。孟轲住在集市旁边，又去学商贩叫卖。孟母感到这也不是教育孩子的环境，又把家迁到学校旁边住，使孟轲从小就学习礼仪。[④]

情境5：1994年9月，福建省第二批特级教师名单公布。其中

---

① 傅道春编著：《情境教育学》，11页，哈尔滨，黑龙江教育出版社，1996。

②④ 王道俊等主编：《教育学》，44页，北京，人民教育出版社，1997。

③ 傅道春编著：《情境教育学》，11页，哈尔滨，黑龙江教育出版社，1996。

最年轻的一位,便是福安一中 32 岁的数学教师李迅。1987 年以来,李迅执教的三届高中毕业班,高考数学科综合比率均居地区榜首,班级也被评为校、县、地区级先进集体。1983 年至 1994 年他先后指导了 31 名学生在全国数学竞赛中获奖,其中 11 人进入省前 10 名。1992 年他指导的宁德地区代表队,获省高一数学夏令营团体总分第一名。尤其令人瞩目的是,李迅指导的 5 位学生参加 1993 年全国高中数学竞赛全部获得省级奖励,其中 3 人获一等奖,分别为全省第一、第二、第十名。一等奖的 3 人入选 1994CMO(中国数学奥林匹克)暨第 35 届国际数学奥林匹克中国国家集训队选拔赛福建代表队。一个县的参赛学生竟然占了省队的一半!作为副领队兼教练的李迅,为福建队仅次于京、沪而居全国团体总分第三,立下汗马功劳。①

原理:这一组教育情境,提供了影响人的发展诸因素及其作用的一些事实。人的发展,包括身体和心理两方面的发展。身体的发展是指机体的各种组织系统(骨骼、肌肉、心脏、神经系统、呼吸系统等)的发育及其机能的增长,是人的生理方面的发展。心理的发展是指感觉、知觉、注意、记忆、思维、想象、情感、意志、性格等方面的发展,是人的精神方面的发展。生理的发展是心理发展的物质基础,心理的发展也影响着生理的发展。分析上一组材料,可以看出影响人的发展的因素有以下四种。①遗传。遗传是指人从上代继承下来的生理解剖的生物特点,如机体的结构、形态、感官和神经系统的特点等,也就是遗传素质,是人发展的自然的或生理的前提条件。②环境。环境是围绕在个体周围的并对个体自发地发生影响的外部世界。它包括个体所接触的物质文明、精神文明,人因参加其中而接触到社会经济生活、政治生活以及家庭生活,还包

---

① 傅道春等编著:《中国杰出教师行为访谈录》,14 页,上海,上海教育出版社,1995。

括同邻里、亲戚、朋友的交往等。③教育。教育是有目的有计划地影响人的一种活动,教育对人的发展,特别是对年轻一代发展起着主导作用。④个体的主观能动性,包括自身的态度和所付出的精力。学生个体的主观能动性是其身心发展的动力。

1. 遗传在人的发展中的作用

遗传素质是人的身心发展的生理前提,为人的身心发展提供了可能性,但它不能决定人的发展。遗传素质的差异性对人的身心发展有一定的影响作用。天资高的儿童,有可能比一般儿童发展得快一些。但遗传素质具有可塑性。随着环境教育和实践活动的作用,人的遗传素质会逐渐地发生变化。因此,不能把人的知识才能和道德品质的好坏,说成是天生的遗传决定的。

2. 环境在人的发展中的作用

社会环境是人的身心发展的外部客观条件,对人的发展起着一定的制约作用。我国古代教育家荀子说:"蓬生麻中,不扶自直;白沙在涅,与之俱黑……故君子居必择乡,游必就土,所以防邪僻而近中正也。"[①]就是强调环境对人的潜移默化的作用。但人们接受环境影响不是消极的、被动的,而是积极的能动的实践过程。有的人在良好的环境中却没有什么成就,有的人在恶劣的环境中却很有作为,可见他们对客观环境的反应是不同的。人的社会实践对人的发展起着决定性的作用。

3. 教育在人的发展中的作用

教育是一种有目的的培养人的活动,它规定着人的发展方向。教育有多种形式,但其中的学校教育对人影响比较全面、系统和深刻,因学校有专门负责教育工作的教师,教育效率高、效果好。

4. 个体的主观能动性在人的发展中的作用

根据唯物辩证法的原理,"外因是变化的条件,内因是变化的

---

① 《荀子·劝学》。

根据,外因通过内因而起作用。"①客观要求为人所接受,就引起了人们的需求,就会做出有选择的反应。所以,学生个体的主观能动性是其身心发展的动力。

(二)教育要适应个体发展的规律

教育的对象是成长着的年轻一代,如果用一个固定的模式对他们进行机械加工会出现怎样的情景呢?依据什么去确定教育任务的要求高低、教学内容的多少与深浅?这就要研究教育的另一条规律:适应年轻一代身心发展的规律。请先看一下少年儿童在成长发展中呈现的一些现象。

情境 1:1964 年美国的心理学家布卢姆发表了题为《人类特征的稳定性与变化》的研究报告,他认为"个人的智力成熟从出生到 4 岁发展到 40%,4 到 8 岁再发展 30%,8 岁以后发展剩下的 30%……如果儿童在这非常重要的早期岁月中得不到理智的刺激,他们的学习能量就受到严重的妨碍。"②

情境 2:儿童从出生到基本成熟的整个发展过程分为六个相互连续又相互区别的时期,也就是六个阶段。

乳儿期:出生——1 周岁;

婴儿期:1 岁——3 岁;

幼儿期:3 岁——5、6 岁;

童年期(又称学龄初期):6、7 岁——11、12 岁;

少年期(又称学龄中期):11、12 岁——14、15 岁;

青年初期(又称学龄晚期):14、15 岁——17、18 岁。③

情境 3:青少年从出生到成熟并不是每年匀速地发展,而是经历过几次发展的高潮。第二次高潮是婴儿出生的第一年。在这一

---

① 《毛泽东著作选读》,上册,141 页,北京,人民出版社,1986。

② 王道俊等主编:《教育学》,56—57 页,北京,人民教育出版社,1997。

③ 睢文龙等主编:《教育学》,74 页,北京,人民教育出版社,1991。

年内,婴儿身高增长 25 厘米左右,体重增加 7 公斤左右。然后就缓慢下来,每年平均身高增长 2—3 厘米,体重增加 2—3 公斤。第二次高潮是六七岁。这个时期身高体重的发展不那么显著,而明显的发展主要表现在大脑和心理上。6 岁儿童的大脑重量已经达到成人脑重量(平均 1400 克)的 90% 以上,儿童的生理、心理状况已经为接受学校教育提供了必要的条件。第三次高潮是青春发育期,即少年期。女孩子大约在十二三岁,男孩子大约在十四五岁。这个时期身高每年增长 7—8 厘米,体重增加 5—6 公斤。少年期是一个过渡时期,既有儿童的特征,又有了成人特征的萌芽。[①]

情境 4:有的人早慧,有的人大器晚成。有的儿童的身高是早长,有的则是晚长;有的儿童在 8 岁时,抽象思维已有很好的发展,能够接受中学教育,有的儿童的抽象思维到十四五岁时,才有显著的发展。对于早熟者,教育的措施要跟上成熟的发展,莫要耽误了他们。对于晚熟者,也不能丧失信心和急于求成,放弃教育的职责。[②]

原理:这组材料向我们呈现了青少年成长过程中的如下特点:顺序性,即由低级到高级、由量变到质变的连续不断的发展过程;阶段性,即在不同年龄阶段中形成的一般的、典型的、本质的特征;不平衡性,指在不同年龄阶段和不同方面发展的速度是不均衡的;个别差异性,指的是学生个体间在发展速度、水平和个性心理倾向上的不同。这些特点,要求教育者必须努力去适应,这是一条重要的职业知识。教育者必须研究和把握人的身心发展的特点和规律。教育必须适应人的身心发展特点,按照人的发展规律来进行,才能收到应有的效果。

1.要适应人的身心发展的顺序性

---

① 睢文龙等主编:《教育学》,74 页,北京,人民教育出版社,1991。

② 王道俊等主编:《教育学》,58 页,北京,人民教育出版社,1997。

新生婴儿的身体发展是按照"从头部向下肢"和"从中心部位向全身的边缘方向"进行的。儿童的心理发展顺序是：先发展形象思维，后发展抽象逻辑思维；先发展机械记忆，后发展意义记忆；先有高兴、恐惧等一般情感，然后才会有理智感、道德感等。因此，学校教育必须注意按照人的身心发展的顺序性进行，由浅入深，由简单到复杂，由具体到抽象，由低级到高级，逐步提高教育的要求。

2.要适应人的身心发展的阶段性

人在婴儿期、幼儿期、童年期、少年期、青年初期等各个不同年龄阶段，无论是在生理心理上，还是在行为方式上，都有很大差别，但又是前后连续的。例如，童年期形象思维占优势；到少年期，抽象思维已有很大发展，但还需要具体的形象思维支持；青年初期，抽象思维已占主要地位，能进行逻辑推理和判断。根据这一特点，教育既要照顾到学生的现有发展水平，又要向学生不断提出高于其原有水平的要求，促进他们的发展。

3.要适应人的身心发展的不平衡性

人的身心发展的不平衡性表现在两个方面。第一，身心某一方面在不同年龄阶段的发展是不平衡的。例如，人的身高体重的发展有两个高峰期间（出生后第一年和青春发育期），较之其他年龄段更为迅速。第二，身心不同方面的发展的不平衡性。有的方面在较早的年龄阶段即已达到较高的发展水平。掌握人的身心发展的不平衡性，有助于我们把握青少年学生身心发展的成熟期，以适时地进行教育。

4.要适应人的身心发展的个别差异性

在人的身心发展中，由于遗传、环境和教育影响不同，由于个人努力和实践不同，必然存在着个别差异。这表现为不同的个体身心同一方面发展的速度和水平不同，表现在不同方面发展的相互关系上，表现在每个人都具有不同的个性心理倾向。根据人的发展个别差异性的特点，教育者就应当深入了解学生，掌握学生的个性特点,做到有的放矢,因材施教,长善救失,使每个学生都能获得最大限度的发展。

（三）个体社会化的基本内容

个体社会化反映着个体与社会的一种关系,是指个体适应社会的要求,在与社会的交互作用过程中,通过学习与内化社会文化而胜任社会所期待、承担的角色,并相应地发展自己的个性的过程。它对于学校来说,是竭力使青少年向着社会期待的成年人角色过渡,并对青少年进行承担新的责任和义务的训练,从而实现人的社会地位和社会价值。

1.政治社会化

政治社会化就是个人逐渐学会被现有政治制度接受和采用的规范、态度和行为的过程。它是一个人的政治态度和政治信念形成的过程,是个人认识自己所处社会的政治制度,并决定为巩固这一制度而努力的过程。政治社会化的目的是将人培养或训练成为能在政治社会中很好地发挥作用的成员,或者说是为了使个人成为一名合格的公民,使他能将社会的政治规范内化,并将这些规范传递给后代。

学校是一个重要的正规的政治社会化因素。学校向学生传递价值准则,使学生形成政治倾向主要通过两个途径:教材内容和教师。教师作为一种政治上的模式,学生不仅向他们学习知识和本领,还观察并模仿他们的行为和价值标准。除此而外,家庭、同辈群体、大众传播媒体也都是个体在社会化过程中的重要因素。

2.道德社会化

道德是一定社会调整人们之间以及个人与社会之间关系的行为规范的总和,它通过各种形式的教育和社会舆论的力量,使人们逐渐形成一定的信念、习惯和传统,并用道德规范来约束自己的行为。将道德规范逐渐内化的过程就是道德社会化。不同社会、不同阶级有着不同的价值标准,而道德的具体内容又与社会的价值标准有着密切的联系。

情境:1960 年 11 月 12 日,美国《星期六晚邮报》曾刊登过一篇文章,介绍了关于 L. 斯洛汀的一段故事。L. 斯洛汀是一位核物理学家,曾在美国墨西哥州北部洛斯阿拉莫斯原子弹实验室工作。1946 年的一天,他和同事们一起在实验室里小心翼翼地把一些钚片凑集在一起,为进行一次连锁反应作准备。忽然,仪表显示连锁反应已经开始,这说明中子大量产生,放射现象已经出现,对室内的工作人员造成了极大的威胁。这时,L. 斯洛汀不顾一切,立即用赤裸着的双手将钚片分开,这实际上等于是自杀,因为他接受了大量的射线。然后,他镇静地嘱咐他的七位同事准确地记住事故发生时他们的位置,以便确定每个人接受放射的程度。接着,在向有关部门报告以后,他向同事们表示歉意,并告诉他们将会发生的事:他将死去,而他的同事们将恢复健康。美国俄勒冈大学教授 R. 赫什等人曾在《道德教育的模式》一书中分析了这一事例。[①]

原理:人的道德性一般表现为三个方面。第一,关心别人,愿意帮助和保护别人,为别人着想。这种关心往往并没有经过深思熟虑和逻辑推理,而是"发自内心"的。当然,这也需要对社会或人的心理有所了解并具备一定的知识,从而使个人能知道别人需要什么或有什么危险。否则,即使想关心别人,也是盲目的。第二,对道德问题作出判断。这就是说,即使个人很关心并清楚地了解他人的需要,对道德问题作出的不同判断也会导致不同的行为。例如,斯洛汀面临的选择是:或保住自己的性命而使别人死去,或牺牲自己去拯救别人。在这个难题面前,仅凭关心显然就不够了,他必须作出最后决定。因此,在相互有冲突的道德准则中作出选择要比单纯的关心复杂得多,也困难得多。第三,行动。这是最重

[①] 黄育馥著:《人与社会——社会化问题在美国》,161—162 页,沈阳,辽宁人民出版社,1986。

要的,是在个人关心他人和作出判断的基础上采取的行动。没有前两条为基础,对行动就无法解释。R.赫什等人据此指出,在进行道德教育时,不仅要告诉人们应该怎样做,更主要的是要使受教育者明白为什么要这样做。

3.性别角色社会化

孩子出世以后,父母及周围的人要问的第一句话就是:"是男孩还是女孩?"这说明了性别在人类社会中的重要性。男女的差别不仅表现为不同的生理特征,还表现为不同的社会特征,如不同的发式、装束、职业,以及其他许多与文化有关的活动和特征等。社会对不同性别的人有着不同的角色期待。人的行为方式和个性的保持似乎与性别角色标准有密切的联系。将性别角色的标准内化的过程就是性别角色社会化。

(四)个体个性化的形成

个体个性化侧重于个体"独特性"的形成,包括能力、特长、独立自主性、自觉积极性、能动的创造性等方面的发展。教育促进学生个性化发展,也就是使受教育者的个性自由发展,增强受教育者的主体意识,形成受教育者的开拓精神、创造才能,提高受教育者的个人价值。

在社会化过程中的个体总是处在一种矛盾之中,即:个体一方面要使自己的行为、态度符合社会的要求和社会达成一致,另一方面又总是会使自己有别于他人,表现出自己的个性。在社会化过程中一方面个体认识到社会之要求,另一方面又在与社会相互作用中认识到自我。自我是社会化过程或者社会性相互作用的一个副产品,这个副产品又将反过来影响社会化的过程。如一个人认识到自己在某方面有能,在某方面无能,他则可以利用自己有能的方面学习更多的东西,亦会克服自己无能的一面,以使自己在社会中发挥更大的作用。社会化和个性化都是在社会性的相互作用过程中进行的,换言之,社会性相互作用有两大功能,一是使个体社会化的功能,它包括个人与他人建立与维持社会关系的倾向;成为社会成员的倾向;按照社会规则和社会标准调整自己行为的倾向;与别人和睦相处的倾向等,社会化功能保持每个个体作为受尊重的个体进入社会。第二个功能即个性化功能,它包括自我意识的发展及在社会职业上的自我选择等。个性化功能帮助人们理解自我的个性特质。个性化形成需要从他人中区分自我,需要确立自己的生活方向,需要在社会中找到一个属于自己,适合自己特性、需要与抱负的位置。

通过社会化功能,个体与他人乃至同社会建立和睦共利的关系。如果社会化历程频繁受挫,会导致个体与他人、与社会的冲突,导致行为偏离社会规范,直至犯罪。同时个体与他人结成的社会关系若是贫乏而简单,将会使个体的认知功能、情感反应枯竭衰退。通过个性化功能,个体建立起与客观相统一的自我意识以及对自己命运的控制意识。个性化受挫常导致内心混乱、绝望意识的产生。

因此,社会化与个性化是贯穿人的一生的相辅相成的过程,它们既相互对立,又相互联系。从对立的一面讲,个性化常常要求个体把自己从他人中区分出来,确立个体在社会中的位置并为社会所接纳,有时意味着为顺从他人期望而抛弃个人的意愿与习惯。从相互联系的一面看,个体向别人学得越多,个体向自己就学得越多。这因为个体只有通过将他人和自己相比较才能更好地了解他人,同时通过了解他人,也更好地了解自己。

二、教育的社会发展功能

本部分探讨教育促进社会发展的功能,它涉及人口、政治、经济、文化等方面,也反映了教育在促进现代化社会发展方面的作用。学校教育社会功能的发挥依赖于对这些社会构成的最基本方面的关系的认识。

情境1：宁夏一家企业耗巨资从国外进口一套机器设备，本指望借此抓住发展机会，却不曾想工人技术达不到要求而导致设备闲置，最终企业被拖垮了。

辽宁本溪重型汽车制造厂从美国引进一套计算机控制系统，美国专家预言中国人要操作这台设备需要学习两手。但是自学成才的该厂高级技师李连才经过几个月时间便迅速掌握了设备的操作技术，为企业赢得了时间，创造了效益。

澳大利亚一家体育用品公司分别在天津、深圳两地投资办厂，两年后天津的厂利税达到2000多万，深圳的厂却连年亏损。调查发现，在其他条件均不相上下的情况下，前者拥有大批训练有素的技术工人，后者却多是未经培训的民工。①

情境2：土默川，黄河边，有一个30户人家的小村庄——土右旗三道河乡喇嘛营村。村里有一个独人校，教师叫任连生。50岁的任连生已是满脸沧桑，两鬓华发，不善言谈，憨厚质朴犹如脚下这片土地。若摘掉鼻梁上那付款式陈旧的眼镜，实与当地老农无异。而他身后的小学却光彩照人：一座不足600平方米的小小院落，一尘不染。一排砖瓦房，一间是教室，一间是办公室。几株垂柳，几行枸杞树，两个花坛，点缀着校园。洁白的瓷砖铺设的旗台上，五星红旗骄傲地飘扬着。步入教室，28个学生清清爽爽地坐在那里，用了10年的课桌崭新如初。小小的办公室内一桌、一凳、一床。墙边是一排乐器：二胡、唢呐、板胡、扬琴、笛子……摆放得整整齐齐。"身居陋室，忘我从教；不计名利，甘为人梯"是主人自撰的座右铭，端端正正地贴在墙上。32年过去了，任连生教出了150名学生，喇嘛营再也没出一个青壮年文盲。全村近200口人中，有5名大学生，6名高中生，70多名初中毕业生，那些发财致富专业户中，好多都是任连生的学生。生活富裕了，精神追求也高

---

① 转引自《新晚报》，1997年3月10日。

了。如今村小成了村里的活动中心,逢年过节、农闲之余,村民们总爱走进学校,和任老师一块吹拉弹唱。村里没有偷盗的、赌钱的,更没有犯罪的,喇嘛营村真正成了一个富裕的文明村。[①]

情境 3:据日本企划厅的报告,从 1982 到 1986 年的 5 年间,每年的实际经济增长的大约 60% 是由技术进步作出的贡献。[②] 美国从 1900 到 1959 年,由"人力资本"(即在教育上的投资)获得的利润增长了 17.5 倍,而由物质资本获得的利润只增长 3.5 倍。[③] 又据苏联经济学家斯特鲁采林的计算,苏联国民收入增加部分,大约有 30% 是由学历构成高度化造成的。受过初等教育、中等教育和高等教育的劳动者,其功效或生产率分别是文盲劳动者的 1.5 倍、2 倍和 4 倍。[④]

原理:教育与社会发展的关系基本上可以用"制约"和"促进"四个字来概括。"制约"与"促进"表明了社会与教育两者之间对立统一的关系。社会决定着教育的性质和发展方向,并为教育的发展提供保证条件;教育通过提高人的素质、培养人才又反过来不断推动、促进社会的文明和进步,这实质上也是人类社会文明运动史的一条普遍规律。

(一)教育与人口的关系

人口,是指生活在一定社会、一定地区,具有一定数量、质量和结构的人的总体。教育与人口的关系是指教育事业与社会中人的总体的关系。

1.教育与人口数量的关系

人口增长率影响教育发展的规模与结构。人口的高增长必然

---

① 田振山等:《土默川之"宝"》,《中国教育报》,1998 年 1 月日日。
② 《参考消息》,1998 年 1 月 11 日。
③ 《教育研究》,1984 年第 6 期。
④ 《教育研究》,1984 年第 6 期。

要求扩大教育的规模,人口增长波峰与波谷的反复出现对学制和学校内部结构也产生着很大影响。人口增长率影响教育质量,人口增长率过高造成人口数量激增的后果是影响教育事业的质量。其表现是教育经费和师资质量的平均水平降低,班级人数过多。人口增长率过高对教育带来的不利影响,在我国和一些发展中国家表现尤为突出。

教育是控制人口增长的手段之一。一个国家全体国民受教育程度的高低与人口出生率的高低成反比。其原因是,教育事业的发展刺激了家庭对教育的需要,而家庭教育需求的提高增加了抚养儿童的费用,这就能起到控制生育率的作用;教育程度的提高,也能改变人们传统的"多子多福"的生育观和家庭观。

2.教育与人口质量的关系

人口质量是指人口身体素质、文化修养和道德水平。其中身体素质包括遗传素质和健康状况;文化修养包括知识水平、智力发展程度和劳动技术水平;道德水平包括人们的思想觉悟、道德修养和合于社会规范的社会品质等。

人口质量影响教育质量。人口质量对教育质量的影响表现为间接和直接两个方面。直接影响是指入学者已有的水平对教育质量的总影响,间接的影响是指年长一代的人口质量影响新生一代的人口质量,从而影响以新生一代为对象的学校的教育质量。教育是提高人口质量的基本手段。教育除具有控制人口数量的社会功能外,同时也具有提高人口质量的功能。与控制人口数量的功能相比较,教育在提高人口质量上的作用更为直接和突出。

教育在提高人口质量方面的功能首先表现为对青年一代的培养。儿童、青年时期是人口质量的奠基时期,因此必须尽最大努力抓好和提高普通教育的质量,培养出德、智、体全面发展的一代新人。这代新人的培养不仅能提高当代人口质量的水平,而且会连续影响今后各代的人口质量水平。教育提高人口质量的功能还表现在对成年人的教育上。成年人的教育目的不仅在于使他们自身获得提高,掌握新的知识与技能,以适应社会发展的需求(这也是教育承担的直接提高当代人口质量的任务),而且还要使他们提高对优生、优育的认识,获得相关的知识和能力,以便为自己的后代创造更好的发展条件。

　　教育还具有调整社会人才构成与流动的功能。社会人才的构成一般包括两个方面。第一,具有不同科学文化程度的人才之间的比例。例如,具有大学文化程度的,高中文化程度的,初中文化程度的,以及文盲之间的比例。这种比例变化可以反映社会人才的总体素质及其潜力。第二,具有不同专业知识和技术的人才之间的比例。例如,自然科学、社会科学、教育科学、工程技术等方面的专家之间的比例;各种专项技术人员之间的比例;各种技术工人之间的比例。这种比例可以反映出社会人才的配合状态和整体效用水平。这两个方面纵横交织在一起构成的网络系统,基本可以决定一个社会人才数量、质量、规格、配合水平和整体效能的总体形态。

　　人才流动所涉及的范围比较广泛,主要包括四点。①人才在不同技术特点的劳动部门间的流动,例如,劳动者由劳动密集型产业向资本密集型产业或技术密集型产业的流动。②人才在不同性质的劳动部门或工作种类间流动,例如,从机器制造业流向服务行业,从采掘工变为操作工,从农民变为工人,等等。③人才在不同区域之间的流动,如从沿海发达地区流向内地偏远地区。④人才在不同阶层之间的流动,例如,从社会的较低阶层流向较高阶层,等等。

　　(二)教育与社会物质生产的关系

　　1.社会物质生产对教育的作用

　　教育的每一个发展都与物质生产的发展有关,社会物质生产的发展为教育的发展提供了基础性条件,又对教育不断提出新的要求,成为推动教育发展的根本性的社会动力。

　　(1)社会物质生产的发展为教育的发展提供了基础性条件。

社会物质生产的发展为教育的发展提供了人力与时间、物力和财力。这都是教育事业发展不可缺少的基础性条件。

（2）社会物质生产的发展对教育不断提出新的需求。教育作为社会延续和发展的工具，必然要适应社会发展的需要，其中首先是适应社会物质生产发展的需要。历史向我们呈现的总趋势是社会物质生产水平越高，对教育提出的需求也越高。物质生产的发展越来越成为推动教育发展的根本动力。

2.教育对社会物质生产的作用

（1）教育是实现劳动力和生产中所必须的各种人员"再生产"的重要手段，是提高劳动者生产能力的重要手段。对于劳动者个体来说，通过教育和训练，他的劳动能力的增强主要表现在五个方面。①提高对生产要求过程的理解程度和劳动技能技巧的熟练程度，从而提高工作效率。据苏联经济学家统计，一个熟练工人接受一年的科技文化教育，比工人在工厂工作一年，平均能提高工作效率1.6倍。②能合理操作、使用工具和机器，注意对工具机器的保养和维修，减少工具的损坏率。只有懂得工具和机器原理、性能的人，才能合理地使用它们。③提高学习知识和技能的能力，能缩短学习新技术或掌握新工种所需的时间。④提高创新意识和创造能力。⑤提高加强生产管理的愿望与能力。

（2）教育是加速现代社会物质生产技术更新的有利因素。自近代社会后期起，特别自20世纪50年代后期到现在，学校教学、科研与生产关系越来越密切，它不仅表现在科研成果上的直接联系，而且表现为三方面机构在成员、目标与管理方面的联系。这就使教育成为加速现代社会物质生产技术更新的有利因素。

教育对生产中技术更新能起促进作用，还因为作为知识形态的、潜在的生产力的科学、技术只有通过教育才能实现再生产，只有通过教育培养出掌握科学技术的生产者，才能使潜在的因素转化为现实的因素。因此，一个国家的教育越普及、教育水平越高、教育与生产越有机结合,科学技术的普及程度就越高,新技术的推广速度更快,成效也更为显著。普及、推广时间的缩短,也缩短了新技术的更新周期。因此,不仅是高等教育,即使是中等、初等教育,还包括各种形式的群众性的科普教育,在推动生产技术的更新方面都起了一定的作用。

（三）教育与社会政治的关系

1.政治对教育的作用

在阶级社会中,教育总是与一定阶级的利益相关。政治是阶级利益的集中反映,所以,政治对教育不但有着直接的制约作用,而且,这种制约作用波及到教育的一切方面。从教育的领导权到教育的享受权,从教育事业发展的规模到速度,从教育的总目标到各级各类学校教育的具体目标,从国家教育制度到学校管理制度,从教育内容到教育方法,从学校教育到非学校教育,无不反映出政治对教育的作用。

（1）政治通过一定的组织手段对教育实现控制。政府、执政党往往对教育机构从组织上进行领导。组织上的控制还表现在对教育者的培养和委任方面。教育行政人员、教师在政治方面扮演的角色是政府或一定阶级、一定党派的利益、方针、政策在教育领域内的具体贯彻者。

（2）政治对教育作用的第二种手段是通过政府、政党制定一系列方针、政策。其中包括总的方针、政策,教育方面的方针、政策,以及与教育相关的其他领域活动的方针、政策。政府或政党制定的有关教育的方针、政策,主要是某一历史时期国家或政党的总任务、总方针、总政策在教育领域内的具体表现。它规定了一定历史时期的教育工作总任务和性质,因此在不同的历史时期有着不同的内容和概括。

（3）政治对教育作用的第三个手段是法律。法律具有规范性和强制性,能起到方针、政策所不能起的作用。近现代社会都比较重视教育立法,政府采取一定的法律手段来保证教育的发展,协调各方面的力量。

(4)政治对教育作用的另一个最常用的手段就是直接对受教育者进行政治思想教育,以影响受教育者的政治立场、观点与态度,形成受教育者的公民意识和行为。教师对学生能产生直接的、潜移默化的影响。

2.教育对政治的作用

(1)通过教育,宣传一定的政治观点、理论、方针、路线,造成舆论。

(2)组织学生直接参加社会政治活动。这样做的目的,一方面在于直接推动社会政治活动的开展,另一方面是为了让学生在斗争实践中形成一定的政治观点,积累参加政治活动的经验。这对培养合格的公民无疑是有用的。

(3)通过教育制度,实现对受教育者的阶级或阶层的选拔,使原有的社会政治关系得以延续和发展,或者加速改变旧的社会政治关系。

(4)通过教育培养合格的公民和各种政治人才。

(四)教育与社会文化的关系

1.文化对教育的作用

文化对教育的作用可分为两个层次来看,一个层次是深入到学校教育活动内部的文化,可称为"学校亚文化"对教育活动的影响;另一层次是作为学校教育外部的文化以文化背景的方式对教育的影响。

"学校亚文化"的构成是复杂的。首先是指学校教育内容中最基本的构成——课程里所包含的文化产品。在"学校亚文化"中,还包含着社会中人际关系的基本模式、人的社会行为的基本规范,这主要通过学校中各类成员间,包括师生间的人际关系以及学校对学生的各种活动的有意识的行为要求体现的。学校中学生非正式群体中形成的亚文化,则是社会文化通过渗透的方式在学校中非正式的表现。最后,"学校亚文化"中还包含校园的环境文化及学生在课外所开展的各种娱乐、科技、学科及社会活动,学校传统的节日活动等。

文化的发展除了直接影响教育内容的质量与结构外,也影响教育方法、手段和组织形式。这与人类认识世界的手段,尤其是传递文化的手段的发展密切相关。现代科学技术的发展使人类认识世界的能力有了新的飞跃,在传递文化的能力方面也由于新技术的采用而得到提高。传播文化的途径越来越多,为教学方法的改变,教学手段和组织形式的灵活、多样化,教学效率的提高创造了技术前提。

传递文化手段的发展渗透到学校内部后产生的更深层的影响是使教师在教育中的地位与作用发生变化。教师在传统教学中处于中心信息源的位置,他的主要职能是传递信息和控制整个教学过程,使其按全班统一的步子进行。获取信息手段的多样化,改变了教师作为中心信息源的地位,惟一中心成了多中心,从而也削弱了教师传递信息的职能。

文化渗透到学校教育内部所产生的最深层的影响是对教育目的的影响。每一个时代文化的内在气质在形成一代新人过程中得到体现和发扬光大。这种影响与前面提到的两个方面相比,显得隐蔽,是一种无形的影响,然而却更深刻、更本质,影响的时间也更长久。

学校教育外部的文化,是学校的文化背景,对学校教育产生多方面的间接影响:①社会文化的发展提高了人们对教育的需求,促进教育事业的发展和完善;②社会文化发展促进学校与社会联系的加强;③人们的生活方式、习俗、民族特性等因素还以潜移默化的方式影响着师生的身心各方面的发展。

2.教育对文化的作用

(1)教育对文化的作用首先表现为教育是文化延续和更新的必不可少的手段,是文化发展过程中必不可少的一环。

(2)教育的第二个作用是对文化的普及。教育是提高全民族文化水平的重要手段,是一个国家文化建设的重要内容。全民族文化水平的提高说到底是一个普及教育的问题。因此,人们常常以一个国家教育水平的高低作为衡量这个国家文化发达的标志。掌握文字和其他一些最基本的认识世界的工具,这是人吸收文化和创造文化的最基本条件,而这项任务是通过教育来实现的。教育普及文化的功能不只是表现在知识或艺术形态的文化上,也表现在其他形态方面。如在改变人们的生活方式方面,要使全国人民的生活方式达到科学、健康、文明的水平,没有教育作为基础是难以实现的。

(3)教育还具有交流、整合不同类型文化的作用。这种作用存在于不同地区、不同国家和不同民族间,在各种文化的包容能力不断增强的过程中,学校教育是不可缺少的推动因素。

(五)教育与科学技术的关系

1.科学技术对教育的影响

科学是关于自然、社会和思维的知识体系,又是探索真理性知识的认识活动,还是一种社会建制即某种共同的规范和独特的精神气质。

技术是科学的应用化,是根据生产实践经验和科学原理发展而形成的各种工艺操作方法与技能,它还包括生产工具、设备、程序等。

科学与技术是相辅相成的,在现代,科学转化为技术的周期有越来越短的趋势。

(1)科学技术对教育的可能影响。科学技术对教育的影响,首先表现为对教育的动力作用。教育事业是一项传统性很强的事业,教育的某一形态一旦形成,往往几十年、几百年一脉相承;而科学却是一项活跃的、革命性的事业。进入现代社会以后,科学已成为第一生产力,成为整个社会发展的强大动力。科学的发展将会对教育提出新的要求和挑战,冲击教育的习惯领域;导致教育中的新与旧、先进与落后的矛盾斗争,最终促成教育的革新与发展。其次,科学的发展不但对教育的发展提供动力,而且还能为教育的发展指明方向,预示结果,引领教育循着科学的轨道前进。具体地说,科学对教育的作用表现三方面。①科学能够改变教育者的观念。科学发展水平决定了教育者的知识水平和知识结构,影响到他们对教育内容、方法的选择和方法的运用,也会影响到他们对教育规律的认识和教育过程中的教育机制。②科学能够影响受教育者的数量和教育质量。一方面,科学发展正日益揭示出教育对象的身心发展规律,从而使教育活动遵循这种规律;另一方面,科学的发展及其在教育上的广泛运用,使教育对象得以扩大。每次科学技术的发展都极大地促进了教育数量的发展。③科学可以渗透到教育资料的所有环节中去,为教育资料的更新和发展提供各种必要的思想基础和技术条件。学校类型与规模的扩展,教育设施的兴建,教育内容的记载与表达方式,教学用具与器材的创造等,都离不开科学的作用。

(2)可能的影响转化为现实的影响。综前所述,科学技术对教育有影响,但是科学并不能自动对教育发生影响。科学能否对教育发生影响,关键在于科学因素是否进入教育过程。主要有两种形式。①科学以理论形态进入教育领域,影响教育者的思想观念、思维方式和教育能力,影响教育的内容。②科学以物质实体和操作程序的方式进入教育领域,引起教育的物质资料的更新,从而促进教育的发展。

2.教育对科学技术发展的作用

科学的发展推动教育的发展,制约着教育发展的水平;同时,教育也对科学的发展起着重要的作用。

(1)教育对科学知识的再生产。教育对科学创造的成果经过合理的加工和编排,传授给更多的人,尤其是传授给年轻一代,使他们能够掌握前人创造的科学成果,为进行科学知识的再生产打下基础。

(2)教育推进科学的体制化。早先,科学研究活动只是少数人的智力游戏活动,是为了好奇心的满足。十七八世纪以后,出现了职业的科学家,出现了专门的科学研究机构,这被称为"科学的体制化"。它与教育尤其是高等教育有着密切的关系,因为最初很多科研机构是建在大学里的。

(3)教育具有科学研究的功能。教育在传播科学知识的同时,也从事着直接的科研工作,在高校里尤为突出。据 1986 年统计,美国的科学家被大学聘用的占全部科学家的 40%,大学担负了全国基础研究的 60%,应用研究的 15%;联邦德国的大学承担了全国基础研究的 75%;在日本,则是大学承担基础研究,国立研究机构承担应用研究,民间企业承担开发研究;在中国,全国共有 800 多所高校承担有科研任务,1995 年,高校承担的国家基金项目占总数的 60%,获得国家自然科学奖的 1/2 和国家发明奖的 1/3。

(4)教育向科学提出将科学成果在教育应用上技术化的要求,从而丰富科学技术的活动,扩大技术的成果。比如多媒体技术、电脑软件技术在教育上的广泛运用,对推进相关科学技术的研究有直接作用。

3.新科技革命与教育

以电子计算机技术为核心的新科技革命,正不断深化,这是一场信息革命。这场革命推动着社会生产力以前所未有的惊人速度向前发展,推动着社会的政治、经济和文化发生着深刻的革命。同样,这场革命也对教育提出了巨大的挑战,提供了教育迈向一个新阶段的机遇,深刻改变着人们关于教育的旧有观念。

(1)能力比知识更重要。知识的急速增长要求人们学会学习,能力教育比知识教育更重要,方法教育比结论教育更重要。

（2）教学形式个别化。由于新型教育技术的广泛采用,传递教学内容的途径将发生重大的改变,尤其是电子计算机的普及,能够确保学生在自己方便的时候和方便的地点,学习这些内容。他们可以按照教学要求自订学习进度计划,并且能够运用计算机进行自我测验和评价。

（3）培养目标个性化更加受到关注。新技术革命使得传统工业的标准化、规格化转向非标准化和多样化。这为根据人的自然本性发展人的个性的教育理想,提供了更充分的条件。

最后我们还要强调一下教育功能的整体性。教育的社会发展功能有其整体性,教育的个体发展功能也有其整体性。从总体来说,教育功能是一个有机构成的复合体。教育功能的整体性不仅在于各功能的必不可少,而且在于各功能的合理组合。缺乏某一或某些功能会导致教育功能缺失,过分偏重某些功能和相对忽视另一些功能会导致教育功能失调。无论是功能缺失还是功能失调,都不利于个体的全面发展和社会整体的发展,其结果表现为教育的负效应。

4

教育实际干了什么——教育的效应

引言:教育的效应是指"教育实际干了什么"。教育具有什么功能并不一定就全转化为现实,教育功能能否发挥出来还取决于所处的环境、条件以及其他因素。教育的效应问题涉及到价值判断,于是就有教育的正效应与负效应(以及零效应)。一般把符合预定目标的效应称为正效应,而把偏离或背离预定目标的效应称为负效应。社会主义教育效应的判定标准是社会的进步与个体的发展。促进社会进步与个体发展的教育效应为正效应;阻碍社会进步与个体发展的教育效应则为负效应。存真求实地揭示教育的负效应,探明负效应产生的原因,有助于教育功能的完善与充分发挥。

情境: 前些年,高中毕业生90%升不上高等学校,又无一技之长,不为生产部门所欢迎;很多高等学校的毕业生去做中等技术人员的工作,形成了倒挂现象,即在工程师与技术人员的比例上存在着不合理的现象。

一项大规模学生实验能力抽样调查结果表明:我国中小学生不能"手脑并用",表现在,能简单操作,却不胜任细心操作;能模仿照作,却很少设计思路。调查中发现,相当一些学校不仅实验项目偏少,甚至未开设实验。有限的实验中也不过是"照方抓药",难以达到实验目的,也就谈不上锻炼学生手脑并用能力。

此次题为《学生实验动手能力》的调查是由国家教委教学仪器研究所承担的全国教育科学"八五"规划国家教委重点课题。参加调查的有北京、江苏、河北、甘肃、湖北、武汉、四川、成都、山东等10个省市。调查对象是全日制小学五、六年级,初三以及高三分别学完了小学自然及初、高中物理、化学、生物等课程的学生。被调查者采用科学的随机方法抽选,其抽样10621名高中、初中、小学毕业班学生,对其物理、化学、生物以及小学自然各科实验动手能力进行测试。实测结果是,高中、初中理、化、生三科实验能力总成绩都不及格,小学生的自然成绩刚够及格线。其中城市高中学生成绩略高于农村学生;城市初中与农村初中学生相差4分(满分30分,及格18分);城市小学生平均得分为26.70(满分40分),农村中心小学学生得分24.18分,两者相差不大;另外,一些重点校仪器设备较好,升学率高,但学生实验动手能力并不强,特别是不参加升学考试的生物和小学自然两科成绩很差。[①]

原理：

一、应试教育的负效应

(一)片面追求升学率

片面追求升学率的结果，一是把基础教育搞成升学教育、应考教育，驱使广大学生为争夺高学历而奋斗，脱离我国经济发展和社会发展对人才的实际需求。二是把精力集中在少数学生身上，放松或忽视了多数学生的培养，使他们成为教育的弃儿，失去发展的机会与前进的信心。三是为了片面追求升学率，置学生个性的全面发展于不顾，忽视甚至取消体育、德育、美育、劳动技术教育，单纯抓智育。在智育上，又重知识教学，轻智力培养；在知识教学上，又是考什么，教什么，背什么，任意增减课程，过早文理分科，提倡呆读死记，加重学生负担，使学生知识结构残缺，文化眼界狭窄，养成唯书、唯背的心理定势，缺乏求实求新精神和动手动脑能力，成为知识再现型的人。四是把学生封闭在狭窄的生活空间里，除了苦读还是苦读，为分数拼命，没有自由时间，失去青春乐趣，成年累月，忧心忡忡，产生"学习厌恶症"、"考试恐怖症"，个性受到严重压抑和损伤。可见，片面追求升学率是背离我国教育的目的和基础教育的性质的，也是违反人的成长规律的。

片面追求升学率倾向之所以产生，并不是偶然的，而是有其多方面的原因。有社会根源，也有教育内部的问题。首先，在脑体、工农、城乡三大差别还将长期存在，商品经济还需继续发展的条件下，高学历是诱人的，它往往是通向高地位、高待遇、高消费的桥梁。其次，我们的经济发展还没有能为学生开辟出广阔的用武之地。我们的劳动人事制度还堵塞着学生就业的出路，我国社会的

[①]　时晓玲：《如何培养中小学生动手能力》，《中国教育报》，1997 年 6 月 12 日。

不正之风还挫伤着学生通过正当途径走向劳动岗位的积极性,这些都迫使人们不由自主地把取得社会承认的希望寄托在高等教育上。再次,"学而优则仕"和"万般皆下品,唯有读书高"的传统观念还根深蒂固,直接影响着人们对职业的评价和选择。最后,还应当看到,社会主义建设给人们展示了各展其能的美好前景,人们在物质需要得到一定满足以后,精神需要也增长起来,许多家长要求学生升学,学生自己也向往升学,恰恰是为了获得更充分更完善的发展,以便为社会作出更大贡献。所有这些都说明,搞片面追求升学率,造成"千军万马争过独木桥"的局面,是有其深刻的社会原因的。因此,纠正片面追求升学率倾向需要综合治理。把片面追求升学率完全归罪于教育部门,特别是首先归罪于教师、校长的教育思想不端正,是不实事求是的,也是不利于问题的解决的。

(二)中小学生课业负担过重

我国中小学生课业负担过重。有两种具体表现:一是不断加大习题量和使用各种辅导材料;二是不断增加课时,拉长授课时间。据《新华日报》披露:1994年底,江苏省教育督导室对全省124所中小学校进行抽样检查,发现其中一半以上学校的学生在校时间达12个小时以上,即早晨7点到校,晚上7点甚至9点离校。苏南某中学的学生有学校统一购买的教学辅导用书17本,最多的达25本。据报载:上海市小学的"不少学生每天学习时间长达8至9小时",大大超过国家教委关于小学生每天学习6小时的规定。现在,有人指出:目前中小学生的课业负担过重,其程度超过了"家长",超过了"成年人",是社会上负担最重的人。中小学生过重的课业负担,已经严重地影响了学生在德、智、体诸方面的发展。造成中小学生过重的课业负担,原因是多方面的,它不仅是学校内部的简单的教育现象,而是由来自学校内部和社会多种原因的综合影响而形成的一种复杂的教育现象。单从学校教育内部来看,探究学生课业负担过重,需要研讨许多方面,如,课程计划中科目设置的量和每学期科目设置的量是否过多,总课时数和每周课时数是否过大;教学大纲与教材分量是否偏多、要求是否偏难、偏深;学校与教师的教育思想是否正确、对学生的教学要求是否偏高、作业布置是否过重、教学是否得法;社会与家长对青少年教育的认识是否恰当;等等。要分别地进行历时性纵向研究和共时性横向研究、定性和定量研究,才能获得客观的结论,并对症下药。这正是课程理论研究的重要课题之一。

在这里要注意这样一个问题,减轻学生过重课业负担,不是不要课业负担,即应注意保持学生正常的课业负担。事实表明,适度的负担是唤起学生竞争、进取意识的良好"催化剂",能有效地鞭策学生成才,减轻并不是指随意减少教学课时总量,擅自增加自修课,不布置作业,不考试。如果这样,完成教学任务也会有困难,更不用说大面积提高教学质量了,所以,适量的课业负担还是必要的。

(三)升学教育造成学生分化

我国中学教育中,毕业班时期的分化是最严重的分化。我们归纳一下升学教育中常见的教育方法,就可找到相应的改进措施。

(1)确定名次是考试的重要目的。升学教育往往忽视基础水平的全面检查和对个体学生的诊断分析。应和了选拔性,降低了素质的提高。

(2)以考试为中心组织教学。考试决定学习内容的重要性。考试科目才是重要的学科,考试学科中考试的部分才是教学的重点,不考试的部分可以不认真教与学,例如,英语的听力,理化中实验的动手能力。一些不考的科目,只作一般的要求,有些使任课教师也很尴尬。一些道德、情操、美感教育没有命题考试,干脆就放弃和排斥。

(3)实施恶性补习。教师为学生应付考试而增加授课时间,增加练习考试的次数。有的甚至演变为敛财的补习,把平时教学中的一些重要内容放到收费补习的教学时间里去讲。教师传授知识商品化。

（4）大量购置应付升学考试的参考书、试题集和模拟试卷。一些升学学生成天泡在这些考试题里，大多数学生是机械式的记忆学习。

（5）面对升学有希望的学生教学。一般学校里只是面对尖子生教学，丢弃了大多数学生，歧视成绩落后的学生。一些在升学率中只能做"分母"的学生，成为升学教育中的陪衬。

（6）简化教学方法。课堂中较多的是填鸭式教育，教师的教学变成了讲题、做题，学生就是听课与记笔记、背答案，学生已被训练成注入升学知识的受容器。

除此，片面追求升学率还造成了教育的荒废。这种荒废指的是由于追求升学率中的教育偏颇而导致的教育不良。比如，忽略政治思想教育、道德教育，使这些教育的时间和投注的精力都大大减少，造成育人中的空白和弊害的滋长。

二、现代教育的功效

（一）现代教育的基本特征

现代教育是与现代社会相适应并为之服务的教育思想、教育制度、管理体系、教育内容、教育方法、教育形式的总和。它是从古代教育发展来的，与古代教育有某些共同特征，例如教育的阶级性等。但现代教育是在现代社会条件下为顺应时代发展而发展的，又有区别于古代教育的特征；同时由于现时代存在社会主义和资本主义差别，因而也形成了两种不同性质的现代教育。

现代教育是在商品经济占主导地位、现代科技高度发展、高度的社会化大生产条件下产生发展的，因而形成了一些基本特征。

商品性。现代教育是在商品经济发展并日益普遍化条件下产生、发展起来的，与商品经济有一定联系，在我国社会主义初级阶段,教育应主动适应市场经济体制。但教育不能商品化,教育本身不是商品。

生产性。古代学校主要职能在政治方面,从事传统的手工工具生产,不需要经过学校教育。现代生产建立在现代科学技术基础上,要使科学技术转化为现实生产力,必须通过教育。现代生产和现代科技都要求教育与生产劳动结合,在高校则要求教学、科研、生产一体化。

科学性。现代科学技术向社会有机体全面渗透,不仅生产劳动科学化,日常生活也日益科学化,因而学校教育内容以科学技术教育为最主要方面。当代重视 STS 教育,即把科学、技术、社会三者看作一个整体,研究其相互关系,并引入学校教育。

民主性。现代公民有接受学校教育和参与学校教育的权利和义务。教育普及性、群众性、成人教育的迅速发展,传统教育向终身教育的发展等,都体现了民主性。

发展性。现代教育更重智力的和谐发展和全面发展,重视人的各方面的潜能,包括右脑潜能的开发,重视人的个性发展。

(二)传统教育的扬弃

传统教育并不完全是过时的、陈腐的教育,对传统教育不能一概否定。传统教育中有好的、优秀的一面,为历史所继承;也有过时的陈腐的一面,需要加以扬弃和改造。这是因为,现代社会是从过去的社会不断演变发展而来的,过去的许多东西对现代来说,仍然是有用的、可行的。我们需要改革的是那些不适应社会主义现代化建设的传统教育;对那些仍然适用、甚至是优秀的东西,则需要吸收、继承和发扬。

传统教育中好的方面有:注重传授系统的科学知识;强调教师的主导作用;教育适应学生的年龄特征;提倡班级授课制;注意观察、实验,等等。

从我国当前的实际来看,传统教育弊端的具体表现有以下几个方面:在培养目标上,只重视传授知识,不注重发展能力,按一个模式培养学生,培养的学生唯唯诺诺,缺乏独立思考、创造性和进取精神。在教学内容上,陈旧凝固,只重视纵向的知识体系,忽视知识的横向联系和综合运用。在教学方法上,是注入式、满堂灌,只研究教师如何"教",不重视学生如何"学",考试主要靠死记硬背,不利于调动学生的学习积极性。在教学形式上,只是课堂一个渠道,单一化、模式化,忽视因材施教和课堂外渠道。在师生关系上,重教师作用,忽视学生的主动性,等等。在方法论上,传统教育是保守的、封闭的。在这种传统教育指导下形成的思维方式,同现代社会发展的要求,同现代科学技术发展的要求是格格不入的。

(三)创造型人才培养

传统教育,侧重于传递和储存知识,不注重培养能力和发展创造力,不把学生看做是有巨大潜在能力和不同个性特点的活生生的人,而仅仅看成是"储备知识的仓库"。所以,现代教育,重视对创造力的研究,培养创造型人才。

当然,关于什么样的人是创造型人才,人们的认识还不完全一样。一种观点认为,每个人都具有一定程度的先天的创造力或创造潜力。创造力是一种综合性的能力,因而创造型人才一般应具有以下五种素质:①敏锐的观察力,善于观察事物,从中发现问题;②丰富的想象力,善于针对问题提出新的设想;③科学的思维能力,善于分析复杂事物,处理各种矛盾;④解决问题的能力,善于运用多方面知识来解决理论或实际的问题;⑤实践能力,并有不折不挠的坚强毅力。

另一种观点,是从对各个领域里有成就的创造人才的研究出发,认为创造型人才需具备三方面素质:①专而博;②有较强的创造思维能力;③对社会发展有高度的责任感和使命感,积极追求真理,有旺盛的求知欲,有创新意向,有独立的批判精神,有较强的耐挫折力和有合作精神等。

再一种观点认为,具有良好创造性心理素质的全面发展的人才,称之为创造型人才。创造性心理素质包括智力、情绪、兴趣与动机、意志、性格等方面。为了区别于一般所说的全面发展的人,因此需要加上"创造性心理素质"的定语。

我们可以把创造型人才的个性特征,概括为五点。①创造型人才,感觉、知觉、感情都极敏锐,心扉开放,总想开拓自己的内心精神世界和对于外部世界的经验。在这种场合,他不拘泥于细枝末节和既存事物,而凭直觉抓住意义,对不存在的事物感兴趣。②创造型人才,对非合理的事物、无秩序的东西是宽容的;他所感兴趣的不是单纯明快的事物,而是复杂的和标准不明的事物。③创造型人才,不屈于压力,不因循守旧,思考和行动有独立性,具有自信、讨嫌妥协、不介意他人的想法。④创造型人才,内向,有的缺乏社交性。⑤创造型的人,好奇心强,敢于冒险,找现状的缺陷,不满于现状。

教育应承担起培养创造型人才的任务:传递文化,保持一个人的首创精神和创造力量,而不用现成的模式去压抑他;鼓励他发挥他的天才、能力和个人的表达方式,而不助长他的个人主义;密切注意个人的独特性,而不忽视创造也是一种集体活动。

▲附录:教师——托起一轮太阳

主 持 人:傅道春　黑龙江农垦师范专科学校教授

特邀教师:杨　桦　湖北咸宁特级教师

傅道春:杨老师,在您长期的教学生涯中,您最想告诉同行们的一件事是什么?

杨桦:这是一件微不足道的小事,然而它却一直留在我的记忆深处。一天,我正在办公室里批改作文,高三(6)班学生刘勇走到我面前,脸上带着一点不安的神色小声对我说:"杨老师,请您帮我看一首诗。"说完就把他写的《山鹰》递给我。"呵,你怎么不给赵老师看?"他低着头,没有吱声。"他是你的班主任,又是语文老师。"我一边伸手接过诗,一边唠叨着。"赵老师看过,说我是癞蛤蟆……""这是什么意思?""说我期中考试有两门不及格,还写什么诗!""噢!"我望望刘勇,眼睛落在他写的诗上。诗前面的"题记"一下就抓住了我的心——"山里孩子最喜欢什么?山鹰!我,一个山里孩子,也像山鹰一样,有着搏击长空的雄心与信心。"这哪里是"题记",是理想之光!是童心在闪耀!看后,我鼓励了刘勇一番,并指出了诗的缺点以及如何修改。刘勇带着希望和信心离开了办公室。第二天,刘勇就将修改稿送来了。我给他写了一段评语,并将诗与评语寄给山西的《语文报》。过了不久,《语文报》在"发表园地"专栏里用红标题将《山鹰》登出来了。《山鹰》发表后,刘勇还陆续收到了来自全国各地的鼓励信100多封。"山鹰"起飞了!这年放寒假,刘勇的班主任赵老师告诉我,期末考试,刘勇跃升到前列,还说谢谢我助了他一臂之力。忽然一个念头闪进我的脑子:教师若能及时发现学生心灵中的闪光点,肯定他正确的见解和点滴进步,恰当地加以点拨,往往会收到意想不到的成效。

傅道春:在《山鹰》的诗稿面前,两个教师表现出两种截然不同的态度,请您客观地分析一下产生这种差别的原因。

杨桦:创作就是发现,教育也是发现,不过教育不是像作家那样去发现生活素材,而是去发现学生的长处与短处,发现学生思想上的一闪念。只有发现,才能因材施教,才能对症下药。从《山鹰》的诗稿中,我发现了刘勇这个山里孩子的理想、志向,发现了刘勇还懂得借助"山鹰"这个形象来表现自我,实在了不起。于是我鼓励他,支持他,收到了好的教育效果。而班主任赵老师却没有发现刘勇身上这些美好的东西。

傅道春:由于您的帮助,"山鹰"飞起来了,这是教师期待的收获。很想再听听您在这方面的主张与体会。

杨桦:一个优秀的教师,是善于针对不同思想、性格、兴趣与爱好的学生分类分别予以指导,引导他们进取、向上,这也就是孔子倡导的"因材施教"。一位教育工作者打了个比方,假如学生是蜜蜂,你应引导他在花中飞翔,他将酿出甘醇的蜜糖;假如学生是春蚕,你应以桑叶供飨,他能吐出光泽的蚕丝。反之,你若给蜂以桑,即使桑叶多如苍山,给蚕以花,即使花繁似海,结果不仅不会有丝毫收获,而且会使蜂、蚕夭亡。这个比方很生动形象,我就是根据刘勇积极向上、爱好诗歌的特点,给以具体指导、点拨的。"因材施教"是做好思想工作的艺术。

傅道春:从这则事例我们可以看出,杨老师用他的职业灵性和敏锐的洞察力,使"山鹰"起飞了。杨老师及时发现了刘勇的特长,满足了他的求知欲,并使他在诗歌创作上获得成功,这为刘勇成绩的全面提高奠定了基础。教师正确的评价与期望对学生的学习和发展从某种意义上来说是有决定作用的。如果杨老师以考试成绩作为评价的惟一尺度,用否定甚至打击的方式来评价刘勇,那结果会如何呢?

教师的期待是通过对学生的评价传达的。教师的评价在接受评价的学生身上会产生很大的影响,因为教师进行评价的方式是多种多样的,所以学生受到的心理影响也是多方面的。这既有对学生的自信心、动机、情绪稳定的一般影响,也有强化、选择和决定力方面的调节机能和感情的传导,还有对学生欲求的满足、阻遏,甚至对其成长发展着的人格形成影响,因此,教师必须负责地进行评价。在评价时教师要公正,多赞扬,克服随意性,教师一视同仁地评定每一个学生的品行和成绩是教学成功的重要保证。学生的性别、相貌、天资、个性、学习、品行的差别对教师的评价可能构成一定的影响,可能出现评定差异。大量调查证明,学生对教师给予的评价都非常敏感,他们最不喜欢厚此薄彼,对学生有亲疏、贵贱之分,不能公正地对待他们的教师。

一般来说,品行端正、学习优良、聪明伶俐的学生讨人喜欢,评价这些学生的品行和学习成绩时,容易过高;反应慢、拗犟的学生令人心烦,评价这些学生的品行和成绩时,容易过低。这种不公平的评价对于被偏爱者和被冷落者都不利,对于被偏爱的学生来说,由于教师的过分关照,使他们产生优越感,不能正确看待自己,助长其不良行为的发展;对于被冷落的学生来说,由于教师的歧视,而产生自卑感,挫伤了自尊心和上进心,同时也易在学生间产生嫉妒与敌视现象。

情境练习:

1.如果你面对一位山村的村民或一位城镇的老者,他知道你是当老师的,会问你教育是什么,你将如何表达?

2.回顾你的成长过程,然后分析:

哪些因素促进你的成功,哪些因素妨碍了你的发展?你当时的中小学老师在对你的发展指导中,还可以做得更好、更多些吗?假如你面对自己的学生,你能为他的成长做些什么?体现在哪些具体的行为之中?

3.向中小学教师了解学校教育教学的现状,阅读国内外教育改革的资料,分析我国教育改革的趋势和近期要解决的问题,并提供给当地教育行政部门参考。

4.如果你面临下面的社会情境,你可能在哪些方面做些什么?

香港一位企业家对新疆企业进行了一番考察深有感触:新疆许多企业的设备都是一流的,但是生产出的产品却是二流、甚至三流的。这是为什么?他认为,关键是"人",应该关注人的素质。

是的,缺少人才,劳动力整体素质低,阻碍了经济发展,是新疆人多年来不敢面对的现实。前几年曾因将"乌鲁木齐"错印成"鸟鲁木齐",多了一点丢了一百万;又有个印刷厂将"驼峰"错印成"驴峰"又扔掉了几百万。更令人啼笑皆非的是,一家国有大企业与外商达成800万美元的出口生意,结果在与外商签合同时,经理喝酒过量竟然吐了外商一身,外商扭头扬长而去。有一年,国际市场上羊肠衣一度十分畅销,这对于生产企业来说应该是很好的机遇,但新疆的一些企业却由于生产技术低下致使产品不合欧共体标准,从而痛失机遇。

众所周知,新疆是全国产棉"状元",为了解决原料运输困难,去年国家实施了"东锭西移"的宏伟战略。然而大上海最先进的纺织机器运抵新疆后,遇到的第一难题便是:无人操作。一朝一夕培训成千上万名技术工人,谈何容易,于是这一流的设备只能"半开半闭"。

新疆是畜牧大区,但却生产不出像样的皮革制品,仅有的几家皮革加工厂纷纷关门停业,记者看到,花大价钱从意大利引进的一流制革机早已爬满了灰尘。牧民只有将皮革低价卖给"二道贩子",再由他们贩往浙江等沿海地区加工,而加工好的皮革制品要想卖个好价钱,要想有足够份额的市场,还必须运回到新疆来卖,因为世人都知道"新疆是出羊皮的地方","肯定会有上等的皮衣"。

令人欣慰的是,新疆人不仅找到了"一流"与"二流"的原因,更重要的是找到了缩小这种差距的根本方法。①

---

① 郑晋鸣:《一流设备为何二三流产品》,《光明日报》,1996年4月25日。

教师——了解自己

提示：教师，是受社会的委托，在教育机构中对学生的身心施加特定影响的专门人员。从师范教育的角度看，一个胜任的教师是学校培养出来的；从教师个体的角度看，一个优秀的教师是自己塑造的。这是因为，教师应具有的条件内化到心理结构的过程，是要靠自己去实现的，在这个内化过程中的领悟程度与行为显示，每个教师又都表现出一些差异。这是由教师对自身建设、角色的认同与教师劳动的适应几个方面问题造成的。下面我们就探讨一下这些问题。

1

塑造自己——情感养成与智能储备

引言：现在先给您呈现几个学生，假如面对这几个学生的教师是您，您会做得更好吗？假如，您现在或以后面临的学生中有几个有类似的表现的学生，您也会对这些未来的"大学问家"给以冷眼与斥责吗？您回答完"会"或"不会"之后，我们再从深层上追溯一下是什么因素支配着您所说的"会"与"不会"，怎样才能实现自己的教育愿望。

一、教师的职业态度和职业情感

情境 1：一天，金坛中学的几位老师聚在一起谈论学生。一位语文教员轻蔑地发表感慨："成绩好的都到省里念书去了，剩下来的嘛，一帮笨蛋！""不见得吧？"刚从上海大同大学毕业回乡当数学教员的王维克老师不同意那位教员的看法。他说："依我看，华罗庚很有前途。""哼，华罗庚？就看他写的那些螃蟹一样的字，也谈得上前途？""当然哼，华罗庚的字写得的确不好，将来当书法家的可能性很小；但是在数学方面或许有点培养前途。我发现他的字歪歪扭扭，不认真，数学作业本子也不整洁，乱涂乱改；后来仔细研究了这些作业我才发现，许多涂改的地方正是反映了他在解题时探索的多种路子。"王维克老师讲到这，下课的铃声响了，学生们从教室拥到了操场上。"你们看，"王维克指着操场上活动的学生，"在他们中有喜欢写字的、画画的、雕刻的、演说的、下棋的，或者还有喜欢问天高地厚的，都是各种各样人才，只要好好启发、引导，对他们喜欢的，尽力让他们去做，锲而不舍，行之十年、二十年、三十年，哪有不成为名家之道理呢？千万莫把松苗当蓬蒿啊！"

还有一次，语文老师讲《周公诛管叔论》，华罗庚弄懂了课文的意思后，便在课堂上对周公的做法提出异议。没等他把话讲完，老师就火冒三丈："周公乃圣人也，岂可菲薄哉！"这位老师在当时颇负盛名，原是前清的秀才，也是学贯中西的大学者胡适的信徒。①

情境 2：5 岁这年，阿尔伯特·爱因斯坦上学了。在学校，与家里不一样了，没有父亲与母亲在身边关怀他，处在一大群同龄孩子

① 文璐：《华罗庚》，4—6 页，北京，中国和平出版社，1990。

里孤僻的小阿尔伯特显得那么与众不同。他总是一个人独自呆在一边,不理会别人。孩子们觉得他是个有意思的小家伙,老师、同学和他说话,他嘴唇嗫嗫地连话都说不连贯,这就更让孩子们感到他有趣了。孩子们给他取了个绰号:老实头。老师对这个孩子似乎也很失望,老师对来学校了解小阿尔伯特情况的海尔曼说:"唉!这个孩子,智力迟钝,不喜交往,话也说不清楚,嘟嘟哝哝地像梦游一样。他是成不了材的。"①

情境3:一次在课上,恩格尔讲一加一等于二,举例说:一只鸭子再加一只鸭子就是两只鸭子。爱迪生想了想,又举起手,恩格尔一看见,那张本来就绷得紧紧的脸就更难看了,他说:"爱迪生,你又怎么了?"爱迪生在座位工站起来,恭恭敬敬地说:"先生,我有个问题。我觉得一只鸭子加上一只鸭子,确实是两只鸭子,但如果是别的东西,就不一定是一加一等于二了。"说着,爱迪生在衣服口袋里掏出一根麦芽糖。这种麦芽糖是用大麦芽熬制成的,凉的时候干干脆脆的,但一受热就会化,变得又软又粘。爱迪生把这根麦芽糖掰成两截,又把这两截麦芽糖的一端放在嘴里含化了,然后拿出来,把两截糖化了的那头使劲往起一对,两截糖就又粘在了一起。然后爱迪生说:"先生,您看这两根糖加在一起并不是两根糖,而是变成了一根糖,这不是一加一等于一了吗?"恩格尔先生听了以后,本来板得铁青的脸一下气得通红。他把手里的那根木板条狠狠地往讲台上一敲,大声喝道:"爱迪生,你少给我捣乱!坐下!你要是再在课堂上胡说八道,就给我滚回家去!"爱迪生并非故意捣乱,他确实是觉得鸭子和麦芽糖的道理不一样,没想到问题没解决,反而遭到一顿训斥,他只好坐下来。恩格尔怒气冲天地讲下去。当他讲到十减一等于九时,爱迪生又坐不住了,他忍了又忍,最终还是把手举了起来。恩格尔一看爱迪生又把手举起来了,气就直往上

---

① 金天:《爱因斯坦》,5页,北京,中国和平出版社,1992。

蹾，但他不知道爱迪生要说什么，也不好发作，只好又把爱迪生叫起来。爱迪生小心翼翼地说："先生，我有一个地方想不明白。您说十中减去一个，十就变成了九。可是就拿您刚才举例的鸭子来说吧，鸭子下了一个蛋，可是好像鸭子身体里并没少什么呀？"恩格尔先生终于忍不住了，他大声吼道："爱迪生，你这个笨蛋、浑蛋！你给我滚出去！你再也别到我的班上来上课！滚！现在就滚！"爱迪生忍住夺眶而出的眼泪，收拾起书包跑回了家。从此以后，爱迪生再没有进学校读书，他开始了跟随妈妈学习。①

原理：上面几位大科学家的教师教育的不当，可以说主要不是教师本身问题，而是伴着教学活动中的职业态度及职业情感问题。我国目前的教师培训，也仍然忽视对教师这方面的精神培养。研究证明，决定教师能否有利于促进学生的人格健康的发展，从而调动学生学习的积极性与主动性的是教师的职业情感人格品质。一个好教师的职业情感人格品质的基本内核是"促进"，指的是教师对学生行为有所帮助，包括提高学习能力，增强自信心，缓和焦虑，以及克服优柔寡断，等等。这种促进的教育态度，可综合成四类：理解学生、与学生和谐相处、积极的自我意识、教育的期待。

（一）理解学生

1.心胸豁达

心胸豁达所含的第一个品质是灵活性。人的参照系不可能不变，越是能反映自己的参照系，以适应外界情境的需要和标准，那么，我们越是理解并适应种种变化，表现为一种接纳。

情境：念小学六年级的时候，我还是个很不显眼的寡言腼腆的小女孩，老师和同学们很少有人注意我。那时，成绩平平的我好想有个机会能一鸣惊人。期末考试到了。下午，我无意间发现班主任把印制好的期末语文试卷带进了教室后面的办公室。"如果能

---

①　吴会劲编著：《爱迪生》，11 页，北京，中国和平出版社，1997。

事先得到一张考试的试卷,我将能让老师和同学们对我刮目相看!"这想法使我禁不住耳热心跳。黄昏时,校园里静悄悄的。可我走在校园里却不像平时那么自然,总觉得有很多眼睛在看着我。推门进去的那一瞬间,我的心脏突然开始猛地撞击着我的胸膛。我笨手笨脚地打开办公室的窗户,跳进去时地板被踩得很响。我蹲在那里憋住气一动也不动。良久,发现无异常现象,我才开始找试卷。"笃笃,笃笃……"这时,有人在敲门了。这敲门声无异于平地响起的一阵炸雷。我无处可逃,又无法面对接下来将要发生的一切。惊慌失措的我只好徒劳地用双手抱住脑袋,钻到桌子下面一个黑暗的角落里,抖成一团。那持续得越来越急的敲门声,像一根一根扔向我的钢针,折磨着我本来已不堪一击的神经。敲门声终于停了,同时,我的恐惧也达到了极点。因为那人已从窗户里爬了进来,并很快地拉亮了电灯。我绝望了,哆哆嗦嗦地站了出来,依然用双手紧紧地把脸藏起来,顽强地守护着自己最后一点可怜的自尊。那人一直保持沉默,并没有像我想象的那样走过来拉下我的双手,看清我的真面目。不知过了多久,我渐渐平静下来。那人才开始说话。"小姑娘,你在这学校念书吗?"我点了点头。从他的声音,我听出是教我们美术的易老师。他是位上课生动幽默的极年轻的老师。他一定是听到了那重重的一跳,才跑上来瞧的。"你不要露出你的脸,也不要说话。你回答我的问题只点头或摇头就行。你来这儿,是要找一件你想要的东西吗?"我点点头。"这东西属于你吗?"我摇摇头。"不属于我们的东西,不管它的价值如何,我们都不应该拿,对不对?"我又点了点头。"记住我的话,你走吧,小姑娘。明天你来上学的时候,依然是个天真可爱的孩子。"我缓缓走出门去,感觉着背上温暖的目光,禁不住地眼泪夺眶而出,是感激?是悔恨?还是兼而有之?事过人迁,星移斗转。多年前那个想一鸣惊人而去偷看试卷的女孩,现在已到母校为人师表,传道授业了。我每当独坐窗前,想起当年把我那一不小心摔碎在地上的自尊心轻轻捧起、抚平,然后又温柔地交给我的那位上课生动幽默的美术老师时,我总是一如既往被感动。[①]

这位教师表现出了心胸豁达的第二个品质是"体察性"。容纳与自己不同的看法与见解、思想与情感,以及价值观念。能够对身体、智力、感知、社交及情绪上各自有异的学生表示关切,并同他们和睦相处,这是因为他们的灵活参照系不再受一成不变的期待所限。

2. 敏感性

敏感性是指一个人对他在人际关系即社交关系中出现的变化,能够及时作出情绪反应的能力。这在有效教学中是一个重要的因素。敏感性有可能使教师在学生产生某种需要、情感、冲突以及困扰时,作出更深入、自发的反应。对学生非言语线索的敏感性,能够使教师超越表面的水平更深刻地了解学生。

3. 移情作用

移情作用的心理学意义是在情绪或理智上都处于别人的地位。当然,教师要能够保持自己的身份,在感觉上要意识到自己并非就是别人。移情作用是一座暂时的桥梁,它将两个人(教师与学生)的目的、看法和情感连接起来,并且使他们在教育情境中相遇时建成一个统一体,但移情作用并不是将两个人持久地归并成只有一种情感或看法。

4. 客观性

人要保持客观,意指能够退后一步,并以一种中性、无强加的参照系来看待所发生的事件。客观性意指能够就事物本来的面目来看待它,而不受先入之见、偏见或预期的歪曲,它也完全适合于移情的一般范畴。只有教师能够较好地控制对发生之事的情绪参与,避免主观随意性,才能有益于与学生的交往。从这一意义上来

---

① 傅道春编著:《情境教育学》,56 页,哈尔滨,黑龙江教育出版社,1996。

说,教师的个性品质,对有效学习的结果往往比教学方法或技术更为重要。

(二)与学生和谐相处

有效教学取决于有效的交往,师生间传递着情感、知觉、技能、观念以及处理多种抽象关系的意向。

1.真诚

真诚是指开诚布公,不虚伪行事,不以个人的权威或职业地位作掩护。有的教师时常以个人的职业地位或权威掩饰自己的弱点,这样做无疑会脱离学生。

真诚不是自我放纵,而是有益于学生的情感。对于生理或心理上有缺陷的儿童,也不能表现出过分的同情。

真诚体现了一种相宜的明智的中庸之道,既不为专横所引诱,也不趋附于人,而是体现了一定的自我奉献精神。

2.非权势

教师不持居高临下、盛气凌人的态度,应出于帮助的热情来追求想往的成效。但有的教师仍抵制不住权势的引诱,无意中诉诸权势,企图在最大的程度上影响和指导学生的生活(对有些学生能奏效,但不是全部)。非权势的教师允许学生犯错误、认识错误,允许学生跌倒了再爬起来。非权势的教师力戒对学生时时刻刻采取不必要的帮助态度。

3.积极相待

如果帮助者对他要帮助的人持积极、认可的态度,那么发展和变化最有可能发生。积极相待是一种真诚的感情,概括别人的表现而向他表露出自己的情感价值和信念。积极相待,能使人感受到而无需有意表达,能够通过非言语的交往传递给他人。是一种促成健康的态度,主要表现为认可和亲切。

4.交往技能

交往技能是教师用学生最能理解的语言来表达思想意义的能

力。预计言语将对接受者发生什么反映,预先知道自己言语的所指,它的外延与内涵,以及通过使用这些言词会使接受者得到何种信息。这样可以实现与学生的"交流和谐",即在合适的场合向合适的人讲最合适的事。信息内容与信息意图之间协调一致。每次交往可表现为两个层次:①层次涉及到通过使用字、词和句子去传授信息内容,这个层次的内容,就是人们在相互交往中彼此所说的话语,即用言语传达知识、讲解教材;②层次涉及到人们感觉到的意思、含义、内涵和推论,这些信息意图是通过默认,通过关系而得以交往的,人们不用说出意图,但别人可以感觉到,因而同样可以很好地接受。它能发出感情,用隐藏在口头语言背后的关系和微妙的信号引起情绪和目标的一致性。

(三)积极的自我意识

教师的教育教学活动是一项独立完成的工作,教师的自我意识对其行为不断地进行控制与调节。

一个教师如果具有了积极的自我意识,他就有信心,能明确地正视自己,他可能使已具有的教育技术得到积极的发挥。加拿大心理学家江绍伦教授认为,如果一位教师在课堂上缺乏清晰的自我意识,不了解自己的教学表现,他就不可能组织好课堂教学。美国教育心理学家林格伦强调:"教师需要了解他们自己的行为正如像他们需要了解他们所教的学生那么多。"[1]

教师对自己具有比较全面、实际和最接近真实的看法,有助于他的举动表现得敏感而有节制。教师为了知道在一定的教育情境中怎样行动,就必须提高个人掌握自己的反应或行为的能力,使得选定的行动的表现更有效、更自如。只有深刻的自知之感,才能保护一个人不至于陷入错误表述和偏见的意图中。这样就需要教师注重自我考察,"吾日三省乎己",以便逐渐认清行为的客观性。

---

① [美]林格伦著:《课堂教学心理学》,65 页,昆明,云南人民教育出版社,1983。

（四）教育的期待

教育期待，是教师对学生发展的热切盼望，是教师职业情感中的重要部分。沈元老师对中学时代的陈景润的重大影响，就是一个重要的例证。

情境：有一次，老师给这些高中生讲了数论之中一道著名的难题。

1742 年，德国数学家哥德巴赫发现，每一个大偶数都可以写成两个素数的和。他对许多偶数进行了检验，都说明这是确实的。但是这需要证明。从此这成了一道难题，吸引成千上万数学家的注意。两百多年来多少数学家企图给这个猜想作出证明，都没有成功。

老师又说，自然科学的皇后是数学。数学的王冠是数论。哥德巴赫猜想，则是王冠上的明珠。

同学们都惊讶地瞪大了眼睛。

老师又说，你们都知道偶数和奇数，也都知道素数和合数。我们小学三年级就教过这些了。这不是很容易的吗？不，这道题是最难的呢。这道题很难很难。要有谁能够做了出来，不得了，那可不得了啊！

青年人吵起来了。这有什么不得了。我们来做。我们做得出来。他们夸下了海口。

老师也笑了。他说，"真的，昨天晚上我还做了个梦呢。我梦见你们中间的有一位同学，他不得了，他证明了哥德巴赫猜想。"

高中生们轰的一声大笑了。

但是陈景润没有笑，他被老师的话震动了。[①]

原理：教师对学生的积极期望，会促使学生向好的方向发展；而对学生的消极期望，可能使学生自暴自弃，学习表现越来越差。

---

① 徐迟：《哥德巴赫猜想》，52—53 页，北京，人民文学出版社，1978。

教师对学生的期望及其影响是在师生互动过程中产生的。首先,教师根据对学生的学习行为、人格特征和在人际交往中的表现的了解,形成对某个学生的期望,然后这些期望会在教师的教学行为,例如在学习时的分组、提问、表扬批评等中表现出来;其次,学生接受了教师行为中所暗含的期望来认识自我、评价自我,并根据期望的方向表现出相应的行为。在这种互动过程中,教师不断地按自己的期望去影响学生,而学生会逐步向着教师期望的方向发展。

教师对学生的期望包含两方面的内容,一是对学习潜力的推测,二是对品德发展的推测。教师对有些学生在这两方面抱有较高的期望,而对有些学生的期望水平不高,甚至是消极的期待,如认为某个学生"没有前途"、"不可救药"等。根据布罗菲(Brophy)的归纳,教师对自己抱有不同期望的学生所表现出的行为有很大差异。

教师的不同行为对学生的影响是巨大的。这种影响首先会表现在学生的自信心和自我价值感上,受到低期望的学生会感到自己能力低或品行不好,产生无能为力之感;其次,会表现在学生的各种行为与学习成绩上,受到低期望的学生会放弃努力或继续表现出一些不良行为,导致学习成绩下降。再次,表现在师生关系上,受到低期望的学生与教师的关系逐渐疏远。由此可见,受到教师高期望的学生会得到充分的发展,而受到教师低期望的学生则不能够充分地发展其潜力。

很多研究都指出,许多教师并没有明确意识到自己的期望对学生的影响,也没有特意控制自己的行为,只是在不知不觉中表现出自己的期望,而对学生的影响也是在潜移默化的过程中发挥作用的。因此,教师应该了解教师期望的效果,并有意识地运用教师期望去教育学生。

为了充分发挥教师期望的积极影响,教师首先应注意以下两点:第一,要认真了解每个学生的特点,发现他们的长处,对每个学生都怀有积极的期望;第二,教师要不断地反省自身的行为和态度,不要由于自己的不公正而损害了学生的发展。此外,教师还要注意充分理解每一个学生。很多教师对学生有一种一成不变的评价,他们用自己的期望去套学生的表现,然后评头论足,认为这也不好,那也不对。这样,并不是真正理解学生。教师对学生应有同情心和爱心,即不用自己的偏见去看学生,而是设身处地地理解学生的感情与行为,这样才能真正了解到每个学生的长处。

其实,优秀教师的自我塑造还有着更高层的境界,有的研究者做了以下的归纳。①

一个好教师能告知他的学生关于许多问题的良好答案。但是最好的教师能够不说话,而帮助他的学生自己去思考出答案。

一个好教师是热情亲切的谈论家。但是最好的教师知道,当他的学生争取用自己的语言形成他们的思想时,如何保持镇定和忍耐。

一个好的教师是谦恭的,他很自然地感到他积累的有关学科的知识和智慧,远比他自己更为重要。但是最好的教师甚至是更谦恭的,因为他尊重年轻人的感情,比对待一位朴素的老人自然更为重要。

一个好教师知道他的学生必须是忠诚的负责的良好公民。但是最好的教师知道负责任、诚实和良好公民条件不能在一门课程中"教"出来;因为这种品质是通过日常活动而不是通过日常讲演而形成的。

一个好的教师力求使他的班上学生在他的控制下。但是最好的教师知道首先必须能控制他自己。

一个好的教师得到比他的工薪高几倍的酬劳。但是最好的教师还得到深刻的内心的愉快:这种愉快是无法用言语形容,也是不

---

① [美]A.C.奥恩斯坦著,刘付忱等译:《美国教育学基础》,326—327页,北京,人民教育出版社,1984。

能用金钱来折算的。

一个好教师的学生学完他们的课程，毕业并安置好的工作。但是最好教师的学生在每天生活中得到报酬，因为他们已经发现探索精神的生活是激动人心的。

二、教师智能结构

研究表明学生的知识学习同教师表述的清晰度有着显著的相关，这是因为教学中最初呈现的观念和随后的有效的反映，都有赖于教师表述的清晰度和流畅性。而这种表述的清晰度和流畅性又都是智能素质的反映。那么，一个教师在教育活动中究竟运用哪些智力和能力？这些智能进行着怎样的排列与组合？就是这一部分我们所要探讨的问题。在这里，我们先给大家推荐一位中国十分优秀的教师，请她叙述一下她在从事教育工作前后教师素质的建构过程，然后再描述一下教师的智能中的各种成分。

情境：40 年前，我是一名师范生，走出师范的校门，便走进了小学，这一进去就是 40 年。青春年华，黄金岁月全给了小学生。不少师范生和年轻的老师常给我写信，要我传授做个好老师的"秘诀"。这秘诀就是 40 年磨得的一句话：不断塑造自我，努力提高自身素质。

在自我塑造中，最重要的是心灵的塑造，这是对高尚精神境界的追求。我爱学生，学生也爱我，我把"教师"与"美好"联系在一起，把"育人"与"祖国"与"崇高"联系在一起。我鄙视低俗，警惕庸庸碌碌；摒弃颓废、消沉，追求真、善、美的境界；热爱和学生和青年教师在一起的生气勃勃的生活……虽然青春早已逝去，但是，我觉得我的心永远是年轻的。

这样的精神世界驱动着我，鞭策着我，不敢怠惰，不肯荒废，于是，我会为寻找孩子观察的野花，在郊外的河岸、田埂专心致志地认别、挑选；我会为优选孩子学习课文最佳的情境，在灯下静静想着,画着,做着各种生动的而又是最简洁的教具,一遍又一遍地摆弄着,比划着,从不厌倦;我会为了让孩子第一次感知教材获得鲜明的印象,在家人熟睡的时候,一个人在厨房里练习"范读课文";一场大雪后,我又会兴致勃勃地带着孩子们去找腊梅,去看望苍翠的"松树公公",然后和孩子们在雪地上打雪仗。当孩子们把雪球扔中了我,我笑得比孩子们还要开心,一下子年轻了几十岁。这些带着浓郁稚气,甚至伴随着"痴情"的个性色彩也许不少人是不理解的,但却是当好小学老师需要的情怀,这也是一个教师的思想素质,具备了这样的思想素质,才能做到"诲人不倦","爱生乐教"。

当一个好老师除了要有较好的思想素质,还要有较高的业务素质。我在读师范时,认真学好各门功课,还认真学画画、练美术字、参加诗歌朗诵会、创作舞蹈,我也很喜欢音乐,学指挥、练习弹琴。夏天在小小的琴房里练弹琴,尽管蚊子叮,浑身是汗,却乐趣无穷,整个身心都沉醉在琴声中了。这些在我后来的工作中发挥了很大的作用。我探索的"情境教学",运用音乐、图画、表演等手段把学生带入情境,从某种意义上讲,也得益于当年在师范读书时打下的坚实基础。

在当教师之后,我一直注意继续提高自己的文化素养。可以说,我是在"小学里读大学"。我坚持每天黎明即起,坐在校园的荷花池畔背唐诗、宋词,背郭沫若、艾青、普希金、海涅、泰戈尔等中外名家的诗篇,用优美的诗篇来陶冶自己的情操。我摘抄的古今中外的优秀诗篇,就有厚厚的几本。晚上有计划地阅读鲁迅、茅盾等名家的著作,莎士比亚、契诃夫、列夫·托尔斯泰、果戈理、车尔尼雪夫斯基等世界文学巨匠的一批名著,就是那时利用业余时间阅读的。近20年来,为了搞教育科研我又如饥似渴地学习教育学、心理学和美学,还阅读了许多中外教育家的论述及国外教学实验的资料,做了不少卡片。学习对一个教师来说是永无止境的追求。

我常常用屈原的"路漫漫其修远兮,吾将上下而求索"来勉励自己。因此,我抓紧一切时间学习,还经常练笔。这些年来,无论是盛夏,还是寒冬,我常常谢绝许多邀请,专心在家伏案写作。我将情境教学、情境教育实验上升到理论加以概括,实验成果得到许多专家领导的高度评价。但是,如果没有锲而不舍的精神是做不到这一步的。[①]

原理:李吉林老师已构成的素质板块,是由从事教师工作的知识和能力二部分组成的。我们逐项加以分析。

(一)教师的知识结构

具备比较渊博的知识是教师完成自己工作任务的基础。对一个教师来说,知识越多越好,然而,作为一个普通中小学的教师,比较合理的知识结构,应包括下列三个组成部分。

1.通晓所教的学科和专业

教师所教的学科和专业是他用以向学生传授知识的必备的基础。要做到这一点,就要对所教学科的知识有比较系统而透彻的理解,还要对本学科的历史、现状和未来以及在本学科方面作出过重大贡献的著名科学家、学者的生平事迹要有所了解。

2.具有比较广泛的基础文化知识

教师的任务不仅仅是"教书",还必须"育人"。因此,教师对学生施加的影响必然是全面的。教师为了获得向学生施加全面影响的手段和才能,就应该在通晓一定专业知识的前提下,拥有比较广泛的文化科学基础知识,包括一定的"文史哲"、"数理化"、"天地生"、"体音美"等的知识和一些相应的技能(如写作、计算、唱歌、画画、体育活动等方面的技能)。

3.掌握教育科学理论,懂得教育规律

能否掌握教育科学理论,懂得教育规律,这是教师提高向学生

---

① 李吉林:《不断塑造自我,提高自身素质》,《中国教育报》,1997 年 1 月 27 日。

传授知识、施加影响的自觉性,达到良好的教育效果所必需的。教师仅仅有了广博的知识是不够的,他还要善于把这些知识传授给学生,还要教学生自己会学习,还要善于"科学育人",这就要求教师必须有良好的教育学、心理学的知识修养,懂得青少年身心发展的一般特点、个性和品德形成的一般规律,以及如何根据这些特点和规律去教育学生,等等。教师如果缺乏系统的教育学和心理学方面的理论知识,常难以树立正确的教育指导思想,也难以理解和解决教育工作中出现的各种实际问题,就很难达到预期的教育目的。

(二)教师的能力结构

教师所具有的多重角色身份表明其教育职能的多样性,因而也要求教师必须具备相应的多方面的能力。培养学生是通过相对独立的一系列教育、教学活动进行的。这一系列教育活动,应当是首尾相接的教育链。在每一特定的教育活动中,都要求教师具有以下一种或几种能力为主的多种教育能力。

1.教育预见能力

所谓教育预见能力就是教育活动开始以前对教育对象的身心状况,教育内容的适合性,各种影响因素的干扰可能性以及教育效果的估计能力。教师应具有教育预见能力是为学校教育的目的性、计划性和组织性所要求的。教师只有对教育对象、内容、影响因素和效果有一个比较客观的、准确的估计,才能最大限度地保证教育活动目的的实现,教育计划、组织尽可能排除无关因素的干扰。否则教育活动的影响就要受到削弱甚至失败。教师教育预见能力的核心是教育思维。这种思维是建筑在教师的准备工作基础上的。教师只有对教育对象和教育内容有足够的、充分的认识和了解,教师只有对各种影响因素的产生基础有充分自信的熟悉,才能对教育活动作出分析、判断,达到比较科学的估价。

2.教育传导能力

所谓教育传导能力是指教师将处理过的信息向学生输出,使其作用于学生身心的本领。要求教师具有教育传导能力是由教育过程信息传递的规律决定的。教师是借助信息传递的媒介,作用、影响、教育学生的。教育传导能力的核心是语言能力,语言是教师面向学生传导影响的最主要的工具。教师的语言能力有正式语言能力和非正式语言能力。正式语言能力即符号化的语言能力,包括口头语言能力和书面语言能力。因此,前者表现为语言的组织能力,具有较强的连贯性、逻辑性,结构上完整和严密。也表现在语言具有形象性、情感性、准确性。教师的书面语言能力,主要表现在完成批改作业、课堂板书等活动中。教师的非正式语言能力即体势语言能力,包括面部表情和身体动作、空间和触摸、声音暗示、服装及其他装饰品等,是正式语言的补充。正如赞科夫所说:"由活的人说出来的话,不单是只靠它的内容来激发对方的思想和感情的。这里有交谈者一副兴致勃勃的面孔,有一双一忽儿在科学的丰功伟绩面前燃烧着赞美的火花,一忽儿又好像在怀疑所作的结论的正确性而眯缝起来的眼睛,有表情,还有手势……"研究表明,非正式语言的作用在教育活动中是不容忽视的。教师在教育活动中必须注意正式语言的锤炼和非正式语言的妙用。

3.教育过程控制的能力

教育传导是和教育过程的控制密不可分的。教育过程的控制是指教师在教育活动中始终占据主导地位,操纵教育活动按照预期的方向发展。教育过程控制能力是主导、操纵教育活动的能力。当然,教师占主导地位并不意味着教师必须时时刻刻扮演活动主角的角色,而操纵活动方向不等于教师不可以在教育活动中调整既定的方向。恰恰相反,只要是教师在发挥着主导作用,无论教师居于何种角色,或者既定方向如何被修改,都可以称这一活动得到了有效的控制。教育活动控制包括三个方面。①对学生的控制。

对学生的控制主要是通过教育尤其是思想教育来实现的。教师要善于调动学生的主观因素积极参与教育活动,善于了解学生的思想状况,对学生深层的思想作出准确的判断和分析,并在此基础上确定行之有效的教育措施。因此,对学生的控制需要教师有一定的思想教育能力。②对自己的控制。教师是教育活动的组织者和主导者。教师的自我控制关系到教育活动的成败或教育效果的好坏。教师的自我控制包括对自身结构主体的控制和对自身的心境、情绪和情感的控制。前者是根据社会发展的需要、科技发展的程度,以及来自学生的信息反馈,在教育过程中适时适度地调控教育计划、教育内容和教育方法。后者是指教师在学生面前始终处于良好的心理状态,以饱满的热情、愉快乐观、奋发向上的精神状态去感染学生。在遭遇到各式各样挫折情况下,仍能善于控制自己,保持良好的心理状态出现在学生面前。③对情境的控制。教育活动是一定社会情境中的社会实践活动,长到一个学期一个学年,短至一节课一次师生谈话,都是在一定或一系列的情境中开展教育活动的,情境直接关系到教育活动的成效。教师对情境的控制能力是教师能力素质又一重要组成部分。情境由物理空间和社会气氛为主构成,前者表现为一定的环境和场景,教师要善于形成合理的物理环境增强教育效果;后者表现为师生之间、学生与学生之间的心理状态的交互碰撞,这就要求教师具备组织协调的能力,组织学生集体、协调师生关系。现代教师面对的教育对象通常是以集体形式出现的班级,组织好学生集体是保证教育活动顺利进行的必要前提。具有教育意义的社会气氛的来源是教师和学生,协调好两者关系是形成适当的社会气氛的必要条件。

教师的能力素质具有重要的教育意义,一方面,它是实现人才培养规格的重要保证;另一方面,它又是开发学生智力的重要因素。此外,对于教师自身而言,教师能力也还有自我提高的重要保证作用。

2

进入教师角色——教师行为规范与模式

　　引言：每一个教师都有一个走入教师角色的过程，但不是一进入教师岗位，就入了"戏"，就完全进入了教师的角色。事实上，每一个教师实际上所承担的教师角色范围和程度都存在着一些明显的差异。教师角色这一节就是为了使师范生或新教师更迅速、更全面地进入教师角色，使一些老教师能进一步升华自己的角色行为。角色，可理解为个人在特定社会群体中的身份，及其为身份所规定的行为规范和行为模式的总和。个人的社会身份就是个人的社会职能、权利和责任，它规定了一个人活动的特定范围，即应该做什么，不应该做什么，其中也包含有对人对己的情感、态度和价值观等心理成分。当一个人行使为自己社会身份规定的行为规范和行为模式时，便充当着角色。教师角色行为的研究，就是从角色入手，研究教师实际表现的特征和进入多种角色的方法和途径，帮助教师对照基本职能，完善自我。

　　情境：16岁，我师专毕业被分配到一个偏僻的乡镇中学。第一年我就申请当初二的班主任。初二的学生有的已和我年龄差不多，为了让学生惧服我，我常常拿腔拿势，故意板起脸。可他们都不怕我，背地里喊我"小老师"，还学我立眉竖眼的样子。一次，一个男生在班上和我顶嘴，我气极了，照头一巴掌。他瞪瞪眼没敢顶撞。事后，学生告了我的状，校长严肃地批评了我。一天课后，我把那学生叫到寝室里，促膝谈心，承认错误。"你打我一下吧。"我实在想不出更好的善后办法。"什么？"学生不解地问。我说："这样，我心里好受些！"他见我认真的样子，忽儿咧嘴一笑："这怎么使得！这怎么使得！"我脸红了。"以后我保证不打学生了！"我发誓。后来，不知什么时候，学生渐渐和我好起来。我也无需再装腔作势，喜怒作态。早晨，我领着学生跑操；课外活动，我带着学生打球，有时还下下棋、唱唱歌；课上，我努力把课讲好……学年末，我们班被评为校先进班，我真是喜出望外。[①]

原理：这位小老师在进入角色中真真的吃了不少苦头，通过他的角色转变过程看得出，从理论上帮助师范生和新教师进入教师角色是必要的。美国心理学家林格伦（H. Lindgren）曾指出，一个教师"所要了解的第一件事就是他自己和他周围环境的心理因素与力量"。[②]那么，教师要了解自己什么呢？首先要解决的就是教师在扮演着哪些角色，而这些角色又发挥着怎样的作用。有些教师工作的低效，其中一个重要原因就是对他自己的角色缺乏准确的把握。把教师多维的工作看得单一了，把丰富的工作内容做得单调了。教师不仅是"教员"，而且还是"领导者"、"父母代理人"、"心理医疗者"、"纪律执行家"、"青少年的知己和朋友"。教师如果不能很好地承担这些角色，学校的功能也就不可能健全，教师的工作效能也就不可能充分发挥。教师对"教师"的自我概念在行为调节中起着很大的推动或控制作用，因此，不管在理论上还是实践中，教师的每一种角色都有进一步讨论的必要。

一、教师的"教员"角色

教员角色是教师所表现出来的最突出的角色，它因具有较强的专业性而处于核心的地位，是我国对教师角色最为关注的一项。其角色功能主要是以教材为宗旨，对学生进行授业、传道、解惑和评定学业。这个角色要求教师具有较高的教学业务能力。"他精

---

① 傅道春编著：《情境教育学》，27—28页，哈尔滨，黑龙江教育出版社，1996。
② ［美］林格伦著：《课堂教育心理学》，659页，昆明，云南人民出版社，1993。

通他所教的科目据以建立的那门科学,热爱那门科学,并了解它的发展情况——最新的发现、正在进行的研究以及最近取得的成果。除此而外,本人若能热心于本门科学正在探讨的问题,并具备进行独立研究的能力,这样的教师则可成为学校的骄傲"。① 我们看一位实习教师是如何精彩地进入了教员角色的。

情景:"爆炸新闻! 咱们班新来的实习老师,身高不足一米六0,填补了咱们'巨人班'的矮个空白!"

两年过去了,班里的小喇叭广播员胖子尖细的吆喝声还不时清晰地在我耳畔回荡……当时,同学们纷纷表示怀疑,胖子一托眼镜,带着权威式的口气说道:"昨天我还看见新来的老师只身出入单身宿舍,扎着马尾辫,整个儿一个中国原装黄毛丫头!"同学们纷纷议论,都想这下子我们班的数学冠军可保不住了,数学实习老师怎比得上特级教师! 每个人的脸上都是一副末日降临的神色。就是在这种气氛下,我们的矮个儿实习老师走进了我们中间。

她站在讲台上显然有些紧张,一双黑白分明的大眼睛直盯教室后墙的壁报,说起话来浓黑的眉毛一挑一挑的,真是"眉飞色舞"。一条又粗又长的马尾巴辫,一件淡绿色带动画人物的毛衣,看上去当我们的同学还差不多,哪配当老师。我满心的不服气,下决心非要给她个下马威不可。

我调集了班里几个数学尖子,翻阅了十几本数学习题集,终于在1989年的数学奥赛试题上找到了一道令我满意的"绊马索"。我拿着习题摆出一副谦恭请教的样子走进办公室,暗自想:这道几何题要做八条辅助线,料你也做不出来。果然,她的眉间皱了起来,鼻尖上渗出细细的汗珠,她手中的笔也停下来了……我心里在幸灾乐祸地发笑——这是预料之中的嘛! 我拿出一番耐心来,不去看她那尴尬的模样了。没想到,这时她轻轻地拍了我的肩膀一

① ［苏］苏霍姆林斯基:《帕夫雷什中学》,44 页,北京,教育科学出版社,1983。

下,说:"我看这道题起码有三种解法,这是一道奥赛题,《中学生数理化》上介绍过解法,我认为并不是最好的,你看我这个解法可能还简单一些吧。"老师给我讲了她的思路,我被镇服了。不久,我们发现,赵老师上课还真有两下子,教室里不时爆发出会心的笑声,她的立体几何讲得活极了,把生活中的形体变成逻辑严密的概念,使我们进入了一个美妙的几何世界。我的心被她征服了,同学们的心也被她征服了,啊!我敬爱的老师![①]

原理:教师应具有一定的专业技能、技巧和知识,用以帮助学生获得同样的知识。他工作的主要部分是把这些东西教给学生。现代社会中,学生知识源增多,出现了许多"平行学校",教师作为惟一的信息源的作用减少。因此,教师"如何指导学生学习"的功能,有日益增长加强的趋势。社会对"手持金钥匙的人"的企望,教育家提出的"教是为了不教"、"告诉学生怎样和在什么地方找到答案,而不是直接给他们知识"的呼声,都是在强调对教员角色指导功能的强化。

教员的角色,往往因拥有知识而导致去灌输知识,造成学习者被动的局面。罗杰斯在50年代对教师的灌输方式给予批评。他指出,在通常的教育中,教师是知识的拥有者,学生仅仅是容器,教师是专家,精通他们的专业,学生拿着本子和笔等待着金科玉律,而知识进入容器(学生)的主要途径便是讲解或其他言语教育方式。这是一种纯粹的"壶与杯"式的教育。

二、教师的"领导者"角色

教师是不是"领导者",大多数教师对此的答复是含糊的。但学校教育中越来越重视教师的组织教育教学的能力,并把它看成是一个教师自身所拥有的决定教育成效的"教育力"。有一份对中

---

① 傅道春编著:《情境教育学》,29—30页,哈尔滨,黑龙江教育出版社,1996。

学教师的调查说明,优秀的教师中只有 70％可能成为优秀班主任,而优秀班主任中的 100％都具有优秀教师的条件。我国教育界所树立的教师典范,大都是在班级管理的实践中涌现出来的,都具有突出的领导组织才能。一些有经验的校长不无夸张地说:"当好一个班主任,可以当一名县长。"一些学校管理者也认为,管理不好班级的教师,就不是一个全面的教师。这是因为在达到学校目标上,教师承担着的领导行为,有时比教学能力更重要。在美国心理学家詹金斯(C. D. Jenkins)等人的研究中,教师具有的管理行为居第 3 位,教师的知识能力是第 7 位。普希金、坎托尔、罗杰斯,则把教学视为包括领导在内的过程。他们认为,教学可以作为一系列领导行为或角色加以研究。

情境:勒温做过一个实验,实验对象是 30 名 10 岁的男孩,将孩子分为 6 组,每组 5 人,每天用 20—30 分钟时间制作石膏工艺品。每个小组的领导人由受过训练的实验人员担任,分别充当"专制的"、"民主的"和"放任的"领导人,进行轮组实验,每个小组都要经受 3 种不同领导方式的领导人的领导。

专制组领导人由自己一个人决定石膏制作工作的一切方针,讲解技术,指定课题,指定小组作业的时间,亲自作出表扬或批评,与小组成员保持一定距离,缺乏人情味。

民主组领导人鼓励组员们讨论并决定有关小组活动的方针和达到目的的步骤。领导人提出的各种方式仅供选择参考,从不下命令,小组成员可以自由选择课题。领导人的批评与表扬也尽量做到客观公正,力求把自己作为小组中的普通一员。

放任组的领导人基本上放弃领导,对组员的活动不管理、不评价、不参与,只是到了组员主动提出要求时才提供情况信息。

实验结果表明,放任组的工作做得很少,质量也很差,但人际关系较好。民主组的成员能很好地团结起来,高质量地完成任务,工作积极性很高,在领导者借故离开现场时,他们仍然认真工作,有一种创造的欲望。专制组虽然也完成了指标,但工作质量不如民主组,对活动表现出一种冷漠,当领导人借故离开现场时,他们就不再动手,而是等着领导下的指示,很少创造。[1]

原理:教师的"领导水平"在某种程度上决定了学生的学习水平。我们再讨论一下社会通常理解的"领导"的含义,用领导行为来衡量一下教师的活动,可以找到他们的相近点。

领导角色的心理学解释是:领导活动是一种行为的过程。领导概念的含义有三点。①领导是人际关系的一种形态。在人际交往范围内由人对人实行领导。②领导是一种施加心理影响的活动。在群体中最能影响别人的人,就是充任领导角色的人。他对他人或群体施加影响作用的过程,就是领导活动或领导行为。③领导是致力于实现组织目标的活动。全部领导活动的效能,最终都要反映在组织目标的实现上。

领导者的具体行为有八点。①领导者受社会委托,在一个集体中施加某种有权威性的影响。在他的职权范围内决定做什么,以及告诉被领导者怎样去做。②领导者不但指导和指挥着集体以及其中的成员,还帮助集体决定目标并实施向实际任务的转化。③领导者的个人作用对集体有重大作用,并能创造一个起积极作用的组织和一个良好的工作环境。良好气氛的创立并不是领导人做了什么,而是出于他们的工作方式以及他们对待个人的基本态度。④领导者能激发动机,强调工作的效率和集体中成员的个人成长。⑤领导者能对一群人天天在一起工作时必然出现的问题做出适当的反应。⑥领导者坚持明辨是非的一贯原则。⑦领导者推进集体内的相互交流,调节冲突,解除混乱,保持集体的稳定、协调和统一。⑧领导者有判断和预见能力,能精确地预计结果。亦有诊断集体及其组织问题并予以改进的能力。

---

[1]　傅道春编著:《情境教育学》,31页,哈尔滨,黑龙江教育出版社,1996。

　　当我们把领导者的这些行为和期待同教师的行为和有效教育教学因素相对照的时候,我们就很容易把教师与领导联系起来。

　　那么,教师是怎样的领导者。教师作为领导人,不意味着具有权势和特种知识,而是属于分配在组织中一定位置上的领导人。教师的领导是一种独特的活动模式,他面临的是教育的任务和目标。教师行为产生的一系列有关领导作用和有效的集体功能,旨在具有控制、指导学生成长,完成学习任务和督促学生学习的作用,并影响着班集体活动,使之向目标的实现迈进。

　　教学的领导行为包括建立和保持一个内部的环境,用以激发学生潜能的释放,使每个学生有可能竭尽全力去完成和达到规定的目标。因此,有效的教学是和有效的领导紧密相联的。教师不了解这种职能,就不能很好地执行这方面的教学任务。我们强调教师是领导者,就是要帮助教师从另一个角度理解他的任务和作用。

　　1. 教师的领导技巧

　　教师作为领导,面对班集体中出现的各种矛盾,他不可能完全解决,但他能减少这些矛盾。领导只是一种改进和完善行为的途径,这就要求教师要具有领导的技巧。在完成任务、处理干扰和教学问题时,手段上的技巧胜于权力。而现实中的教师很少受过有关集体领导和管理的训练,对社会学和管理学知识也不十分了解,所以每当问题产生或教学活动被打断时,他们往往施行权力而不运用技巧。

　　教师的领导技巧同他的教学能力是相辅相成的。通过教师的领导,班级的同学或师生之间可以建立一定的情绪气氛和交往模式。这时的班级可理解为一个为教育的集体目标和个人成就而工作的社会团体。教师不应当把自己的任务看成是实现规章制度或者是对个人和集体的操纵,而应当看成是功能的调节者。从一种重要的意义上来说,教师似乎要逐渐更多地变成领导的角色。

　　2. 教师的领导品质

教师也应具有一般领导人的品质。下列来自企业优秀领导者的特征,对于认识教师的领导品质还是有启发的:①有目标;②公正;③以积极态度工作;④有学识;⑤尊重部属;⑥关心部属;⑦诚实;⑧以身作则;⑨有常识;⑩果断;⑪乐于教导别人;⑫善于听人讲话;⑬善于沟通;⑭对自己的行动负责;⑮态度坚定;⑯乐于助人;⑰服从命令;⑱不记仇;⑲对自身工作热心;⑳对别人的意见有建议性的回应。

在教师领导品质研究中发现,对自我接受和自我洞察有适应能力的人,对他人成长有友好助长作用,可以成为较好的教育者。因为他们在情感和认识方面有很好的理解力,使他们比别人更为成熟和完善。

3.教师对权力的使用

教师在领导行为中的权威还是十分必要的。教师要有指挥权,这是因为他的许多管理行为来源于学校具有法规性的规章、制度、计划和阶段任务。由于组织性质所规定的任务要求,还由于教师所领导的是不大成熟的青少年,教师有时还要使用领导者的命令式。规则的遵守、训练的实施等必须遵照教师的吩咐去做,不然就不能维持师生之间的制度领导关系。但教师不能由此发展到专制主义倾向的人格,要注意指导集体并利用集体本身的内部力量去发展一种合作关系,做出有远见的调节计划,使班级的制度为预期的变化做超前的准备。

三、教师的"人类灵魂工程师"的角色

"人类灵魂工程师",这是人们送给教师的美称和赞誉,也是社会对教师的一种职业期待。这种期待突出了教师在人的发展中的作用,强调了教师工作中对学生的精神塑造和智力的开发意义,肯定了教师在教书育人的系列工程中的独立性和创造性,也含有对教师实际教育能力的估计和评价。教师从这赞美中除获得自豪和

激励之外,还应悟出其中角色期待的含义。

　　情境:在亲人和许多老师眼里,小黄是一个不可救药的浪子。他原在潮州市区一所学校寄读,远离父母,失去家庭的管教,被坏人引诱,陷入胡作非为的泥潭。他无心学习,破坏学校纪律,而且在外面盗窃,他母亲忧心如焚,把他转到六联小学,请求到丁老师的班里就读。这样的学生能收吗? 学校里议论纷纷,意见不一。

　　丁有宽认为,未成年的孩子可塑性很大,即使是小黄,也不是定了型的砖。如果把他向社会一推了事,他就可能会越变越坏,对社会危害更大;把他留在学校,使他转变过来,或许将来还是个有用之才。于是,丁老师冒着风险把小黄留下来。

　　要使浪子回头,必须选择好着力的支点。丁有宽对小黄的过去作了全面的考察,在寻找优点的过程中帮助他建立起自信心。在全面的调查和分析中,丁老师发现,他经常从韩江岸跃入江中,到船上偷东西,偷东西是不好的,但从他跃入江中又可以看出他有不怕危险的一面;他偷了东西常分一些给有困难的孩子,从中可折射出他尚有善良的本性。经过一番比较鉴别,丁老师对做好他的转化工作充满了信心。

　　一天放学后,丁有宽把小黄带到家里,搬出一大堆连环画,让小黄挑选阅读。小黄漫不经心地拨拉着,忽然眼睛一亮,发现了《聂耳的故事》,并习惯性地把书藏到裤袋里。

　　丁老师顺水推舟地说:"《聂耳的故事》老师送给你,你带回家看吧。"小黄顿觉耳根一热。

　　这时,小黄骨骨碌碌的眼睛盯着墙壁,那里挂着一把二胡。丁老师随即说道:"你喜欢拉吗?"话还没说完,小黄已经跳到桌子上。"啪"的一声,压在桌面上的玻璃板被踩碎了。

　　小黄害怕起来,双唇嗫嚅着。丁老师连忙安慰他:"不要紧,不要紧,快看看划破了脚没有?"

　　细心的丁有宽正是从小黄对一本书、一把二胡的倾心中找到了施教的支点。此后,他倍加支持小黄爱音乐,想成为音乐家的兴趣与愿望,给他创造出许多发展"自我",表现"自我"的机会,从中培养他做一个好学生的自信心,启发他树立为人民献才智的高尚理想。经过长时间的艰苦工作,小黄终于告别了昨天,在六年级时被评为三好学生,毕业前成为学校的优秀中队长。后来,他考进了华南歌舞团,转而成为一名电影工作者。至今,他仍念念不忘自己的恩师丁有宽。①

原理:教师要履行"人类灵魂工程师"的角色,重要的是履行以下两项职责。

1.解决人的人生方向问题

教师对于学生,除了给予知识和训练技能、发展智力之外,还要教他怎样做人。这一角色的履行决定了一个教师教育力量的大小和德育工作行为的水平。

这一角色还有社会主义国家人民教师行为所独具的含义。社会主义教育的政治功能,强调了对接班人的培养,强调教育为未来社会准备一批可靠的建设者,教师作为人类灵魂的工程师,对于这一批人的成长目标、方向、速度、质量有着重要影响。

2.对学生的思想灌输和改造

青少年学生处于复杂的社会环境中,他们观察、选择和吸收进步向上的积极思想,也不乏消极落后的不良成分。新的道德风貌和共产主义人生观的形成,都不是自发的,而是靠灌输和改造的力量达到的。当学生政治上出现偏差,品质上有了污点,灵魂上出现扭曲之时,教师要尽园丁的责任斧正之。教师对学生的思想教育,除通过主要渠道实施集体教育外,还包括对学生个体成长中思想障碍的疏导。

---

① 刘永曾等主编:《捕捉最佳教育时机》,78页,大连,辽宁师范大学出版社,1995。

四、教师的"心理医生"角色

在教师眼里,"学生"除具有血肉之躯,还具有思想情感的"社会人"。学校教育,既要考虑给予学生一个健康的体魄,也要重视给予学生一个美好的心灵。对于精神健康,我国卫生部部长陈敏章曾解释说:"健康包括社交健康,能融洽愉快地从事健康性的工作和学习及其他个人活动;精神与哲理健康,能使自己的行为与其价值相当一致。"教师作为学生的保健者,应当充分重视思想政治工作和心理工作的丰富内涵。

情境:中学生不良心理表现是多方面的,如对新环境(新的学校、班集体、老师和同学)的不适应,而产生的畏惧、抑郁、紧张、烦闷心理;学习压力大,在学习上产生的厌倦、焦虑、自卑或狂妄心理;和同学、老师、家长关系不好而产生的孤僻、嫉妒、多疑、怯懦心理;对青春期的不解而产生的困惑、敏感、疑虑、早恋心理等。这些心理的不平衡和失调,将会严重地影响学生的健康成长,甚至出现种种心理疾病:有的逃学或半途退学,有的出现精神异常,有的学习成绩大幅度下降,有的思想颓废,一蹶不振,甚至走向绝路。中学生中所产生的这些问题,其中大量的不是政治方向、思想意识、道德品质、纪律作风方面的问题,而是心理障碍、心理冲突、心理失衡所致。因此,必须及时加以指导,决不能简单地不加分析的就事论事,给予学生过重的处分,造成严重的后果。

据统计,目前我国因心理、精神导致疾病的患者,每年高达1000 万人。大学生中患心理疾病的已占总人数的 20%以上,退学人中因各种心理疾病不能继续学习的占 50%,非正常死亡中自杀的占 26.5%;中学生中自杀、出走……性变态等现象,已非个别。[1]

原理:教师作为一个心理医疗者,重要的、日常的、大量的心理

---

[1]　赵学:《应重视青少年的心理教育》,《光明日报》,1993 年 11 月 12 日。

工作就是创造一个良好的课堂气氛。课堂情绪气氛是学生成长中的一个心理环境,是集体心理气氛的表现。课堂上究竟是一个怎样的气氛,教师负有很大的责任。传统教育中的教师对班集体组织理论是不重视的,因此它也就忽视了班集体的成员间以及学生集体和教师之间彼此的了解和相融。再者,教师还应是学生个体的心理医生。教师对学生的心理医疗也要及时到位。主要表现是:教师要提供一个能谅解和宽容的气氛,帮助学生减轻焦虑或紧张,帮助学生获得心理的需要,给学生以情感和心理方面的支持。教师在扮演多种角色时都要注意学生的心理效应。比如考试,这是学习评价的一个基本手段,但教师在使用考试的频率和结果处理中,要尽量减轻心理压力,切不可把它作为对学生惩罚的手段。从心理学角度看,成绩排队不利于学生的心理健康,特别是名次在后边的学生,每次排队都可能构成一种精神打击,直到他在刺激中形成一个麻木感时这种打击力才失效。教师不该给学生制造恐怖,而应把他的学生从惧怕、胆怯、缺乏自尊心以及卑微之感中解放出来。

　　心理医疗者,尽管不是教师的主要的专业角色,但教师绝不能是心理诊疗上的无知者,不然他就不能帮助他的学生。学生在学校生活中,当出现个人问题时,总愿意找一位富有同情心的教师谈谈。教师担当学生心理顾问的角色与课堂教学又有密切的联系。一位教师在课堂上与学生的接触是坦率真诚的,学生就愿意向他反映自己的内心活动,教师就可以更多地了解和帮助学生。

五、教师的"青少年的朋友"角色

　　教师要履行教育者的职责,"应当成为孩子们的朋友,深入到他的兴趣中去,与他同欢乐、共忧伤,忘记自己是教师。这样,孩子才会向教师敞开他的心灵。"[①]

---

　　①　[苏]苏霍姆林斯基:《帕夫雷什中学》,30页,北京,教育科学出版社,1983。

情境: 按照以往的经验,我精心设计了接班方案。我自认为轻车熟路,没问题。第一天,我慷慨激昂地发表了长达 45 分钟的"就职演说",想用自己很好的口才既教育学生又征服学生,尽量给他们留下难忘的第一印象。果然,第一把"火"烧成功了。紧接着,我重新划组,明确班干部职责和班里的奖惩条例,然后就是约法三章,宣布两周内全班必须达到的近期目标,真可谓"新官上任三把火"。就在这一阵紧锣密鼓之后,班集体面貌迅速地明显改观。教室干净了,集合排队整齐了,上课安静了。对此,学校领导给予了充分肯定,任课老师也齐声赞扬。有的老师冲我伸大拇指:"姜还是老的辣!"我也暗暗自喜,心想这第一步走得不错,下一步接着就是培养干部队伍。这样下去,没准不出半年就能"遥控"了。

但,我很快发现,事情并不那么简单。我的学生并没有因集体的变化和进步而欢欣鼓舞。相反,一种压抑、冷淡的情绪却笼罩着全班。为什么呢?我默默地反省了自己接班的前前后后,并未发现说错和做错什么。我挤出时间试着去亲近他们,可学生们仍然回避我,不是在我面前低着头匆匆地走过,就是望见我悄悄地溜掉。好多次学生们把我一个人"晒"在了空荡荡的教室里,我难堪极了,自尊心也受到了伤害。我真想对学生发泄一场,甚至想调查是不是有人成心"捣鬼"。但我毕竟是 50 岁的人了,理智阻止了我的感情用事。我在困惑中认真地思考"学生为什么反常"。

我主动找各类学生谈心,并委托有关领导和老师代我征求意见。学生们反馈回来的信息都是"没什么意见呀!""老师说的都对,我们班是进步了。""老师也够累的,不容易!"多是不冷不热的腔调。我感到学生并不是认为我做得不对,而是不欢迎我。晚上回家,我独自站在镜子前,琢磨着 14 岁的孩子们,会喜欢什么样的班主任。我终于意识到,当我高高地站在讲台上,深恶痛绝地批评不良行为的时候,我在学生心目中的形象,一定是个厉害的"后娘"!他们从我身上看不到对他们的理解和热爱,因为我忽略了与学生们情感的交融,而学生们却是以情感来判断老师的……他们有着丰富的精神世界。可见,没有理解,没有爱,也就没有教育。我高高地站在讲台上俯视学生,也就疏远了学生,教育的主客体距离较远必然收不到圆满的教育效果。我决心放下架子,从讲台上走下来,到学生中间去,与他们同忧共喜,先做他们的朋友,再做他们的老师,建立新型的师生关系。[①]

原理:教师的朋友角色是一个热情的、同情的人所承担的角色,是师生间带有感情色彩的一种交往形式。教育家对此持普遍的赞成态度。教师的这个角色的主要表现就是对学生的喜爱、友好、宽容与理解,并积极地给予心理支持。这个角色的教育意义主要是强调教育中的情感因素。

教师作为朋友不是完整意义上的私人朋友,私人朋友是以个人感情为支配主线的,而师生之间的基本关系毕竟是一种制度化的支配和从属关系,是以公务情感为基础的朋友。因此,教师不能过于热情地扮演朋友的角色。比如在学生的牢骚和过失中的容忍和不批评的态度,往往意味着对错误的赞同或不应有的谅解。有些青年教师努力追求与学生的一种"高关系",力求取得学生的好感而放弃与同事的一致,更是不恰当的。

六、教师的"父母"角色

儿童认为教师是父母的化身。大多数教师都接受兼当学生父母的角色,而且扮演得还比较从容和愉快。这主要是因为学生对教师有这方面的情感投注,教师对于幼年学生更有这种心理倾向。尽管这是一个随着学生年龄的增长、依赖性的降低而不断淡化的角色,但在低年龄儿童教育中,是个不可忽视的问题。

情景:课间,一个一年级的学生不慎在厕所里,弄得裤子、鞋子

---

① 傅道春编著:《情境教育学》,38页,哈尔滨,黑龙江教育出版社,1996。

都是粪便。张老师给他脱掉满是粪便的裤子和鞋子,一遍遍给她清洗身体,并把衣服洗得干干净净。当这位学生接过衣服的时候,两眼含着感激的泪水说:"张老师,您比妈妈还好!"这话一点儿也不夸张。不知有多少次她给呕吐的学生打扫脏物,给学生系裤子、擦鼻涕;又不知有多少次,她给学生买早餐,从家里端来开水给学生服药,一连两个月给患眼病的学生上眼药,背着烫伤脚的学生上厕所、送回家。有多少家长拉着张老师的手说:"孩子交给您,我们心里踏实。"①

原理:研究者认为,刚刚入学的儿童,从父母的环境中走向学校,他把与父母相处的经验、体会推及与老师的交往中,把对父母的期望和在父母面前表现习惯了的行为模式也同时转移到老师身上。他用在家对待父母的手段对待老师,同时也期望老师像父母一样,依照家庭中的惯例来对待他们。这时教师往往会给予拒绝,教师常常用这样的话做出反应:"这是在你家呢?在你家行,在学校就不行。"这是对学生所不该寄托的父母形象的一种拒绝和提醒。学生也会在这一系列的尝试和挫折中重新理解、认识教师与父母的不同形象,走出个人情感的圈子,向社会化前进一步。大多数教师在父母角色的满足上,是缺乏慈爱,这里主要是职务权威的障碍。教师在父母角色上的过当表现是家长制作风,这也是不受学生欢迎的行为。

七、教师的"榜样"角色

教师是社会行为规范的代表,他向成长中的青少年一代展示成人的行为样式,是学生效仿的楷模。教师的榜样作用,也构成一种不可缺少的"教育力"。

情境:记得在一个寒冬的早晨,西北风呼呼地刮着。同学们在

---

① 傅道春编著:《情境教育学》,39 页,哈尔滨,黑龙江教育出版社,1996。

上早读,书声琅琅。我刚到校,来到班上,手插在裤兜里,脸对着全班同学。这时,一个学生走进教室。我大声说:"××,你为什么又迟到?把手放下站好……"忽然,我听到有人叽咕:"……自己也迟到……"一个女同学正在向旁边的同学使眼色,脸上露出不服气的神情。我心头一惊,正要发作的火一下子熄灭了。这事儿使我陷入深思。平时,一些看起来很细小、很微不足道的事情,由于没有重视,结果给了学生潜移默化、耳濡目染的影响。课上,有的学生被叫到前边板演,写完后随手将粉笔往讲台上一扔,没有轻轻地放回粉笔盒;小干部用教鞭敲击讲台面要同学们安静下来……这不都是我的行为在学生身上的再现吗?我感到,在学生面前,教师的一举一动都要十分审慎。数十双眼睛好像数十面明澈澈的镜子,照得教师毫发毕现,不容你有丝毫的懈怠。①

原理:我国教师身为教育者,深知典范楷模作用对于受教育者身心影响甚大,历来高度重视这一行为角色。"师者,人之模范"。② "行可以为表仪者,人师也"。③ "其身正,不令而行;其身不正,虽令不从"。④ 在教育过程中,教师的自身行为可以"使诚明者达,昏愚者励,而顽傲者革"。⑤ 作为人的榜样,中国教师还形成了自尊自爱、自强刚毅、坚韧宽厚而又乐观向上的教育性格。

教师作为学生的榜样角色,在"教育情境"内完成得普遍比较好,比如说在教室里,课堂上,在学校正式的教育活动中,教师十分注意教师的样子。但是在"非教育情境"中往往淡化了这个角色,表现为另一个样子。比如说在家里私下与学生的谈话,有时就不注意教育意义,可能给学生一个很低的思想情调,使学生感到与那

---

① 傅道春编著:《情境教育学》,40页,哈尔滨,黑龙江教育出版社,1996。

② 扬雄:《法言·学行》。

③ 韩婴:《韩诗外传》。

④ 《论语·子路》。

⑤ 欧阳修:《胡先生墓表》。

个在课堂上宣教伦理道德原则的教师判若两人,从而大大降低教师在学生心目中的"榜样力量"。有的认为,教师的榜样,是为教育对象——学生而树立的,与他的角色伴侣相依存,离开了学生也就放下了"榜样",失去了为师的约束,他只是把榜样作为一种外表,没有内化为一种思想。其实,教师的榜样角色应能经受各种时空的检验,在校内是一个优秀教师,在校外是一个模范公民。有些青年教师认为这种要求会限制他们的行为和生活自由。他们认为应当用同其他专门职业的人们同样的标准来评判他们,允许他们做一个普通的人。当然,对于教师的社会生活细节和个性特征是不应过分苛求的,但教师所应有的强烈的公民意识,包括国家观念、法纪观念、公民的权利和义务观念,却是应该按社会期待的标准去调节和控制自己的言行举止的。

教师不仅是学生做人的榜样,还是学生为学的榜样。在这方面给予学生的影响是深刻而具体的。教师的"学不可以已"、"发愤忘食"、"学而不厌"的求知精神对学生的学习有明显的激励作用。教师的知识越丰富,他越能经常而巧妙地开阔学生的视野,学生就会表现出更强烈的探索志趣和求知愿望。实践证明,最有成效的教师是那些不断增长他所教学科和有关方面知识的人。学生最为钦佩、最愿效仿和追随的榜样是品学兼优的教师。

八、教师作为"被攻击的对象"的角色

教师所充当的角色不完全是正面的主动角色,有时也表现为学生反面的被动角色,成为被攻击的对象、被敌视的目标。国外的研究者称之为"替罪羊",这往往是教师从业中最不理解、最接受不了的角色。

情境:一位学生跑来告诉我:"老师,××骂您!""骂我?她?"我一时有点反应不过来。她是班上的学习委员、语文课代表,性格文静,遵守纪律,学习成绩好。她会骂我?骂我这个把她当做"得

意门生"、费尽心力培养她、帮助她发表文章的老师？我想起了熬夜为她修改作文的情景，蚊叮虫咬，一灯如豆，揣摩、苦思、字斟句酌，比自己写作还下功夫；想起了我赔上稿纸、邮费把一份份沉甸甸的希望投向五湖四海时的激动；想起了向学生们宣布她的文章获奖的喜讯时打颤的声音……甘苦，希望，欢乐，都为她。而她……一时间，我竟有了一种万念俱灰的感觉。

伤心过后是一种难以抑制的愤怒，我有一种报复的冲动。老师对学生最有效且最可能的报复手段之一就是冷眼相看。我要让她为不理智的行为付出代价，我这样对自己说。……两天后，当我在她交上来的日记中看到"老师，对不起！我不是有意的……您一直是我最尊敬的老师……"的表白时，我暗暗庆幸我选择了宽容。①

原理：事实上，一般教师不可避免地要成为暂时的或永久的、偶然的或经常的被敌视的对象。部分学生以前受到的家庭、班级的排斥、惩罚，以致他们把一切有权力的人或所有管教他们的成人，都看作带有威胁性的人物，看成是他们受挫折和痛苦的主要来源。他们对教师高度戒备。带有这些情绪的青少年，必然把矛头直接指向天天相处的权威人物——教师，把攻击的感情发泄到"替罪羊"身上。有时一个没和学生见过面的新教师一走向教室就被戏弄，从门上掉下一个笤帚或黑板擦。这不能仅仅归咎于某一教师或某一学生，这是因为学生是把教师作为一个社会角色来攻击的。

教师一旦成了敌视的靶子，需要极大的忍耐力，必须警惕自己的态度。如果采用对学生体罚、羞辱、嘲笑、挖苦、讽刺和冷遇来解脱自己的困境并保护自己，只能使问题恶化，持续这种攻击与反攻击。教师在受到攻击的情境下，如能够采取幽默处理，继续保持愉快、平静如常，度过课堂中的混乱、紧张而不陷入敌对、惶乱状态，就能仍然保持作为一个"教师""朋友"的主导角色。

---

① 傅道春编著：《情境教育学》，42页，哈尔滨，黑龙江教育出版社，1996。

九、教师的"研究者"角色

教师的"研究者"的角色,是新时期对教师角色的重要的补充。许多的优秀教师之所以成为"优秀"的教师正是因为他们在教育研究中进行了创造性的劳动。

情境:1992 年 8 月,王思明走出国门,出席了在科伦坡举行的第八届国际科学亚洲会议,在会上宣读了题为《计算机与人脑功能对比开发》的论文,引起了国内外教育界的关注。1994 年 7 月他又接到邀请,于 10 月再次出席在曼谷召开的学术会议,并宣读他的论文。

问:作为一个中学教师,能登上科伦坡、曼谷的学术讲坛,是很了不起的事,请谈谈对教育科研的想法和做法。

答:在陕西师范大学计算机专业函授期间,对计算机理论的系统学习,使我注意到计算机的信息输入、贮存、处理及输出过程与人脑思维过程的异同点。

在陕西师大物理系本科函授学习期间及教学中,我以自己的思维过程为实验,初步弄清了人脑的一些活动过程。并产生将人脑活动过程用于设计智能计算机的一些想法。由于目前世界学术领域内,有关人脑活动的研究仅在初始阶段,而且又是冷门,所以我对智能问题的一些想法引起了有关学术组织的注意,连续两次被邀请出席研讨会。[①]

原理:教育研究是教师的教育素养转化为教育效果的中介和桥梁。在教育素养和教育效果之间,存在着一个加工处理与转化的复杂过程,这个复杂的过程就是教育研究活动。教师的研究活动,其实是很有条件的,"课堂即实验室"。因此,成熟的教师应是

---

① 　傅道春等编著:《中国杰出教师行为访谈录》,70 页,上海,上海教育出版社,1995。

专家型的教师,不仅要有有效的经验行为,还要有理性的思考,应能解释、反思自己的教学实践,完善教育实践,以使自己的见解不断交流。教师的劳动成果不仅要体现在学生的成绩上,还要体现在自身的专业成果中。

在社会的转型期,教育发展必须配合社会的快速变迁,教师对新事物的认识与接受也是以教育研究为基础的,只有教师扮演的"研究者"的角色,才能巩固其专业地位,并完成其教育任务。

十、学校管理者的角色

未来教师要想维护自己在学校的地位,除了在教学过程中发挥组织、监控、评价等作用外,还必须积极参与学校的整体管理过程,学会处理校内外的各种关系。教师在学校管理中的作用会不断加强,某种形式的全员责任制可能在学校中较为广泛地被采用。教师也将不断获取学校运作的信息,减少教师对学校管理的疏远感,另外,相当一部分教师实际上已在担负着一定的学校管理者的责任。

十一、教师的角色冲突

教师在履行工作角色时常产生角色冲突。教师在工作中,要将许多角色加以融合和组织,也常常遇到两个角色同时为他提出两种相反的角色行为的情况。这是教师在日常教育工作中普遍遇到的大量的冲突。教师在多种工作角色之间冲突时,一时很难在对立中找到统一,只有否定一个才有可能满足另一个,只有否定一面才能肯定另一面。如:纪律执行者与心理医生的冲突,教师一方面要随时迅速制止学生的调皮捣蛋,一方面又得考虑不得粗暴行事,不能损伤学生的自尊心,这样在突发事件处理中就很难两全。课堂管理者与学生的知己、朋友的冲突,教师一方面要管理班级,要有权威性;一方面要做学生的知己,要有亲近感。教师不可能同时是一个严厉的管理者,又是一个像朋友一般为学生所喜爱的人,这也常常使教师陷入困境。

情境：在大部分的教书生涯中，我都以"超等老师"这一角色来约束自己。我的意欲看来很合理，我要竭尽所能做一个最好的老师。可是时不时由于灰心与厌倦，我也会搁下我的角色而出以自己的原来面目，此时，我与学生间的关系便有所改变，变得较接近、较亲密、较真实了。这又使我担忧，因为过去人家教我跟学生保持距离，警告我"亲密产生轻蔑"，倘若学生对我看得太清楚，我将无法去控制他们。然而担忧归担忧，我却发现一旦我搁下自己的角色，我便能真正地教，学生也能真正地学。而有时在这种情况下，学生有令我不快的言行，我又只得重新拾起教师角色以维持秩序，或对他表达我的不悦。若干年来，我就在这两端间游移不定。扮演教师角色时，我才能维持秩序；恢复自我时，我才能好好教书。[①]

原理：教师作为一个具体的"人"，有他自己的原来面目，教师作为一个社会角色，也有他进入这个角色后的扮演。作为一个教学情境中的"我"，尽管不完全是自然中的"我"，但要是一个真实的"我"。如果一个教师以"超等教师"这一角色来约束自己，就不会与自己的教育对象融为一体。当这位教师以自己原来面目出现时，他与学生间的关系改变了，变得亲密、真实了。但有时出于维持秩序的需要，也需要重新拾起那种威严的教师角色。教师角色表现中的"度"，究竟如何掌握呢？乌申斯基主张："严肃中渗着笑语，但不完全是玩笑；对人温柔可亲，但不甜得腻人；为人公正厚道，但不吹毛求疵；做人善良仁慈，但不软弱无能。"

十二、中国教师角色行为中的文化传统

1.道德追求大于社会索取

---

① ［美］汤麦士·哥顿著，欧申谈译：《教师效能训练》，15 页，台湾，教育资料文摘杂志社，1980。

现实中,中国教师工作在道德力量的支持下历久不渝。这是传统价值观的表现。与社会普遍践行的以"富贵利达"为生活目标的世俗价值观大相径庭。被称为万世师表的孔子,奉行的就是"饭疏食,饮水,曲肱而枕之,乐亦在其中矣。不义而富且贵,于我如浮云"。① 对世俗价值观,荀子认为"以从俗为善,以货财为宝,以养生为己至道,是民德也"。社会文化对道德价值的赞美与对世俗价值观的鄙视,是教师这种浓重道德追求经久不衰的深层原因。

2.社会本位高于个人本位

中国教师在己群关系中有一种强烈的推动社会发展的历史使命感。"士不可不弘毅,任重而道远。仁以为己任,不亦重乎,死而后已,不亦远乎"。② 文化传统使教师形成了社会从属型的心理积沉。庄泽宣先生曾指出,"中国与西方有一根本不同点:西方以个人与社会为对立本位,而在中国则以家族为社会生活的重心,消纳了这两方对立的形势。"③中国教师能以"天下为己任",倡天下大利,且有对国家民族较强的社会从属感。"培育国家之栋梁","得天下英才教育之","不误人子弟"几乎成了全部教师的工作信条。他们对社会未来的负责胜过对自身付出的思考。

3.自我修养先于对他人教育

自强、刚毅、耐力而乐观向上的教育性格,是中国教师心理品质的主流。"天行健,君子以自强不息"、④"发愤忘食,乐以忘忧"、⑤"学而不厌,诲人不倦"等几乎成了中国师德的凝固剂,塑造了历代的教师精神。

---

① 《论语·述而》。
② 《论语·泰伯》。
③ 李中华主编:《中国文化概论》,314页,北京,中国文化书院,1987。
④ 《易经》。
⑤ 《论语·述而》。

3

适应特殊劳动——教师劳动的特点

引言:教师的工作从社会劳动的形态上加以考察,其构成要素有:有目的的活动、劳动的对象和劳动手段等方面。但它与体力劳动以及其它部门的脑力劳动相比较,具有其自身的特点。做教师,只有沿着教师劳动的特殊点去开发人力资源,才能真正成为这方面的专业技术人员,才能不断地产生着新的教育工效。我们先来看一段教师劳动的片断,从中找一找劳动对象、过程、手段、成果方面的特点。

情境:在教育界,能教好学生的老师并不一定就是高手;但是能把"差生"、"后进生"培养成才,又能让优生高出一筹的,你不得不承认他是能手。当一张戴着眼镜的娃娃脸映入我的眼帘时,我真不敢相信他会有这么高超的技艺,竟能将学生的心弦拨得"咚咚"作响,他就是湖南省绥宁县第二中学青年骨干教师贺占红。今年刚入"而立"的贺占红,1988 年毕业于邵阳师专数学系,1993 年 7 月毕业于北京师范大学数学系(函授)。看着架在他鼻梁上的圈着无数个圆圈的镜片,我在极力透视他那满肚子的学问与满脑子的想法。原高 102 班的肖丽霞同学,在李熙镇初中就读时成绩较好,刚升入高中时,因强手如云,成绩排在倒数第 8 名。这个个性要强的女孩一下子失去了自信,天天吵着要休学。贺老师知道了,从肖丽霞正在看的参考书与数学笔记中,不声不响地选了几道估计她一定能解决的题,第二天使法子安排在课堂练习中,要肖丽霞上黑板演算,不知用心的肖丽霞上台了,并全部做对,此时,贺老师在全班得意地夸大其词:"这些题目的难度很大,我搞了几天才解出来,能解决这些难题,高考肯定不在话下。"事后,又在来访的家长面前如法炮制,家长高兴得不得了。就这样,肖丽霞很快恢复了自信,又鼓起了上进的风帆,中考成绩一跃进入班级前12名。中考总结会上,贺老师缠着校长,无论如何也要当着全体师生的面点名表扬她几句,校长依计做了。3年下来,肖丽霞的成绩一直稳在前6名。今年高考,她以优异的成绩被北京林业大学录取。最近,终于明白贺老师良苦用心的肖丽霞来信了,她在信中写道:"中了老师的'计',我非常开心,如果没有你,便没有我的今天。"其实像肖丽霞一样"中计"的人何止她一个,曾被兄弟学校开除出校的罗力同学何尝不是,这位1994年高考进入兰州大学的"捣蛋王"时常对同学说:"贺老师对我有再生之恩,倘若没遇到他,也许我在流浪,也许我在坐牢……"①

原理:由贺老师的这段工作事实,我们去联想我们的中小学教师作用于他们自身的那些劳动,再去观察千千万万个教师日常的教育教学活动,我们对教师的劳动特点概括为以下几点:

一、特殊的复杂性

教师劳动的对象不是无生命的自然物质材料,也不是动物,而是具有一定自觉意识的、有感情有理智的、作为社会整体一员的活生生的人,是不同年龄、不同性别、不同个性的一代青少年。他们正处在发育过程之中,影响其发展的因素又是多方面的,既受生物因素的影响,又受各种社会因素的制约;同时,每个人本身还有主观能动性,从而形成了各自不同的特殊的内心精神世界。教师面对的是这样一群青少年,怎样把国家的要求和社会的标准转化为每个学生的自觉行动,这无疑是一种十分复杂的劳动。

再就教师的任务来看也是很复杂的,教师既要教书还要育人。

---

① 洪宝清:《点拨能手贺占红》,《教师报》,1997年4月20日。

在教书方面,既包括传授知识,又包括培养技能、发展学生的智力
和体力。在育人方面,情况则更为复杂,既要帮助他们树立正确的
人生观、世界观,培养良好的道德品质,形成文明的行为习惯;又要
注意陶冶健康的感情,锻炼坚强的意志和性格。

　　教师劳动的复杂性还表现在他的工作是一个运用智力的过
程,是一种综合使用、消化、传递、发现科学知识、技能的复杂的脑
力劳动和体力劳动。他与一般体力劳动不同,与其他的脑力劳动
也不一样。教师的劳动是要把人类千百年来创造的科学和文化,
及一定社会的政治、伦理知识转化为学生个体的精神财富。一般
劳动,其程序、进度、成效,比较容易受生产者意志的调控,而教师
的劳动则比较难以依个人主观意志为转移。因为在教师的劳动
中,学生不仅作为劳动的对象而存在,同时也作为劳动的主体而出
现,学生不仅是教育的客体和对象,而且可以通过教育和自我教育
转化成为教育的主体。教师劳动对象的这种既是主体又是客体的
双重性,使教师劳动的成效,往往不能只取决于他自己的主观努
力,而是在很大程度上要依靠受教育者的自觉性和积极性。教师
劳动的这种复杂性意味着教育工作有着较其他脑力劳动更高的要
求,他不仅要掌握所教学科的专业知识,同时还要求具备以教育科
学为基础的特殊能力。

二、强烈的示范性

　　教育是培养人的活动。教育活动的这一本质特点,决定了教
师的劳动必然带有强烈的示范性。韩愈讲:“师者,所以传道、授
业、解惑也”。[1]　这里,传道、授业、解惑,在很大程度上都是通过教
师的示范来进行的。所以,“师者,人之模范”。[2]　教师劳动与其他

---

[1]　韩愈:《师说》。
[2]　扬雄:《法言·学行》。

劳动的一个最大的不同点,就在于教师主要是用自己的思想、学识和言行,通过示范的方式去直接影响劳动对象。"教师本人是学校里最重要的师表,是最直观的最有教益的模范,是学生最活生生的榜样"。[①]任何一个教师,不管他是否意识到这一点,不管他是自觉还是不自觉,他都在对学生进行示范。

教师的劳动之所以具有示范性,还在于模仿是青少年学生的一个重要的学习方式。中小学生无论是在知识、智力,还是在心理素质、思想道德等方面的发展,都还处于不成熟时期,独立性和自学、自我教育的能力都有欠缺。这一年龄阶段的学生对教师有一种特殊的信任和依恋的情感,他们的学习往往是通过对教师的模仿来进行的。

教师劳动的示范性,几乎表现在教育活动的各个方面。在教学工作中,教师对学生提出要求时,如有必要,都要先做示范,以增强学生学习的直观性和规范性。特别是在课文朗读、例题分析、实验操作,以及音、体、美和劳动技术的教学中,教师的示范显得更加重要。此外,教师的思维方式、思维品质、知识结构、学习习惯,等等,无形当中都对学生起着示范作用。在思想教育过程中,学生的文明习惯、道德风貌,以及人生观、世界观的形成,都有赖于教师的言传身教。在这方面,教师的一言一行都可能对学生产生难以估量的影响。

教师的示范作用只能是对学生的启发诱导,而不是强加给学生的现成模式。教师应该鼓励学生独立思考,培养学生的创造性和主体意识,而不能强求学生盲目顺从。

三、独特的创造性

说创造性是教师劳动的特点,并非是说其他劳动就不具有创

---

① 　[德]第斯多惠:《教育文选》,俄文,203 页,莫斯科,1956。

造性。但是,教师劳动的创造性具有与其他创造性劳动所不同的特点。概括地说,教师劳动的创造性比一般劳动的创造性更具有灵活性。

教师劳动的创造性之所以具有更大的灵活性,主要是由教育对象的特殊性和教育情境的复杂性所决定的。我们谈到过,教师劳动的对象既不是死的自然材料,也不是没有意识的动物或植物,而是具有各种独特品质的社会成员。他们是活生生的人,有着不同的经历,不同的兴趣、爱好,不同的禀赋、能力,不同的气质、性格,不同的意志、情感,不同的思想、行为,而且他们又是处在不断发展变化之中的。总之,世界上没有完全相同的两个人,每个学生都有一个自己的生活世界;世界上也没有绝对相同的一个人,每个学生都在不断发展变化。再者,教师的劳动对象还具有主观能动性,是自我教育的主体。他们并不是消极被动地接受教师的影响,同时也影响着教师,影响着整个教育过程。任何教育活动,都不是教师的单向作用,而是师生之间的双向作用。教育对象的这些特殊性必然会使教育过程和教育情境异常复杂和多变。而且,随着学生年龄的增长和自我意识的发展,这一特点还会愈加明显。

教育对象的特殊性,决定了教师劳动独特的创造性。这种创造性主要并不在于对未知领域的探索和发现,而在于创造性地运用教育、教学规律,在复杂多变的教育情境中塑造发展中的人。

教师劳动的创造性,首先表现在因材施教上。教师不仅要针对学生集体的特点,而且还要针对学生个体的特点进行教育。通俗地说,就是要一把钥匙开一把锁。如果"一刀切"、"一锅煮",必然不会收到好的教育效果。

教师劳动的创造性,也表现在对教育、教学的原则、方法、内容的运用、选择和处理上。教育有原则可循,但无死框框可套。教育对象是复杂多变的人,在什么时候和什么情况下运用什么原则以及怎样运用,在很大程度上取决于教师劳动的创造性。同样,教育有方法可依,但无定法可抄。教育内容不同,教育对象不同,教育条件和教师水平不同,所运用的教育方法也就不同。同样的教育方法在一种情况下是适用的,而在另一种情况下可能就是完全不适用的。照抄照搬别人的或以往的经验,通常是不能达到目的的。因此,教师必须根据不同的情况创造性地选择和运用教育方法,并经常寻求和探索新的、更有效的教育方法。

教师对教材内容的处理和加工,同样也是创造性的劳动。教师备课,就是在深入钻研教材和了解学生的基础上对教材的教学法加工,就像导演对剧本的再创造一样,教师对教材也需要再创造。

教师劳动的创造性,还表现在教师的教育机智上。简单地说,教育机智就是一种对突发性教育情境作出迅速、恰当处理的随机应变的能力。教育工作并不是千篇一律的,教育条件不可能毫无差异地重复出现,因此,教育工作绝没有一个固定的程序和模式。教育是心灵的撞击,是情感的交融和呼应。在师生的交互作用中,教育情境往往是难以控制的,事先预料不到的情况随时可能发生。教师要善于捕捉教育情境的细微变化,迅速机敏地采取恰当的措施。富有创造性的教师,常常能够巧妙地利用突然发生的情况,或者创设新的情境把教育活动引向深入,或者化消极因素为积极因素使教育活动更加生动活泼。

情境:一天,我教孩子们学《狼牙山五壮士》这一课。在检查预习情况时,一个平时沉默寡言的学生小柳站起来一本正经地说:

"老师,课文里多了一个字。"

"多了一个字?"我听了,感到有些疑惑,便追问说,"多了一个什么字?"

"多了一个'铁'字,"他很自信地说,"课文里有这么一句话:'班长斩钉截铁地说……'班长名叫斩钉截,后面不是多了个'铁'字吗?"他的话音未落,教室里顿时炸开了锅。有的学生笑得前俯后仰。小柳见大家这么一笑,脸涨得通红,手足无措,十分尴尬。当时我却火上加油,也冲了他一句:"哦,你的意思是班长姓'斩',名叫'钉截'?"经我这么一说,大家笑得更是厉害了。这时,小柳羞愧得无地自容。

从此,他再也不愿举手发言了。

无独有偶,一个月后,我听一位教师教《就义诗》,在教学过程中亦发生了类似的情形。

一个学生在朗读课文时把"还有后来人"误读成了"还有后人来"。大家听了都哄笑起来,教室里的严肃气氛顿时化为乌有。怎么办呢?但见这位教师神态自若,她从容不迫地问:"同学们,你们在笑什么?这位同学念的意思并没有错呀!"经她这么一说,教室里静了下来。她接着说:"'还有后来人'意思是'还有接班人';'还有后人来'意思是'还有人接班'"。这时,教室里鸦雀无声。教师又亲切地说:"当然,意思不变,并不等于说这位同学读对了。他所以念错,是由于没有看清楚的缘故。如果仔细看,认真读,就不会出这种不应该的差错了。我们请他再为大家朗读一遍,好吗?"

学生们听了情不自禁地鼓起掌来。这时,那位站着的学生情绪更加激昂地读了起来。[①]

原理:教师劳动具有丰富而独特的创造性。马卡连柯指出:"一般地说来,教育学是最辩证、最灵活的一种科学,也是最复杂、最多样化的一种科学"。[②] 这一概括不仅反映了教育科学的特点,而且也充分反映了教师劳动创造性的特点。

教师的劳动,并不像某些人所想象的那样,只起"传声筒"、"贩

---

① 文汇报《教育园地》编辑组编:《教师笔记》,139—140页,北京,知识出版社,1983。

② [苏]马卡连柯著,刘长松等译:《论共产主义教育》,238页,北京,人民教育出版社,1954。

运知识"的作用,或只是简单的周而复始和循环往复。一些教师之所以会感到自己的劳动枯燥乏味、缺乏创造性,并不在于教师劳动本身不具有创造性,而是在于他们没有清楚地意识到自己劳动所包含的创造性,或者根本就没有去发挥自己的创造性。

四、显效的长期性

教师的劳动是为未来社会培养人才,它与工农业生产不同。种庄稼一年内即可获得收成;种果树,三五年也可望结果;工业生产使用机器,其速度更快。而培养人,一是周期长,二是见效慢,甚至可以说是一辈子的事。如果我们从人才培养的周期上看,从小学算起到高中毕业要十一二年,培养专门人才到大学毕业要十五六年,而培养高级专门人才硕士、博士则要花上二十年或者更多一点的时间。如果我们再从教师劳动的效果上看,所需要的时间那就可能还要更长一些。正像苏联教育家苏霍姆林斯基说的:教育工作的最后结果如何,不是今天或明天就能看得到的,而是需要很长时间才见分晓的,你所做的,所说的和使儿童接受的一切,有时要过五年、十年才能显示出来。特别中小学教育是打基础的阶段,教师的教育影响当时不一定就显露出来,往往要反映在学生对高一级学校的适应中,甚至反映在学生走上工作岗位后的成就上。

以上我们是从人的整体发展上来看的,但是教师劳动的长期性还表现在青少年学生某一具体的、局部的身心特点发展变化上,也是需要经历一个长期反复的过程。比如教学,学生对于知识的掌握不可能一蹴而就,技能技巧也需要无数次反复练习;而在教育方面,思想品德的培养、行为习惯的形成,人生观、世界观的建立,更非一朝一夕之功,"十年树木,百年树人",也正是由于教师长期辛勤耕耘的结果,教师对学生的影响一旦形成,就不会随学生学业结束而简单消逝,教师在学生身上曾经付出的劳动往往会影响学生一生,可能会成为学生一生发展的宝贵财富。由此可知,教师劳动的长期性特点,意味着教师在从事教育教学时,不仅要从当前的社会需要出发,而且还应当考虑到未来,以未来社会的需要来设计。这就要求教师要高瞻远瞩,要有预见性,要有发展眼光,要有坚持不懈的精神和坚忍不拔的毅力,锲而不舍地对待自己所从事的崇高事业。

五、空间的广延性和时间的连续性

学校虽然是专门的教育机构,但学校又不可能控制所有影响学生发展的因素,因而学校也就不可能把教育的时间和空间完全集中在学校内部。这就决定了教师的劳动必然会在空间上具有广延性,时间上具有连续性。

学生是带着社会和家庭的各种影响来到学校的,在他们成为教师劳动的对象之后,仍然在直接或间接地接受社会和家庭的影响。因为,学生活动的时间和空间不仅仅限于学校,既然学生接受外界影响没有时空的界限,教师的劳动自然也无时空界限可言。因此,教师必须广泛深入到学生的活动范围中去,把握自己的教育对象,协调各种影响,使学校教育始终能够发挥主导作用。教师采取各种形式,比如组织校外活动、家访、街访等,其目的之一,就是为了扩大教育的时间和空间。

教师劳动之所以具有时间的连续性和空间的广延性,还在于在每一具体的教育过程中,教师的劳动不能机械地受时间和地点的限制而随意中断。教师的劳动不像工人那样,一关电门便可中断生产过程,一到点就可交接班,教师的劳动时间,没有上下班的严格界限;教师的劳动地点,没有校内外的明确划分。班上、班下、校内、校外,都可以成为教师劳动的时间和空间。教师是"全天制"工作,不是每天八小时,而是常常从清晨到深夜,甚至没有星期天,没有节假日。学生发展的无限可能性,向教师提出了一个无限量的时间要求,就像有的教师所形容的那样,教师的工作是一个"无底洞"。

六、劳动量的隐含性

在教育领域，几乎每位教师都有很大一部分难以计算，从来没有计算的"量外工作"。譬如，课外辅导、课外活动、个别学生的特殊教育、量外作业、量外家访、业务进修，等等。有的老师，早上 7 点到校，下午 6 点才回家，晚上还会有同学找上门来"请教"。作为教师，既没有"加班补贴"，又不能收取"咨询费"，也不好意思收取"服务费"。我们把这种没有报酬的量外工作称之为"隐性劳动"。

教师劳动的特点，决定了这种职业不可避免地存在隐性劳动。但是，这种劳动从来没有得到社会的广泛认识和承认。目前，我国计算劳动量的方法通常有两种：一是计时，二是计量。而教师劳动量的计算，既不能像机关单位一样，单纯采用计时法，也不能像生产单位一样，单纯采用计量法。学校一般采用以计时为主、计量为辅的方法：即完成多少课时，多少作业批改量及其他工作量；也有附加实行坐班制用以加强劳动管理的。这些隐性劳动的存在，使教师劳动具有更多的奉献性。

七、教师劳动的科学性和艺术性

教师的劳动不仅具有科学性，而且具有艺术性；教学不仅是一门科学，而且是一门艺术。教师的劳动是塑造学生心灵的实践活动，它要求教师具有现场表演的技巧。从这一角度看，教师劳动带有艺术创造的特点。有人比喻说，教师的教育和教学活动的过程好比是一场"演出"，不过，这里的"演员"除了教师以外，还有教师的对象——学生。教师则处于兼任"导演"的地位。这是教师劳动艺术性独特之处。渗透在教师的教育和教学活动过程中的教师劳动的艺术性，至少包含下列几种要素：①形象性的示范表演；②人格风范和环境气氛的熏染；③师生之间心灵的交流、撞击和融合；④"灵机一动"的临场创造性发挥。所有这些要素集中指向于学生的情感,引起学生的情绪波澜,唤起学生的情感愉悦和美的体验,激起学生强烈的求知兴趣和欲望,并成为学生整个学习过程不可缺少的组成部分。我国古代明朝的著名思想家王守仁说:"令教童子,必使其趋向鼓舞,心中喜悦,则其进自不能已。譬之时雨春风,沾被卉木,莫不萌动发越,自然日长月化;若冰霜剥落,则生意萧肃,日就枯槁矣。"[①]19世纪德国教育家第斯多惠(Diesterweg,F. A. W.,1790—1866年)说:"教学的艺术不在于传授的本领,而在于激励、欢欣和鼓舞。没有兴奋的情绪,怎么能激动人,没有主动,怎么能唤醒沉睡的人,没有生气勃勃的精神,怎么能鼓舞人呢?"[②]他们的话,突出地指明了教师劳动的艺术性特点。近年来,我国广大教师不断地创造出艺术性教学的大量经验,为教师劳动的艺术性提供了令人信服的丰富的例证。关于教师劳动艺术性的理论研究,目前正在蓬勃发展之中。

八、劳动的协作性

以上所说教师劳动的特点,是单就教师个体劳动而言的。教师的劳动,首先是以个体劳动的形式进行的,无论是教师备课、讲课、课外活动指导,还是做学生集体和个别学生的工作,每个教师都各有自己独特的风格,别人不可能代替。但是,在现代的教育中,任何一个学生在德、智、体诸方面的全面发展,都不仅仅是某位教师个人的劳动成果,同时也是教师集体共同影响的结果。广而言之,也包括了学校、家庭、社会的教育共同努力的结果,所以说教师劳动的成果是个体劳动和集体劳动相结合的产物。由于这个特点,要求每个教师除了个人努力学习、积极工作之外,还应自觉树

---

① 孟宪礼等编:《中国古代教育史资料》,380页,北京,人民教育出版社,1961。

② 〔德〕第斯多惠著,袁一安译:《德国教师培养指南》,162页,北京,人民教育出版社,1990。

立集体协作的观念,每个教师都要主动同其他同事统一步调、通力合作,共同坚持正确的教育思想,采取一致的教育措施,并注意协调学校与家庭、社会的影响,共同创造良好的教育环境。每个教师只有置身于良好的教育者集体之中,才能最大限度发挥自己的教育才能,取得良好的教育效果。

▲ 附录:教师——幸福的职业

主 持 人:傅道春　黑龙江农垦师范专科学校教授

特邀教师:张学钊　全国首届"十杰"教师

　　　　　冯振飞　全国首届"十杰"教师

　　　　　韩学庆　全国首届"十杰"教师提名人

　　　　　吴伟国　全国首届"十杰"教师

　　　　　魏书生　特级教师

傅道春:在与教师的接触中,常听到这样的感叹:当教师太辛苦,太累了。而我们在对教师的宣传上,也常常为了说明教师的光荣大篇幅地刻画他们的艰辛,使许多青年学子在选择职业时望而生畏。其实不尽然,辛苦只是教师职业感受的一个方面。教师劳动的个人价值不仅表现为奉献,同时也得到许多人和其他职业所不能比的幸福与满足。如果我们将零散的教师执教的体验和感受集中地反映出来,世人真的会看到"太阳底下最光辉"的那一面。

教师的幸福在于为大多数人带来幸福

傅道春:张老师、冯老师,请您描述一下教师精神境界中快乐和幸福的真实感受。

张学钊:当老师确实很苦,住房紧,工资待遇低,工作压力大,但苦中有乐。我每年都收到许多学生热情洋溢的来信,教师节还收到远在海外学生的贺电。这是从事其他职业无法比拟的。每当看到一届又一届自己亲手送走的学生,心里倍感骄傲。

冯振飞:教师的生活虽然清贫,但精神却很富有。当一批又一批学生升入上一级学校或走向社会,当教过的学生在各行各业工作中取得成绩的时候,我的心里有说不出的高兴,我感到为祖国培养人才既是教师的职责,又是精神上的一种享受。

傅道春:张老师与冯老师表达的是人的社会参与的满足。这种满足的实现就是因为教师能通过劳动给人类留下自己的印迹。教师,给人以知识,给人以思想,给人以前程,给人以职业,给人以财富,给千千万万个家庭以希望,给数以万计的乡村以兴旺,给无数城镇以繁荣。"教师是过去历史上所有高尚而伟大的人物跟新一代之间的中介人……是过去和未来之间的一个活的环节"。从这个意义上看,教师的职业就是特别幸福的职业。

教师的幸福还表现在执教过程中的舒畅

傅道春:教学工作的艺术性带来了教师在课堂上那种"舞台表演"中才有的激情与兴奋。这种激情,使教师的身心处于极为活跃的状态。我们请韩老师具体描述一下这种感受过程中的心理活动。

韩学庆:一堂课下来,成功了,自己感到在教师中地位忽然高了许多,谈吐也自如,举止也大方,总想人家跟你谈谈这一节课。在一两天的时间里,与同事们在一起最想谈的就是上课,好像自己又多了许多教学的资本。不知是自豪还是自满,一堂成功的公开课会让你几天食欲大增,谈兴更浓。不少教师一进课堂,什么忧愁都烟消云散了,一堂课下来,特别兴奋。

傅道春:韩老师的感受是"表现需求"的满足。的确,教师在教学过程中是一种艺术创造的表现;这种讲台上下的涌动,带来的就是一种剧场演出的效果。

教师不是发财的职业但它使人有多种满足

傅道春:教师确实有很大的付出,但仅从谋生的手段来看,教师的职业,也比多数其他从业人员要好些,高于其他从业人员收入的平均数。由于收入不受季节波动与商业周期的影响,教师一生可以处于安然的生活状态。让我们听听魏老师和吴老师是怎么想的?

魏书生:教育就是这么一个活儿,干教育别想发财,想发财别干教育。以这样平平常常的心态,高高兴兴的心情,实实在在干的事情,尽到人生责任,也享受到人生乐趣。

吴伟国:教师固然失去了许多,但得到的更多。自己为了工作放弃了许多娱乐活动,放弃了出国,减少了收入,但自己获得的欢乐更令人心旷神怡,得到的价值更具有隽永的意义。你的学生朝气蓬勃,因而你也青春永驻;你的学生求知欲旺盛,因而你也学习不止;你的学生勤奋成才,因而你的生命也永远延伸。为了享受这独特的幸福,我甘愿在教坛上默默耕耘,辛勤劳作,并献出一切。

傅道春:教师职业除了令人敬重之外,还有许多令人羡慕的优越性,如教师职业谋生的保障与安定;寒暑假是其他职业所没有的宝贵闲暇;教师对“人”的发展影响的育人之乐,他从社会上获得有长效的桃李情的报答;教师专业成功的喜悦与激动;教师求知欲、探究欲、创造欲的满足;教育教学中对个人自身的完善和发展的促进,锻炼了思维能力、表达能力和组织能力。总之,可以这样说,教师劳动比一般劳动更能满足个人较高层次的需要。

教师职业苦中也有乐

傅道春:教育工作有大量的隐性劳动,并且有空间上的广延性和时间上的连续性,确有艰苦的一面。王老师,请您说说当教师的种种之苦,您在这种苦中还品尝到了什么?

王思明:教师工作量大,越想干好工作,工作越没完没了,越认真心理压力越重。马拉松运动员尚有终点,教师工作无终点。如果以一般见识看上述各条皆为苦,若以职业使命为追求,则能自甘其乐。在刻"苦"之后的成功中,体会到的才是无比的幸福。

魏书生:我一直认为,人活在世上,能不能幸福,最主要的是能不能有一颗好心。心肠好,那么穷点、富点、闲点、累点、寿命长点、短点,他都能坦然地对待,从而活得心安,活得幸福……教师显然是最有利于培养真诚、善良、美好心灵的职业,于是我便迷恋上了教书。

傅道春:教师的付出是母亲哺育般的愉快给予,正因他们不想哺育后的索取,所以也就没有索取不到的痛苦。即使是教师处于"人不堪其忧"之时,也能"不改其乐",保持内心的安适快乐。内情人都知道,这不是空洞的标榜,而是千千万万教师真实的心理表现。

愉悦的职业喜获社会高声望

傅道春:韩老师,在日常工作中,您的愉悦都有哪些?您认为一般教师有这种感受吗?

韩学庆:我感到,职业的愉悦不仅是上课的成功,还有差生的进步;一次家访的成功;课堂提问,学生出乎意料的回答;一次统考的优异成绩等。一般教师也一定会有的。

魏书生:我觉得如果我能为这个世界多教育出一个好人,或者能让矛盾的人多一点真善美的品质,那就是一种贡献,一种幸福,就算是不枉此生。如果让国家少一个坏人,或让学生的思想少一点假恶丑的成分,同样也是一种幸福,一种贡献。

刘让贤:我的生命在一批又一批孩子们身上延续;我的乐趣在一代又一代孩子身上寻找;我的幸福在年复一年的教育工作中

获得。

傅道春：平时议论，教师总认为他们的地位不高，相对来说，实际地位是高的。北京市从 1997 年 1 月开始历时 4 个月，首次在全市范围内开展了公众科学素质调查，在问卷中列举了 14 种职业，并要求被调查者选出 1 到 3 种本人认为声望最高的职业。结果显示：教师排在第一位，其余分别为科学研究人员、医生、工程技术人员、律师、体育明星。这说明教师不仅是一个高回报的职业，而且还是一种高声望的工作。

与孩子在一起其乐无穷

傅道春：海南省林师轩老师的爱人说他：家里一不来学生，他就犯病，不是头晕，就是腰痛；一见了学生，什么病都没有了。为此，我问林老师：学生已成了您生活中的一个组成部分，您见了学生，如鱼得水，精神处于愉悦状态，是这样吗？

林师轩：我把学生看成自己生活中不可缺少的一个部分，我见到学生来找我，感到非常高兴和莫大的安慰，这样精神就有了。

袁洁：我百倍珍视在师生情感交流过程中所体察到的学生的纯真的情谊。

傅道春：据说一些老年人与自己的孩子在一起有健康的效果。一个教师与一群孩子在一起，也有一种童真的职业氛围，孩子给成人以欢乐的活力，他们之间难分难舍。如果认为上面的访谈，仅仅是个别人的感受，不足以证实它的普遍意义的话，那么我们再援引一项教师陈述满足的调查来说明。3000 名教师问卷调查，教师主要满意的事是：跟孩子在一起是最重要的奖赏。其次是看到孩子的变化与成长。除此，在教学工作中还发现一系列令人满意的事，从个人的满足到理想和人性上的满足，教师比一般人更为幸福，而且生活调节得好。

教师幸福感是一种精神的投入和工作的境界

傅道春：教师的幸福感，有效地感染学生，将洋溢于表情、姿态、语言之中，从而激发学生相应的体验。教师幸福感，直接影响着教师的精力、毅力，是职业忠诚的基础，决定着对学生负责的程度。教师的幸福感，激发着教学的兴趣，促使教师接近和了解学生，寻找更有效的教育方式、方法。教师的幸福是教师职业的高境界，在这个境界中最富有创造力，其教育能力的发挥是最好的。当教师工作有了新成绩就又补充了新的幸福感。愿我们每位教师都建立起再创新成就、再生幸福感的循环圈。

教师职业是甜蜜的职业，如果细细地品味，都可以尝到它的甜味，许多教师都有愉快的体验，教师职业的"左邻右舍"，都可以感受到那种令人羡慕的温馨。过去，为表达那种对最有牺牲精神的人的社会情感，我们把"最可爱的人"送给了我们的战士；今天，中国社会正走向新的辉煌，为说明教师那种崇高而优越的职业感受，我们把"幸福的人"冠之于我们的教师。

情境练习：

1. 请你也参加附录中《教师幸福的职业》的访谈，就教师的社会责任感、教育劳动的价值、教师职业的愉悦和其他的感受，谈谈你的认识。

2. 你如果按优秀教师的标准进行自我塑造，前三项最主要的是什么？你能制订一个可行的养成方案吗？

3. 你试着进入教师的几种角色，与"情境"中的教师比较，其行为表现会有哪些异同？是什么原因使然？

4. 为将来参加教师职业的特殊劳动，你感到对哪些劳动特点精神准备不足？找同学指点一下，怎样才能更好地适应它？

透视教育对象

　　提示:教育对象是教育活动的重要一方,是教育活动的反应者,又是成果体现者。教育对象是具有主动性的人。教育的过程如果不与学生的主观能动因素发生联系,过程就无从实现。只有当教师有目的活动与学生的有目的活动对应时,教师才能在工作对象中实现教育目的。从这一点看,教育的成效是教师与学生、教与学两方合作的结果。孙子兵法云:知己知彼,方能百战不殆。这句话用在教育上,就是教师只有了解自己,又了解学生才能实现成功的教育。

　　既然教育对象是一种主动体,他的活动范围也总是会超出教师影响所及的范围,身上的某种表现往往不是教师原本要引起的期待行为。因此,教师的教育活动,许多是根据教育对象的新情况作出的动态调节。这种调节的方向、幅度、内容是建立在对学生十分了解的基础上的。作为教育对象的学生,对教师活动的反作用也表现了丰富的形式和复杂的程度。学生的思想、感情、态度等在不断地影响着、改变着教师的教育活动。学生的状态及表现在教育过程中的作用十分明显和活跃。如果把教育活动看作是一种单向性的活动,仅仅是一种权威影响的释放,忽视学生的存在,低估学生的合作意义,不平等地处理教与学的关系,将会严重影响教师的工效。

我们在本章解决这样三个问题:从本质上认识学生属性,从教育阶段性上认识学生特征,从合作形式上认识师生之间的关联。

1

学生是怎样的人——学生的本质属性

引言:当您成为一名教师,面前出现了一群学生,您从一个教育工作者的角度将怎样看待他们,怎样对待他们,怎样处理与他们的关系,这是一个教师的学生观问题。教师的学生观是教师的不同的教育观念、不同的教育思想、不同的教育主张在学生教育方式方法问题上的集中体现,是教师行为中的一种可显示的行为。教师的学生观分为三个层次。①观念、法制水准的学生观,即原则的学生观。这种学生观念有相当于应当怎样培养学生之类的目标的规定。②一般水准的学生观,即在接触学生时具体反映出来的学生观。教师在这个基础上作出教育管理学生方法的选择与开发。③具体学生观,即教师心底对每个学生的个别印象、想法或期待的学生观,这是真心实意的学生观。本节从三个层次上讨论学生的本质属性。

情境:有一次去某中学联系工作,坐在办公室等人时,听到两位女教师在共同教育一名初一女生。教师甲:"你本学期经常迟到,旷课,啥道理?这次连续三天不来读书,跑到哪里去了?……要是不想读书,干脆退学算了,何必'死硬撑',班里倒也好摔掉一个包袱!"学生低着头默默不语。教师乙:"功课一塌糊涂,上课没精打采,像只'瘟鸡'! 这样下去不留级才有鬼呢,拖班级后腿……真是一个宝货!"两位教师轮番训斥、挖苦和讥刺,言语中夹着不少粗俗成分和脏话。后来两位教师都上课去了,教师甲临走时还扔给她一张纸和一支笔,责令她"写检讨"。

不一会,进来一位中年女教师(据介绍姓张,是教导主任),她先搬张椅子让学生坐下,接着温和地说:"××,你早饭吃过了吗?最近好几天没来上学,是身体不好,还是学习上有困难? 或是家里发生了什么事? 愿意告诉张老师吗? ……"孩子看了看老师,欲言又止。张老师估计她还未吃过早饭,便立刻买来面包,倒来开水。她吃着吃着,默默地流下了眼泪。"你受了什么委屈? 家里发生了什么事? 告诉老师,我们想办法解决。"这时,孩子竟像对母亲一样,对着张老师失声痛哭起来。原来她父母最近离婚了,双方谁也不愿抚养孩子。她只得暂住在外婆家,而外婆一家又都是"麻将迷",使她无法正常读书和生活。此事后来由学校牵头会同方方面面,作了妥善处理。该生生活正常后,学习等各方面进步很快。这中间张老师付出了不少心血![①]

原理: 教育情境中有三位教师:教师甲、教师乙、中年女教师。他们在对迟到、旷课的同一个学生教育时表现截然不同,当然收到的即时效果和所产生的教育影响也大相径庭。那么,是什么在支配教师们的教育行为呢? 主要的是他们眼中的"学生"不一样,他们对待的方式也不同,于是在投注情感和选择教育语言上差别也很大。这里的一个核心问题就是对"学生"的看法问题。对此我们从理论上能做出以下的解释。

一、学生是人

学生是人,这是毋庸证明的、人所共知的命题。但是在教育的

---

① 汪毓方:《从"师言"到"师爱"》,《文汇报》,1989 年 12 月 16 日。

实际活动中,乃至在教育理论中,却往往出现忽视甚至否定学生的人的属性的情况。学生是人,这里所指的人应当包括哪些方面的含义呢?

（一）是一个能动体

与生产劳动的对象不同,教育的对象是活的能动体。所谓活的能动体,首先,意味着他具有发展自身的动力机能。他不仅与其他生物一样能够通过对外界的摄取活动,使自己的机体得以保存和发展,更为重要的是,这种动力机能还表现为他能够以人所特有的能动性,创造和满足自己的物质需要与精神需要,并用以发展自己的身心。第二,作为一种实践对象,他不是消极被动地接受塑造和改造,而是能够意识到自己是被他人所塑造和改造的,从而有可能自觉地参与到教育过程中去,以一种与教师相重叠的目的活动,共同完成教育的过程。

（二）是具有思想感情的个体

学生是有血有肉的人,各具其思想感情。这也是与作为物的劳动对象完全不同的。因此,教师对学生的心理反应不仅限于认知范围内,这也即是说,与其他物的实践对象不同,在教师的心理上,不仅仅把学生作为一种认识对象,而且必然会与学生之间建立起其他心理系统,诸如情感、需要等等的联系,而各种心理联系同时又必然是双向的,如教师对学生产生某种感情,学生对教师也有感情。

学生是一个具有思想感情的个体,又意味着他具有自身独立的人格,他有自己的需要、愿望和尊严,这一切都应当得到正当的满足和尊重,学生不同于其他的物可以听任摆布,屈从于人。

（三）具有独特的创造价值

人具有其独特的价值。这是因为人有能动的创造力,人有智慧,能劳动,具有创造价值物的积极作用,可以说,世间的一切有价值的东西,都是由人所创造的。处于学习期间的学生虽然尚未进人创造价值的过程,但是通过教育却可以使他们对社会、对人类作出积极的贡献,甚至创造出伟大不朽的价值。人的这种特性也是与物完全不同的。在教育过程中应当珍视学生作为人的无与伦比的价值,不能任意损伤和残害他们。

二、学生是发展中的人

情境:著名作家梁晓声回忆了学生时期的这么一件事:

多少年过去了,那张清瘦而严厉的、戴600度黑边近视镜的女人的脸仍时时浮现在我眼前,她就是我小学四年级的班主任老师。想起她,也就想起了一些关于橘子皮的往事……

有一天,轮到我和我们班的几名同学,去那小厂房里义务劳动。一名同学问指派我们干活的师傅,橘皮究竟可以治哪几种病?师傅就告诉我们,它可以平喘,并对减缓支气管炎有良效。

我听了暗暗记在心里。因为我的母亲,每年冬季都被支气管炎所苦。可是家里穷,母亲舍不得花钱买药。当天,我往兜里偷偷揣了几片干橘皮。以后,每次义务劳动,我都往兜里揣几块干橘皮。母亲喝了一阵干橘皮泡的水,剧烈喘息的时候,分明减少了。我内心里的高兴,真是没法形容。母亲自然问过我——从哪儿弄的干橘皮?我撒谎,说是校办工厂的师傅送的。不料想,一个同学告发了我。那是特殊的年代。哪怕小到一块橡皮,半截铅笔,只要一旦和"偷"字连起来,也足以构成一个孩子从此无法刷洗掉的耻辱,也足以使一个孩子从此永无自尊可言。在学校的操场上,我被迫当众承认自己偷了几次橘皮,当众承认自己是贼。当众,便是当着全校同学的面啊……于是我在班级里,在学校里,不再是任何一个同学的同学,而是一个贼。我觉得,连我上课举手回答问题,老师似乎都佯装不见,目光故意从我身上一扫而过。我不再有学友了。我处于可怕的孤立之中。我不敢对母亲讲我在学校的遭遇和处境,怕母亲为我而悲伤……当时我的班主任老师,也就是那位清瘦而严厉的,戴600度近视镜的中年女教师,正休产假。她重新给我们上第一堂课的时候,就觉察出了我的异常处境。放学后她把我叫到了僻静处,问我究竟做了什么不光彩的事。我哇地哭了……但是,她依然严厉地批评了我。第二天,她在上课之前却说了一番这样的话:"首先我要讲讲梁绍生(我当年的本名)和橘皮的事。他不是小偷,不是贼,是我吩咐他在义务劳动时,别忘了给老师带一点儿橘皮。老师需要橘皮掺进别的中药治病。你再认为他是小偷,是贼,那么也把老师看成是小偷,是贼吧……"第三天,当全校同学做课间操时,大喇叭里传出了她的声音。说的是她在课堂上说的那番话……从此我又是同学们的同学,学校的学生,而不再是小偷,不再是贼了。从此我不想死了……

我的班主任老师,以前对我从不曾偏爱过。我在她眼里,只不过是她四十几名学生中最普通的一个……但是,她在我心目中,从此再也不是一位普通的老师了。尽管她依然像以前那样严厉,依然戴600度的近视镜。

在"文化大革命"中,那时我已是中学生了,没有给任何一位老师贴过大字报。我常想,这也许和我永远忘不了我的小学班主任老师有某种关系。没有她,我不太可能成为作家。也许我的人生轨迹将彻底地被扭曲、改变,也许我真的会变成一个贼,以我的堕落报复社会。也许,我早已自杀了……①

原理:

(一)学生具有与成人不同的身心特点

青少年、儿童不是成人的雏形,具有其自身的身心发展的特点。当生理和心理等科学尚未充分发展起来时,在一个很长时期中,人们都只是把儿童看作是一种"小大人",并不认为他们与成人有什么质的差别,认识不到他们所特有的需要和发展的特点,因

---

① 梁晓声:《我和橘皮的往事》,《中国教育报》,1997年5月17日。

此,在教育工作中往往抹煞他们的特殊性,向他们提出与成人同等的要求和行为标准。同时,也由于以往生产力水平的低下,大多数少年儿童很早就参加到生产劳动中去,他们的生活准备期十分短暂,他们与成人承担了同样的社会义务,构成成人社会的一部分,而没有他们独自的生活领域,得不到社会对于他们的特殊照顾、教育和对待。

(二)学生具有发展的潜在可能

对于发展中的人来说,在青少年、儿童身上所展现的各种特征都还处在变化之中,趋向于逐渐成熟的过程中,并不是已经到达发展的顶峰和终极。正如毛泽东同志所说的是"早晨八九点钟的太阳",在他们身上潜藏着各方面发展的极大可能性,他们的身心已经出现的某种发展的不足之处,思想行为上的缺点错误,较之成人来说,一般也有较大的矫正的可能性。

(三)学生具有获得成人教育关怀的需要

由于青少年、儿童各方面发展不够成熟,取得成人的教育和关怀就成为他们发展中的必然需要。只有充分认识这点,才能以一种培养的观点去对待学生,积极发挥教育的作用。认为儿童的任何要求都是合理的,无需成人的帮助教育,听任他们自由发展,这种观点显然是错误的。

三、学生是一个完整的人

应该看到,现实生活中的人都是一个完整的人。每个人都有自然属性和社会属性,都存在着身体和心理等各方面的发展。

但就以人为对象的某些社会实践领域来看,他们所面对的却往往只是人的某一方面,如医师所面对的只是人的生理方面,艺术家所面对的只是人的精神方面。然而,教育工作作为一种培养人的专门活动,它所面对的人——学生,却是一个完整的人。教育不仅要变化人的认识、情感等精神因素,也要变化人的身体、生理等因素;教育不仅要使学生在将来能承受社会现有的生产力,与自然作斗争,还必须使他们能够承受现有的社会关系,以适应社会生活;它不仅要使所培养的学生具有推动社会发展的知识等等精神力量,同时还要使他们具备相应的身体等物质基础。总之,教育所要实现的是人的德、智、体、美、劳等全面的发展。由此可见,从教育学意义上看人必然是一个完整的人,全面的人。

四、学生是以学习为主要任务的人

学习是人类生活的普遍现象,凡是个体掌握人类社会历史经验的过程都是学习。人一生中几乎都在学习。但是,学生的学习却是学习的一种特殊形式。

(一)学生以学习为主要任务

以学习为其主要任务是学生学习的一个特点。这种特点区别于日常生活和工作中的学习,也是学生区别于社会上其他人的特点。无视这一特点,就会从根本上取消学生这一社会角色,学校也必然随之消亡。以学习为主,这是学生质的规定性。

学生的主要职能是学习,这就决定了学生在社会结构中所占据的地位,决定了他们参加社会生活结构化了的方式。具体地说,也就是赋予了他们认真接受教育的社会义务,以及不断促进自身发展的意愿和责任感。总之,期望于学生这一角色的行为程序都是由此而产生的。

(二)学生在教师指导下学习

学生的学习是在教师指导下进行的。这是学生与从事学习活动的其他社会成员的区别之一。

教师的指导不仅使学习更具成效,也是在特定情况下(如特定的年龄阶段中,特定的学习内容等),学习活动得以产生的前提条件。在当代,科学技术日趋复杂化,离开教师的指导,有很多的学习几乎不能进行。当前教师的指导对学习的质和量都能发生作用。

（三）学生所参加的是一种规范化的学习

学生的学习是有目的、有计划、有组织地进行的，它是由一定的教育制度以及学校的各项规章制度所规定了的。因此，作为学生的一系列行为模式和规范不仅要受到社会传统观念、文化习俗等影响，而且还要为确定的制度所规定。师生之间存在着制度化的关系，各自都负有制度所规定的权利和义务，甚至负有法律上的责任。

五、学生在教育过程中的地位

学生是教师在教育实践中的对象，但这一对象与其它实践过程中的对象不同，他是一个有意识的人，他在教育过程中的一切行为，能否接受教育，以及接受教育的程度，都要受到他自己意识的支配。"就个别人来说，他的行动的一切活力，都一定要通过人的头脑，一定要转变为他的愿望和动机，才能使他行动起来"。[①] 当然我们也应当看到，学生的意识在一定程度上是在教师的影响下形成的，在教师的教育影响和学生的行为之间存在着一种函数关系。但是，又不能不看到，学生的主体意识一经形成，就具有其相对独立性，它以其自身固有的模式去同化外来的影响，从而产生出每个人自身特有的反应。同时，还应该看到，学生作为接受外部影响的复合体，他还有接受非教育影响的一面，这种影响与教育影响交杂在一起，构成了每个学生特定的意识结构，形成对教育影响作出反应的选择性和定向性。因此把学生看成是完全由教师决定的因变数，是错误的。

此外，教师的作用作为一种外部影响，是不会自动地主体化为学生的意识的，教育影响不能简单地授予、移植到学生身上，它必须以学生自身的活动作为中介，才能使外部影响纳入到学生主观

---

① 《马克思恩格斯选集》，第4卷，247页，北京，人民出版社，1972。

世界中去。这也即是说,教育过程不仅包括了教师的活动,也包括了学生的活动,包括了学生对外部世界有目的的改造过程。从这个意义上说,学生受教育的过程,不单纯是一个由外向内的传导过程,也是一个由内向外的主动作用过程,而前者要以后者为中介环节。换句话说,教师的活动一定要与学生的主动活动相联系,教师的活动目的一定要转化为学生的活动目的,教师所施加的影响一定要构成为学生活动的手段和对象,教育才能产生它的作用。总之,教育实践中客体的变化,虽然是在教师的干预下引起的,但是他们归根到底要通过客体自身的矛盾运动而实现,要为这种运动的固有规律所决定,教师无法超越脱离学生自身的活动而为所欲为。请听听当年差生的追述,再细细体会一下这个道理。

情境:说起来惭愧,我学生时代一度是淘气的差生。记得小学五年级时,一次上课,我溜到桌子下面睡大觉,老师发现后,便狠狠地挖苦我,我不服气。"难道连你这小毛猴子都管不了吗!"听了老师这话,我不由回敬一句:"你是老毛猴子!"顿时,老师怒发冲冠,对我连推带搡。我很不服气,班主任只好把我交给校长处理。我只承认上课睡觉不对,别的一概不认错;我认准学生有错老师应当批评,但老师也应当尊重学生。

升入初中后,我更淘了。在一年级时,我将一位女科任老师气得直哭。这个班也因为有了我而成了乱班。不久,学校重新安排了一位班主任。新班主任头一天点名时,我俩就交上了"火"。原因是他点名时我故意竭尽全力应了一声"到",引起全班同学哄堂大笑。他认为我是有意捣乱,便大发雷霆。我也寸步不让,无理强辩。从此,我与班主任越来越对立,发展到凡是他来上课我就刁难,提些稀奇古怪的问题,鼓动同学起哄。这个本来就乱的班更加难治了,加上别的原因,学校又换了班主任。

这位班主任叫梁汉杰。因为第一次上课,点名是免不了的,点到我时,我依然用最大的声音应了一声"到",同学们不免又是一阵大笑,然而梁老师没发火。我记得当时梁老师针对我这种恶作剧用严肃而含有讽刺的口吻批评道:"小伙子挺有精神啊,只是不够严肃,使那么大劲有必要吗?"下课后,梁老师叫我到他的办公室,让我在他的对面坐下,给我讲了许多许多。最后梁老师说:"我是年轻教师,工作没经验。今后我们要互相帮助。"说得我心服口服。梁老师给我的头一个印象是严师,又像是一位兄长。以后,梁老师经常关心我,在我身上花了不少心血,使我一天天进步。到初二下学期时,我担任了班级学习委员。①

原理:教师的主导作用就在于发挥学生的主动性。在教师的主导作用下,教育的影响以客观的形式作用于受教者。受教者以其主动活动接受教育影响,他们不断地将客观形式的外部影响内化为主观形式的认识、情感、动机、态度,等等。随着这种内部因素的变化和发展,学生的主观能动性可以得到更大的发挥,他能逐步脱离教师的指导和影响,从事独立的学习和自我修养。这也即是说,教育可以培养不论在怎样的环境下,都能独立积极学习的自我教育、自我发展的能力,能够教会学生自己学习、自我发展。这一过程的全部实现,也可以说是学校教育过程的完成。因此说:"教是为了不教"。它也说明,发挥学生的主动性同发挥教师的主导作用一样,是教育的一条基本原则。

六、学生的社会地位

学生的社会地位是一个学生权利的问题。由于学生是尚未成熟的青少年儿童,所以他们的独立人格和独立地位经常被忽视,他们经常处于从属的和依附的地位。还有许多成人出于"为了孩子、关心孩子"的目的,而把自己的价值观念、主观愿望强加给学生,并不研究和重视学生自身的需要。这是因为对青少年在社会中的主

---

① 傅道春编著:《情境教育学》,59页,哈尔滨,黑龙江教育出版社,1996。

体地位和合法权利尚缺乏正确的认识。

（一）青少年是权利的主体

从道义上讲，青少年是社会的未来，是国家的希望；从法制的角度讲，青少年也是独立的社会个体，他们不仅享受一般公民的绝大多数权利，而且受到社会的特别保护。1989 年 11 月 20 日联合国大会通过的《儿童权利公约》的核心精神，正是维护青少年儿童的社会权利主体地位。这一精神的基本原则是：儿童利益最佳原则；尊重儿童尊严原则；尊重儿童观点与意见原则；无歧视原则。

（二）青少年儿童的合法权利

青少年是社会权利的主体，享有法律规定的各项社会权利。

1. 生存的权利

我国《宪法》第 49 条规定："父母有抚养未成年子女的义务"。《未成年人保护法》第 8 条更具体地规定："父母或其他的监护人应当依法履行对未成年人的监护职责和抚养义务，不得虐待、遗弃未成年人；不得歧视女性未成年人或者有残疾的未成年人；禁止溺婴、弃婴。"

2. 受教育的权利

我国《宪法》第 46 条规定："国家培养青年、少年、儿童在品德、智力、体质等方面全面发展。"《义务教育法》第 4 条规定："国家、社会、学校和家庭依法保障适龄儿童、少年接受义务教育的权利。"

3. 受尊重的权利

《未成年人保护法》第 15 条规定："学校、幼儿园的教职员应当尊重未成年人的人格尊严，不得对未成年学生和儿童实施体罚、变相体罚或其他侮辱人格尊严的行为。"第 30、31 和 36 条规定："任何组织和个人不得披露未成年人的隐私"，"对未成年人的信件，任何组织和个人不得隐匿、毁弃；除对无行为能力的未成年人的信件由父母或者其他监护人代为开拆外,任何组织或者个人不得开拆","国家依法保护未成年人的智力成果和荣誉权不受侵犯"。

4.安全的权力

《未成年人保护法》第16条和27条规定:"学校不得使未成年学生在危及人身安全、健康的校舍和其它教育教学设施中活动"。"严禁任何组织和个人向未成年人出售、出租或者以其它方式传播淫秽、暴力、凶杀、恐怖等毒害未成年人的图书、报刊、音像制品"。"任何人不得在中小学、幼儿园、托儿所的教室、寝室、活动室和其它未成年人集中活动的室内吸烟"。

2

学生都有哪些不同——学生的多种特征

引言:我们称的学生,是处于不同人生阶段的儿童少年青年;我们称的教师也是在不同教育阶段工作的小学教师初中教师高中教师。不同发展时期的学生个体,普遍具有年龄特征和年级特点;不同教育阶段的教师,又有各自阶段教育的专业性。本节我们仅以初中生为例来认识把握学生特点的重要性,引发大家对这方面规律性东西的思考。

情境:中科院院士黄昆说:我刚上中学的半年是住在身为教授的伯父家。他见我下学后很空闲而询问我。我说老师安排的数学作业我都做完了。他说那不行,数学书上的题自己都要做。从此,我就按他的话做了。这不仅使我数学很熟练,也产生了很大的兴趣,而且由此我就忙于自己做题,很少去看书上的例题。我后来回想,总觉这一偶然情况有深远影响,使我没有训练出"照猫画虎"的习惯。

我的反面经验是语文课没有学好,到高三时已接近不及格的边缘。老师出作文题,我不是觉得一句话就解答了,就是觉得无话好说。其后果也可以说是影响一辈子的。举个实际例子:我于1944年参加了当时留美和留英两项考试。留美考试未录取,后来通过别人查分数才知道我的语文考试只得了24分。在留英考试中,我的作文只写了三行再也写不下去,只好就此交卷。居然我被录取,曾使我大吃一惊。以后有机会看到所有考生的评分,这才知道这位考官显然眼界很高,而打分又很讲分寸,很多考生的中文成绩都是40分,再没有更低的分数,我当然是其中之一。以后虽然没有再考语文,但是语文这个关远没有过去。拿近年来说,不少场合要你讲点话或是让你题词,我只能极力推辞,而主持人则很难谅解。这时总使我想起中学语文老师出了题我觉得无话可说的窘况。[①]

原理:黄昆院士坦诚话经历,意在说明中学打基础,影响一辈子。

初中生,是已经脱离儿童群体又尚未进入成人行列的过渡时期,是半幼稚和半成熟、独立性和依赖性、自觉性和幼稚性错综矛盾的时期。这种过渡时期身体、智力迅速发展,在个体发育上是充满生机的、最宝贵的时期,同时又是生理、心理突变,社会影响日增,知识经验不足,因而容易产生各种心理冲突、思想矛盾和过失行为的时期。初中教师,在青少年成长发展到成年的过程中起着重要的引渡作用。下面,将详细介绍一下初中学生的年龄特点、年级特点和人格发展中的一些差异,同时提供一些教育上的对策。

一、初中学生的年龄特点

初中阶段是指12—15岁左右的阶段,被称为学龄中期或少年

①　黄昆:《中学打基础,影响一辈子》,《中国科学报》,1997年7月30日。

期,也叫青春发育期。这是儿童发展的一个高潮期,正确认识和了解这个时期学生身心发展的特点,对教育工作意义很大。

(一)初中学生生理发展的特点

初中学生处于生理上的"激变期",主要表现为成长发育迅速:体形剧变,身体机能迅速健全,性开始成熟。

体形剧变,首先是骨骼急速增长,尤其是腿骨长得很快,平均每年长高 7—8 厘米,多的可达 10—11 厘米。体重每年平均可增加 5—6 公斤,突出的可增加 8—10 公斤(在此之前,平均每年仅长高 3—5 厘米,体重每年增加不超过 5 公斤)。肌肉也逐渐发达,一般女生从 10 岁起开始领先发育,一两年后男生也开始发育并追上女生。接着,第二性征出现,男生喉结突起,声音变粗,开始出现胡须。女生胸部隆起,声音变高,臀部变大,等等。

在体形剧变的同时,初中学生的身体机能也在迅速增强,并逐步健全而接近成人,心脏的发育也接近成人,肺活量逐步加大,肌肉力量显著增强,脑容积也接近成人,脑已基本成熟,神经系统的结构基本上已和成人没有什么差异,大脑皮层沟回组织已经完善分明,神经细胞也已完善化。但是,大脑的兴奋与抑制过程需到十六七岁以后才能逐渐趋于平稳,特别是内抑制机能才能逐步成熟。脑和神经系统要发展到成年人水平,还得到 20—25 岁以后。在中学阶段由于促进发育的脑下垂体及肾上腺分泌激素的影响,加强了脑和神经系统的兴奋性,因而中学生特别是初中生的情绪容易激动。

初中学生生理上的一大变化,是进入性成熟的过渡时期。女孩子第一次来月经,标志性发育即将成熟。月经初潮的平均年龄约为 14 岁。男孩子生殖腺开始走向成熟,往往表现为出现遗精现象。首次遗精的平均年龄,为十五六岁。这个年龄阶段,正是学生在初中学习阶段。这种生理变化,对初中生的心理形成与发展有重要的影响。

（二）初中学生心理发展的特点

由于初中生身体器官的发育和激变，生理机能逐步向成熟过渡，以及由小学升入初中后，新的学校环境，新的人际关系，新的学习内容和要求，促使他们心理的各个方面也发生重大的变化。

初中学生感知能力和观察能力明显提高，有意注意进一步发展，远比小学生能够自觉地、独立而专一地完成观察或其他学习活动。有人研究证明，初中学生区别各种色度的感受性比小学一年级学生高 60％，初三学生甚至超过成人的水平。15 岁前后，听觉感受性也可以超过成人。

初中学生记忆力的发展是人生记忆"高峰"的前奏，如果教育有方，其记忆力会获得较大的发展。尽管初中一年级的学生还保留有小学生的特点，识记的目的任务往往需由教师提出。但从初中二三年级起，他们能逐渐学会根据不同课程、不同教材提出自己的识记任务，并逐渐自觉地、独立地检查自己的记忆效果，选用适宜的记忆方法。

初中学生思维发展的特点是具体形象思维向抽象逻辑思维过渡，前者仍起重要作用，而后者则逐步占主要地位，处在一个质变时期，这对初中学生心理的发展产生广泛而深刻的影响。初中二年级是思维发展的关键阶段，其抽象逻辑思维开始由经验型向理论型转化，直至高二才趋于完成。初中学生已经能够进行符合逻辑要求的判断、推理和论证，并具有思维的独立性和批判性。他们喜欢怀疑和争论，不轻信与盲从师长。但由于他们还很不成熟，缺乏经验，知识不足，往往陷于武断和偏激。

初中阶段的学生，随着知识的增长，能力的提高，兴趣的扩大和言语的发展，他们的想象力也加速发展，而且想象中的创造性成分逐步增加。这在初中学生的科技活动和作文中最容易表现出来。

初中学生学习活动的复杂程度提高，难度增加，以及青春期生理上的剧变，情感的波动等变化，都要求他们要比小学时期做出更大的意志努力,去克服内部和外部的困难,增强意志的控制能力。在教育的影响下,初中生意志行动的目的性、自觉性和独立性不断提高,他们的行动已不像小学生那样依赖教师和家长的指令来调节。而根据目的作出意志决定的水平不断提高。初中学生克服困难的毅力随年级升高而增强。如,身体有病仍坚持上学,遇上难题能反复思考,表现出非攻下难题不罢休的责任感。初中学生的果断性虽比小学生有所增强,但作出决断、执行决定的能力仍然很低,往往轻率从事。加上他们的自制力仍然较差,行为举止难以控制,教育不当也容易导致品德不良。

初中学生的情绪活动表现很强烈,他们易于振奋、激动,表现出热情,容易动怒、怄气、争吵,甚至打架,他们已不再像儿童时期那样易于破涕为笑了,能较长久地处于同一种心境之中。他们开始追求远大目标和理想,敬佩和向往英雄模范人物,在集体生活中往往表现出较强烈的集体荣誉感,对伙伴、对他人有时表现出真挚的友谊和同情心。他们自认为已长大了,渴望有独立性,自尊心增强,不希望教师和家长干涉他们的隐私和交朋友的自由。但是他们由于判断能力较差,有时分不清是非,容易交上坏朋友,出于"哥儿们义气"参加打架或犯罪团伙。他们也有时由于认为家长和教师干涉了他们的自由或伤害了他们的自尊心,而对家长和教师不满甚至同家长和教师发生严重冲突。此外,由于性器官与机能逐渐成熟,性意识开始觉醒,并意识到两性的差异,他们开始对异性好奇,随之而来的开始注意外貌"美"的品评,注意穿着打扮和仪表甚至早恋等等。这时在不良的社会环境、家庭环境、不正确的教育方式以及腐朽的享乐思想影响下,很容易误入歧途。未成年人开始犯错误的高峰年龄期是12—15岁。正是出现在由少年向青春期发展这一过渡年龄阶段。因此,有人把这一年龄期叫做"危险期"不是没有道理的,值得引起教师和家长的重视。

(三)针对初中生身心特点的教育

初中生正处在生理发育的激变期,发育快、不平衡,又远未达到完全成熟定型,可以说是正处在长身体的重要关键时期。这个时期,教师对学生的体育和卫生保健教育特别重要。要防止为了片面追求升学率而忽视正常的体育锻炼,过重地增加学生学习负担,以至影响到学生身心发展,导致近视、神经衰弱。要保证学生的正常作息时间,保证课间休息,保证 8—9 小时的睡眠和适当的体育活动。此外也要防止学生运动量或劳动强度过大,影响健康。有的学生为了追求"病态美"、"苗条"而节食、束胸、束腰,长成"豆芽型"的体态,或穿鞋跟过高的鞋,影响足踝及腰臀部的发育。要对学生进行健美和卫生教育。

针对学生进入性成熟的过渡期带来的特点,教师应对学生进行生理知识和性的教育,减少初中生对自己身心变化不良的好奇心或心理上的混乱与恐慌,帮助他们懂得与异性交往中如何自制、自重和尊重对方,懂得在社会道德规范的基础上建立男女同学之间的正常交往和友谊。对于被认为陷入"早恋"的初中生,要仔细区别正常交往与早恋的界限,要以开导为主,指出未成熟的少年间的早恋的盲目性和害处,同时通过生动活泼的教学和文艺体育活动丰富学生的生活,培养学生多方面的健康向上的兴趣,帮助他们将精力放在学习、工作、劳动和健康的活动上,在健康的生活中度过这一阶段。

针对初中生渴望有独立性而又自控能力差的特点,教师应该协同家长创设有利于相互理解的教育环境和关系,应该用亲切关怀、启发引导代替限制。有的家长私拆孩子的信件,用轻蔑的态度指责孩子的交友活动;有的家长只让孩子学习,不让孩子参加正常的文体活动;有的教师对学生的兴趣、爱好和某些爱打扮、爱穿着的行为不理解,限制多、引导少,这些都易引起初中生的苦恼、不满、消极对抗到公开冲突。因此,教师自己要注意教育方法,也要向家长介绍教育方法。可以对学生进行艰苦朴素,选交良友的教育,也可以用积极、健康、有趣的活动代替学生无益的活动,但要尊重学生的独立性,不要过多地挑剔,更不能讽刺、打击。

初中学生的认识能力介于儿童和青年之间,而且其发展水平和教学活动是否得法,是否符合他们心理发展特征有密切关系。因此应该精心地选择教学方法,通过适当的活动培养学生的观察力、注意力、记忆力、想象力和思维能力。

针对他们敬佩和向往英雄模范人物,表现出较强的集体荣誉感的特点,教师应善于组织有利于培养集体荣誉感的竞赛活动,使学生这种荣誉感得到满意的发展和巩固;以英雄模范人物为榜样,帮助他们弄清外表美与心灵美的关系,学习英雄模范人物的高尚品质,树立正确的道德认识和是非观念,培养高尚的道德情操;同时注意在各种活动中培养学生良好的行为习惯和自制力。

二、初中学生的气质、性格差异和教育

情境:"袁老师,现在我换了一个新的生活环境。在人际交往中,我尽量地使用您教给我的方法,收效很好! 我现在觉得:人活在世界上真是有太多太多的乐趣。每前进一步不论是成功还是失败,我都感到它能带给我很多的激励与教训。老师,让我再说一声:谢谢您,我的好老师! ……"

读着这封来自西北边疆,对未来生活充满美好向往的长信,我的心被深深地打动了。我为这个曾一度对生活绝望,性格忧郁、孤僻的女孩,如今能正确对待人生,正确处理人际关系而兴奋!

我不禁回忆起那段令人难忘的日子。

我接这个班时,她从新疆来沪借读已一年了,当时她面容憔悴,声音低弱,眼神怯生生的,怕与老师、同学交往。全班同学无忧无虑的笑脸与她忧郁的苦脸形成强烈的反差。由于她身体虚弱,不合群,爱生气,同学们戏谑地称她为苦命的"林妹妹"。她的学习

成绩极不稳定,尤其体育不能达标。尽管班委会、同学们千方百计接近她、帮助她,可收效甚微。

80年代末的中学生,不是小皇帝也是时代的宠儿,怎么会冒出这么个"林黛玉"?我百思不得其解。参加心理测试,测试结果证明她的性格为最成问题的E型。科学测试结果与现实如此吻合,说明她的性格确有严重问题!

经过调查与家访,我深入了解到了有关她的情况。……

以后,我更多地关心起了她的思想。只要一有空,我们便聊起来。平日少言寡语的她,脑海中竟有那么多问题困扰,以致她的思想常像万马奔腾,无法收缰!我和她从人生万象、宇宙苍穹、真善美与假恶丑一直谈到生与死……无所不谈。我发现她酷爱音乐,爱看书,爱研究问题,我便与她谈贝多芬的坎坷命运与人生,谈《英雄交响曲》;谈保尔·柯察金与他的《钢铁是怎样炼成的》的诞生;谈卓娅和舒拉以及他们伟大的母亲;谈张海迪和她对事业的执着追求;谈平凡而伟大的共产主义战士雷锋;谈《为人民服务》的深刻内涵……

时间和坚持不懈的努力会改变一切。随着时间的推移,大家都发现她变了。她身体强壮了,学习成绩也稳定了,和同学们的交往也日渐增多。她的性格趋向活跃,语言表达能力的提高、思维的发展程度令同学们刮目相看。为了办好班级小报,她主动要求担任小报的主编。还向团支部递交了入团申请书。她已没有了往日的忧郁,生活在她面前翻开了新的一页。[①]

原理:

(一)气质差异和教育

教师了解学生的气质特点,对于做好教育工作,使学生适应环境,形成健康人格,具有重要的意义。

---

① "新时期中学班主任工作的理论与实践研究"课题组编:《中学班主任工作100例》,293页,北京,教育科学出版社,1997。

　　首先,教师应当认识到每一个学生的气质都有优点和缺点,都有可能掌握知识技能,形成健康人格,成为有价值的社会成员。教育工作者的任务就在于根据学生的气质特点在组织教育活动时使他们不断克服自己气质上的缺点,发展其优点。例如,胆汁质的人的优点是热情、积极、精神振奋,但其缺点是急躁、易激动、缺乏自制力;抑郁质的人的优点是敏感、富于同情心,但其缺点是要求不高、易受暗示、优柔寡断等。教师应根据学生气质上的不同特点,采取不同的教育措施,使他们逐步认识和监控自己气质上的缺点,形成健康的人格。这里,应当注意,不同气质类型特点在形成某种优良个性品质上的难易程度是不同的。例如,热情大方的个性品质,多血质的学生比抑郁质的学生较容易形成;稳健坚毅的个性品质,粘液质的学生比胆汁质的学生较容易形成。因此,教师应有区别地提出教育要求。

　　其次,教师对于不同气质类型特点占主导的学生应采取不同的教育方式和方法。因为同一种教育方式和方法对于不同气质特点的学生所产生的实际影响可能是很不相同的。例如,尖锐严厉的批评,可能使多血质的学生感到震动,使其改正自己的缺点,但会使抑郁质的学生感到恐惧,更加萎靡不振。又如,胆汁质的学生易激动、易怒,如果粗声大气地同他们讲话,就容易惹怒他们,产生师生之间的对立;而如果轻声细语地同他们谈话,就会获得好的教育效果。

　　第三,教师应根据学生的气质特点,进行职业指导。有的职业需要具备某些气质特征,才能有助于活动顺利进行。但学生的气质特征可能符合,也可能不符合该种职业活动的客观要求。教师应根据学生的气质特征对学生在升学和就业时给予指导,这有助于学生今后的成长和发展。

　　最后,还应当指出,教师本人正确认识自己气质的优缺点,加强自身的行为修养,对于搞好教育工作具有重要意义。教育者必须先受教育。只有这样,才不致因自己的消极气质特征的流露,而对学生产生不良影响。

(二)性格差异和教育

1.性格有好坏之分

性格之所以有好坏之分,其主要原因是:

(1)性格特征具有社会文化的价值。每一种文化都试图塑造它所崇尚的性格。每一种文化为了使自己延续下去和发展起来,都崇尚它所需要的性格。有的性格特征符合某种文化需要,而有的则不符合。例如,有研究表明,农业社会的文化崇尚责任和服从的性格,因为在农业社会,人们必须按时播种和耕作,才能获得食物。渔猎社会的文化崇尚个人成就、独立和自信的性格,因为在渔猎社会,人们必须发挥高度的主观能动性和高超技艺,才能获取食物。

(2)性格特征具有道德评价意义。性格是与意志相联系的心理特征。个人在意志行动中所追求的目标总是具有道德意义的。在日常生活中,我们对一个人的性格总是以"品质优良"或"品质恶劣"来评价的。评价的标准是该社会的道德标准。善良、诚实是优良性格;阴险、狡猾是不良性格。

(3)性格特征与个人的潜能发挥、心身健康密切相关。例如,勇敢、坚毅、勤奋等优良性格,有助于个人潜能的发挥和事业上取得成就;而怯弱、动摇、懒惰等不良性格,则会阻碍个人潜能的发挥,使人一事无成。性格开朗、宽宏豁达,有利于心身健康;而性格粗暴、孤僻忧郁,则不利于心身健康。因此,教师应当根据当前改革开放的时代要求、社会主义的道德标准以及学生心身健康和潜能得到充分发挥的需求,重视对学生优良性格的培养和不良性格的矫正。

2.不良性格是可以矫正的

中、小学生中的双差生成绩差,品德也差,其中有不少属于攻击型性格。这大多是由于父母管教不当——通常是忽视和无原则的严惩重罚所致。这类孩子的主要特点有以下两点。

第一，常常误认为别人轻视他或对他充满敌意。例如，有人不小心撞了他一下，他便以为在挑衅，于是便进行反击。结果同学们只好退避三舍，他在同学中便很孤立。而这个孤立的充满愤怒的孩子对不公不义的事格外敏感，常认为自己是不公平待遇的牺牲品。

第二，在情感上容易受伤害，容易为小事而难过愤怒，其习惯性的反应是攻击。这种冲动性格的孩子很容易走上犯罪道路。然而，即使是这样的坏性格也是可以矫正的。

洛克曼(Lochman)以攻击性格的小学生为对象进行矫正。训练时间为6周至12周，每周2次，每次40分钟。学习内容主要是心态的改变：让学生知道他们常把别人无意的言行误解为敌意，让他们学着以别人的观点来思考，在同样的情境下其他同学是如何看待和应对的；同时让他们学习如何控制愤怒，进行实际演练。例如，被故意嘲弄，欲发怒时以冷静的思考方式或以数数的方法加以控制。这些学生都很喜欢学习这类自制的方法，因为他们自己也不喜欢自己的性格。结果是，三年后这些学生与那些同样好斗但未受训练的学生相比较，受过训练的学生在学校较少闹事，较少饮酒和吸毒；并且受训练的时间愈长，到青春期时性格愈温和。

3. 良好性格是可以自我塑造的

人非完人，差不多每个人都会有某种性格上的缺点，但人是有主观能动性的，每个人都可以通过自我修养塑造自己良好的性格。许多伟大人物都十分重视性格的自我修养，并身体力行。俄国著名教育家乌申斯基(1824—1870年)，青年时期十分重视从行动规则入手进行性格的自我修养。他针对自己的性格定了以下规则：①绝对的平静，至少表面上绝对的平静；②在言行方面老老实实；③行动时要深思熟虑；④果断；⑤不讲一句不必要的话；⑥不无意识地浪费时间，只做那些应该做的事，而不做偶然想到的事；⑦把金钱花在必要处，而不花在不必要的欲望上；⑧每天晚上诚实地检查自己的行为；⑨不夸张过去、现在所做的事情和将来要做的事情。他的坚定沉着、冷静、自持等优良性格，就是这样一点一滴地培养起来的。

通过自我修养来塑造自己良好性格的主要有以下三条途径。

第一，要树立正确的人生目标。正确的人生目标和崇高的追求是性格自我修养的航标。根据这个航标，个人才能通过自我分析、自我激励、自我导正、自我监控等措施来完成自我修养的计划。

第二，要不断地强化自我修养的决心。形成良好性格和克服不良性格都非一朝一夕之事，只有坚持不懈、持之以恒，方能奏效。

第三，在困难中磨炼自己。自我教育不会一帆风顺，要改造自己已经形成的不良性格会遇到许多困难，而最大的困难是自己的惰性。因此应时时在意，处处留心，在每一件小事上一点一滴地约束自己的言行，逐步改造不良的性格。

三、青少年发展中的特殊问题

由于青少年生理变化快速、社会经验缺乏与适应能力不足，加之现代社会急剧变迁，青少年所经历的心理冲突、矛盾和困扰，比起处于其他年龄阶段的个体来说，又是比较特殊的，其体验也是比较强烈的。教师应洞察与了解青少年的这些矛盾与冲突，给予理解、同情和有效的辅导帮助，化解这些冲突，促进其人格的健康发展。

（一）身心失衡带来的困扰

在少年期，个体生理上发生了显著的改变。一方面，由于这些生理上的改变太快了，往往给青少年带来震动和不安。近百年来，由于社会经济的发展，医学的进步及社会开放，在许多国家，个体生理成熟年龄有逐渐提前趋势。另一方面，由于学校教育期限延长，家庭、学校忽视生活教育，新一代的年轻人因缺少生活经历的磨炼而使心理成熟延后。生理成熟提前与心理成熟延后,造成了青年期的延长,从而导致现代青少年情绪困扰增多。

(二)独立性与依赖性的矛盾

青少年处于特殊的具有过渡性质的年龄阶段,在这一阶段中,父母一方面想给予子女更多的支配自己行为的权利,另一方面又要按自己的观念来维持家庭的秩序;青少年想得到更多的自我决定的权利,又不愿意独立承担更多的责任。由于年轻一代受教育时间延长,独立谋生时间错后,在一些父母眼中,子女好像是长不大的一代。

(三)同辈群体与父母价值观的冲突

在传统农业社会,人类文化是连续的,行为规范、价值判断代代因袭,父母永远是年轻一代的可靠榜样。而当今社会变化迅速,新观念层出不穷,文化在一定程度上失去连续性。父辈的生活方式不一定能被子女认同,子承父业的传统也不再被视作理所当然。一些年轻人在顺从同辈规范与取悦父母之间,体验到动机与价值观的冲突。当然青少年与父母之间并非不可避免地要发生冲突。研究表明,青少年在大多数重大问题上与其父母的意见还是相当一致的。

(四)自我探索中的迷惑

人进入青少年阶段就要开始自我探索,确立自身形象,选定生活目标。在现代社会,可资青少年仿效的榜样增多,社会向青少年提供的可供选择的求学途径、就业出路、发展机会也增多。但青少年独立选择能力的增长有一个过程,在没有教师或父母提供辅导与"朋友式"帮助的情况下,一时可能限于迷惑。

(五)父母过高期望引起的压力

由于父母与学校的过高期望,青少年学生在繁重的课余学习与频繁的考试中,承受着很大的心理压力,他们愈是意识到学业成败、升学考试与个人前途关系重大,就愈是对自己前途命运缺乏把握感。

3

学生是合作者——师生之间的关系

引言:当您对学生有了初步了解以后,您头脑中一定产生了许多假想中的学生。当您一进学校这实地,这些学生就会一下子活起来,您会与他们结为一体并互为依存。师生之间可能呈现生动活泼的交往状态,也可能呈现被动呆板的交往状态。那么师生之间究竟有哪几条工作的纽带?究竟会存在些什么联系?与学生相处,有哪些方式方法?并有怎样的效果?这些知识对做好教育工作都是十分必要的。苏霍姆林斯基说:"常常以教育上的巨大不幸和失败而告终的学校内许许多多的冲突,其根源在教师不善于与学生交往。"[①]

本节想就师生关系中一些理论问题展开讨论。

情境:刚刚范读完课文,我却发现坐在后排的一个女同学尹洋在偷偷地写什么东西。我不动声色走过去,原来是一张小纸条!我把它没收了。展开一看,只见上面赫然写着班上一个男生的名字,还有几句稚气的话……我忍不住笑了起来,这些中学生,真是人小鬼大!我这一笑不打紧,全班同学的好奇心都被激起来了,特别是几个调皮的男生,大声地喊:"老师,念出来!""是什么?念呀!"我瞟了一眼尹洋。这是一个长得很秀丽可人的女孩,平时的学习成绩也不错的。只见她埋着头,脸涨得通红,此刻,她正偷眼看我,大概是正在猜想我会不会把这张纸条的内容公布于众吧?多半她已准备接受即将到来

---

① 　[苏]苏霍姆林斯基:《集体的社会心理学》,174 页,北京,人民教育出版社,1985。

的难堪了。我转过头来望着全班同学,他们都已经安静下来齐刷刷地望着,渴望得知这张纸条的内容。十四五岁,正是好奇的年龄,尤其是传纸条这样一个敏感话题。我吐了一口气,再追问一句:"你们真的想知道吗?"学生们一致地点头,"其实是两句再普通不过的话,"我缓缓打开纸条,大声念道,"听毛主席的话,做一个好学生!"轰的一片笑声!当然也有不怎么相信的,但谁都没有再追问,尹洋呢?虽然我没有看她的表情,但我确信,她肯定大大地舒了一口气!

这堂课很顺利地上完了,只有尹洋显得不大专心,先是不停地摆弄那支刚刚用来写纸条的钢笔,后来似乎又在写写划划,但我没再打扰她。下课后。尹洋追了出来,塞给我一张小纸条,什么也没说就跑开了。我很疑惑,这个尹洋,居然又写起纸条来了,而且还是给老师!展开纸条后,几行端端正正的字出现在眼前——

"黄老师:你是我所见过的最聪明最美丽的老师,我一定会记住你对我的希望:听毛主席的话,做一个好学生!学生:尹洋"①

原理:这个轻松融洽的师生交流场面,可能令许多做教师的人羡慕。现在有许多教师为难以建立良好的师生关系而困惑。分析优秀教师处理与学生关系的案例,可以看得出:师生之间的直接联系是一种十分复杂的关系体系。就其所指向的目标而言,有为完成教育任务而发生的工作关系,也有为单纯满足交往需要而形成的师生之间的人际关系。就发生关系的形式而言,有以组织结构形式表现的组织关系,也有以情感、认知等交往为表现形式的心理关系。按照在什么组织中所发生的关系来看,又可分为正式关系和非正式关系。师生关系体系中的任何一种关系都可能巩固或削弱整个关系体系,改变各种成分间的联系。师生关系不限于教师与学生之间的联系,主要体现在师生在教育活动中的交往之中。一定的师生关系的格局,除同教师、学生个人的条件与努力相关以

---

① 傅道春编著:《情境教育学》,70页,哈尔滨,黑龙江教育出版社,1996。

外,主要取决于一定教育结构、教育情境的状态,取决于学校教学、教育活动状态,学生集体与非正式的学生群体的状态。

一、师生关系表现

(一)师生之间的工作关系

师生之间的工作关系是为完成一定的教育任务而产生的关系。这种关系一般说来,不为教师和学生的主观态度而转移,它是由客观条件所决定的,如并不是因为教师对某个学生的喜爱,或学生对某个教师的喜爱而产生这种工作的关系。师生之间良好的工作关系表现为教育活动中教师和学生的协调一致,它对教育的效率能产生直接的影响。这种良好工作关系的建立,首先取决于教师的教育水平,直接受制于教师的专业知识、教育技能、思想品德和人格力量等。具有较高教育水平的教师,能够有效地控制整个教育过程,协调他与学生之间的关系。

(二)师生间的人际关系

师生关系不限于工作关系,师生之间的人际关系已开始为当代的教育理论所重视。人际关系首先不是由客观条件所决定的,它的目标是指向于满足人的交往需要。交往的需要是作为人的一种独立的主观需要而客观存在的。在教师与学生的相互作用中,不仅可以完成某项教育任务,也可以使他们这种交往的需要得到一定的满足。在某种情况下,人际关系在师生关系中占据着重要的位置。学生,特别是年幼的学生往往为博取教师的喜爱,获取与教师交往的满足而努力完成学习任务。教师也会因学生对于他的爱戴、尊敬,而更加倾心于教育工作。情感是人际关系的主要调节器,良好的师生之间的人际关系表现为情感上的融洽。

情境:某校初一年级学生,过去对历史课十分厌倦,可是现在对历史课突然变得喜欢起来了。原来,任课老师换了,现在由一位年轻女教师来教他们的历史了。她是师范学院的毕业生,而且是一个优秀的运动员。她不迎合任何人,但却既善良又严格,千方百计地使学生对她所上的历史课发生兴趣。

女教师乐于参加学校组织的各项体育活动。在这些活动中,她总以自己的欢快、机智和风趣深深博得孩子们的信任。

当然,孩子们的信任还得靠上课来巩固,女教师既精通专业,又学识丰富。为此,她赢得了学生对她个人的好感和不同寻常的兴趣。而且,这种兴趣很快就转变为对历史课的兴趣。孩子们觉得,在这样一位教师面前承认自己的无知是丢脸的。所以,怀着愉快心情的孩子们总想竭力表明:即使教师还没有教过的东西他们也懂得那么多! 他们立志要成为一个不仅外表美,而且内心更美的人。

班级的面貌发生了深刻的变化,学生们精神振作,在互相关心、欢乐与共的气氛中开始了新的生活。全班学生兴高采烈地准备着历史课晚会。在这段时间,女教师对学生作了进一步的了解。有时她与一些学生在教室里逗留,有时与另一些学生到街上散步。借这种机会,她向学生询问一些情况,证实一些想法,剖析一些道理。①

原理:师生之间的工作关系和人际关系是密切联系的。师生之间如果没有良好的人际关系也就难于建立良好的工作关系。有人就认为"教育过程必须在幸福、欢乐的感情交往中展开"。在师生之间建立良好人际关系的前提下,从教师那里获得的信息,就特别容易为学生所接受,并赋予它以一种特殊的意义。师生间良好的人际关系意味着学生在心理上趋向于教师,教师和学生的交往在时间上频率增加,在空间上距离缩短,易于使学生模仿教师的思想行为和接受教师的暗示,它不仅有助于学生形成某种行为准则,而且对学生的个性,诸如价值定向、性格特征等的形成和发展,都能发挥较大的作用。

---

① 傅道春编著:《情境教育学》,72页,哈尔滨,黑龙江教育出版社,1996。

（三）师生间的组织关系

教师和学生在教育过程的结构中各自占有不同的位置,履行不同的职责,这种不同的地位和职责,也即是从组织和制度上决定了他们之间的关系。几乎在一切社会制度和一切时代中,师生之间的组织关系,教师总是施教者,学生总是受教者;教师总是领导者,学生总是被领导者;教师总是具有控制学生的权威和权力,学生总要听从教师的教导,服从教师的要求。

但是这种组织制度化的师生关系,在不同社会的教育制度和教育观点的指导下,乃至在教师不同的教育修养和个性品质的影响下,它的具体表现模式是有差别的。如封建时代强调师道尊严,教师具有至上无比的权威。资本主义时代有的教育家却重视学生的个性解放,力求限制教师的权力。在教师的主导作用下,充分发扬教育民主,发挥学生的主动性,应当成为我国师生关系的特征。

（四）师生间的心理关系

师生之间心理交往和关系贯穿于教育全过程,渗透于一切师生关系之中。心理关系有认知方面的,也有情感等方面的。

1. 师生之间的认知关系

一切心理关系都是建立在认知基础之上的。师生之间的认识和一般认识一样,也要经历一个从感性到理性,从现象到本质的过程。缺乏经验的教师往往从表面现象上认识学生,从而容易对学生作出错误的判断。他们对那些表露在外面的违反课堂纪律,以及攻击性的性格和行为也较易于引起重视,而对那些性格孤僻,具有退避、回归性行为特征的学生却往往看不到问题之所在。从学生方面看,由于他们的年轻幼稚天真,也易于凭一时的印象,对教师作出武断的结论。注意认识论的一般规律,加深师生之间的认识,是建立良好师生关系所必须注意的问题。

师生之间的感知和理解,和其他人与人间的相互认识一样,还要受到社会心理学的规律的制约。如:师生之间的认识不同于对其他事物的认识,其中有较多的情感因素的参与。教师对他们所喜爱的学生容易感知到他们的优点,对他们嫌恶的学生则易于感知到他们的缺点。学生对教师同样也如此。根据这一规律,在师生的认识关系上,一方面要建立起一种移情性的认识和理解,特别是教师要设身处地地以一种同情态度深入了解学生的内心世界,了解他们的情感体验和思想活动。但另一方面,还应该看到,由于在认识中有情感因素的渗入,当这种因素失去理智的控制时,容易导致对客观对象的歪曲反映和作出错误的解释。教师应当善于处理在认知过程中的情感和理智的关系,力求对学生作出客观、公允的认识;并注意自己的一言一行,防止在学生心目中造成消极、不良的印象。

在对于人的认识中,又经常要受到认识者人生观、价值观的影响,人们总是按照自己的理解方式来认识对方。同时,对于人的认识,又存在一种投射机制,易于将自己的特征、感情、态度当作别人的特征、感情和态度来看待,以己之心度他人之腹。为此,教师必须不断加强人生观、价值观等方面的修养,用以奠定对学生认识的正确思想基础。在这同时,还要防止形成成见和偏见,导致消极师生关系的形成。

师生之间的认识又具有相互反馈的特点。教师对学生的认识影响学生对教师的认识。反之,也如此。这种反馈的信息,既可以形成师生间认识上的良性循环,也可以形成恶性循环。由于教师对学生正确、公正的认识,赢得学生对教师的肯定的认识和理解,这种认识又可以反过来强化教师的看法。相反,教师对学生认识上的偏颇,很容易引起学生对教师的反感,而学生反感又可以加深教师的错误看法。师生相互认识中的恶性循环,往往导致师生关系的分裂,甚至使教育过程难于进行,产生教育上的反效果。

师生间积极肯定的认识,可以促进教育过程的进行,取得更好的教育效果。由心理学家罗森塔尔(Rosonthal. R)和雅可柏生

(Gacbson. L. F.)所进行的实验证明,凡被教师预先认定为具有发展可能性的儿童(事实上这些儿童并不一定具有特殊的智力,而是由实验者随机取样,随便指定的),若干月后他们的智力相对来说都得到了较好的发展。这种效果被称之为"罗森塔尔效应"或"皮格马利翁效应"。

2.师生之间的情感关系

(1)师生之间情感关系的功能。作为心理关系的情感关系是师生关系的一个极为重要方面。它对教育的过程、教育的效果能产生重要的作用。

情境:去年期末的一天傍晚,我正检查到初二院区,猛听得后排初一院区传来一声清脆的爆竹爆炸声。好啊,今天上午刚开完会,三令五申不许在校内放爆竹,是谁这么胆大?我紧走几步,拐过初二教室的墙角,见初一院区里并没有别人,只有初一(3)班的李军正往教室里走。我想,八成是这个李军放的。这是个从外校转来的学生,在原学校因屡犯纪律而挨了处分,父母便托人将他转到我们学校。虽然转来不足半年,却早已充分显露其"调皮大王"的本色了。我紧走几步追进初一(3)班教室,见有几个学生正在做值日,只有李军手里没拿扫帚。我把李军叫到教室外严加盘问。可问了半天,他一口咬定没放,再问他谁放的,他又说没看见,气得我火冒三丈。正在这时,他们班教数学的魏老师来了,为了缓和难以收场的僵持局面,我便把情况向魏老师做了介绍,让她继续追查,我接着检查其他班情况。

十几分钟后,我刚回到教导处坐下,就听到李军在门外喊报告。我让他进来后,他低着头向我承认了放爆竹的错误。我问他为什么刚才不承认,他说:"我想我不承认您也没办法,反正您也没抓住手腕。"

"那为什么魏老师问你就承认了呢?""魏老师对我太好了。我转到这儿后缺数学练习册,魏老师就把自己的那本给我使,她自己却每天用纸抄一遍题。她还经常向我爸爸说我比以前有了哪些进步,我真不忍心欺骗魏老师。"说着,这个调皮鬼竟落了泪。

这件事使我看到了师爱的力量。它使我更加坚信,教师对学生无私的爱,能唤醒后进生心中的良知。学生有时可以不怕教师严厉的面孔,却不忍欺骗一颗慈母心。即使再荒芜的田野,师爱播下的种子也能生根发芽。①

原理:教师对学生的积极情感具有调节教师自身行为的功能。任何一个人总是为他所热爱的对象所控制,对学生的热爱可以激发出教师在教育工作中作出巨大成绩的重要的内部心理机制。任何一个人也总是为他所喜爱的对象所吸引,教师对学生的爱,必然使教师趋向于学生,缩短他们与学生之间在空间上和心理上的距离,帮助他们更深刻地认识理解学生,从而取得更为良好的教育效果。

教师对学生的情感还具有调节学生行为的功能。教师对学生的好感和恶感总是以某种信息传递给学生,这种信息对学生的行为具有明显的调节作用。同一教师在不同心境下用不同情调和表情讲出同一句话,可以在学生身上产生出截然不同的效果;同样的教育内容,由与学生建立不同情感关系的教师来施与,可以形成相反的效果。重要的是,学生往往透过师生关系这面窗户,透视人与人之间的一切关系,从中体现人世间的炎凉冷暖,学习与人相处的准则。

同样,学生对教师的积极热情在教育上也具有重要的意义。

首先,学生与他所喜爱的教师相处,可以形成他们在教育过程中的良好心境,这种心境能够激发起积极的认识、意志等活动,有利于学习任务的完成。

其次,学生对他所爱的教师,总会伴随着某种信赖感。这种信

---

① 傅道春编著:《教师行为访谈》(一),56页,哈尔滨,黑龙江教育出版社,1996。

赖感赋予教师的教导以一种魅力,它足以排除各种障碍,深入到学生的心灵,产生出积极的反应。

最后,学生对他所喜爱的教师,必然产生出更多交往的愿望和行动,从而也可以从教师那里获得更多的教益。

(2)师生之间情感关系的特征。师生之间的情感关系具有它本身固有的特征,充分认识这些特征,才能建立起积极的情感关系。以下分别从教师、学生两方面相互的情感特征来论述。

第一方面,教师对学生的情感特征。对于下一代的爱抚和关怀,这几乎是年长一代所共同具有的一种近乎自然的感情。

在实践中,有人确实仅仅是由于喜爱儿童而走上教育工作岗位的。但是,教师的感情如果只是停留在这一水平上是远远不够的,"师爱"的特征,它的主导因素在于它是一种高级的情感。

教师对学生的感情,首先表现为它的社会性。它不是出于某种个人需求的私爱,也不在于学生形象的可爱,行为举止合乎自己的心意等等。这种感情应当出于对祖国下一代的关怀,是一种包含着深刻社会内容和社会意义的感情,教师对学生的爱是以某种社会目标为中介而建立起来的。

其次,教师对学生的感情又具有普遍性的特征。教师应当热爱所有的学生,在他心中装有一切教育对象,因为他们同是社会的新一代,对于他们负有同样的责任和义务。那种因个人好恶而偏爱一部分人,嫌弃一部分人的情感,不是教师情感应具的特征。

最后,教师的情感又表现为它的稳定性。由于有理智因素的控制,教师的情感不为偶然因素所左右(如教师一时的心境,学生的某种表现),它不是瞬息即变的冲动,而是始终如一的热爱。

教师对学生的感情虽然要建立在对某种社会目标追求的基础上,但是,具体的师生感情的形成,离不开他们之间的直接的交往。从直接交往的层次上看,师生之间感情要受到交往时间和空间等条件的制约。长期密切的交往有助于师生情感的建立,教师如不经常主动地接近学生，真正的师生感情难以建立。

与认知的心理因素一样，教师对学生感情也要受到来自学生反馈信息的影响。学生的尊敬和爱慕可以进一步激发教师的爱，学生的对立情绪又往往是许多教师感到对学生"爱不起来"的原因。教师一方面应注意从自己做起，以促使正反馈的建立，另一方面又要努力排除负反馈的干扰，抱着"精诚所至，金石为开"的热忱，积极诱导出正反馈的信息，建立起双向的情感交往。

教师对学生的感情又以对每个学生具体特征的认识为其前提。教师要努力发掘和认识每个学生身上所存在的优点和长处，了解他们各自所处的环境和产生不同行为的主客观原因，掌握不同年龄阶段特征在每个学生身上的具体表现。总之，加深对他们的理解，才能产生移情体验，设身处地为学生着想，推己及人的爱护他们。

在个别交往的层次上，教师对学生的感情一般要经历生疏—熟悉—亲近—热爱等不同发展阶段。

一位教师尽管抱着热爱教育事业的满腔热情走进教室，但当他面临着新的教育对象时总会有一种生疏感觉，甚至会产生紧张不安的情绪。随着他与学生接触的增加，就会由生疏感变为熟悉感，感到自己开始能掌握班上学生的情况，缩短了与学生之间的心理距离。以后，教师的感情又进一步发展到亲近的阶段，这时他不仅熟悉学生，而且感到学生可亲，与学生在一起感到愉快，出现趋向于学生的心理状态。教师感情的高度发展是对学生的热爱，教师把自己的全部感情都倾注于学生，与学生息息相关，心心相印，从学生的成长中，教师获得心理上的最大满足。

第二方面，学生对教师情感的特征。在不同的年龄阶段，学生对教师的感情具有不同的特征。

幼儿园和初入学的儿童对教师具有一种依恋的情感。他们把对父母的依恋之情泛化为对教师的爱。他们经常是因为教师对他们表示关怀和喜爱而倾心于教师。

随着学生年龄的增长,逐渐从满足交往的需要转变为从满足求知欲和人格完善等的需要出发,建立起他们与教师的感情。教师广博的知识,崇高的人格是他们产生对教师爱慕之情的主要原因,也是构成他们对教师情感的主要内容。

学生对教师的感情也要通过实际接触而建立。在某种情况下,一位已经在广大师生中享有威望的老师,虽然初次接触某一班级,就可以赢得该班学生的爱戴,这种单向"情感",往往是以其他人(如其他班级的学生,其他教师等)的评价和情感表示为中介而产生的。但是,对任何教师来说,要获得学生对他的持久、稳定的爱,仍离不开实际的接触和双向情感交流。即使是年龄较长的学生,他们对教师的爱虽然包含有较多的理智成分(主要不是出自满足交往和情感的需要),但是,这种爱的产生仍要以教师对他们所表示的积极情感为其前提。对于他们来说,教师既要可敬,又要可亲,才会感到教师的可爱。

学生对教师的感情,随心理距离的逐步缩短,一般也总是经历下列的几个发展阶段:接近——去除生疏、惧怕感,与教师相处有一种安全感;亲近——感到与教师关系和睦,自己已经得到教师的肯定和承认,会主动地去亲近教师;共鸣——产生与教师情感上的共鸣,为教师的言行所感动,体会到教师对自己的期望;信赖——能与教师倾心相交,向教师打开心灵的窗户,在困难矛盾中期望得到教师的帮助,也能与教师共欢乐,师生之间实现内心世界的高度统一。

(五)教师与学生的非正式关系

师生之间除了在学校组织中所发生的关系之外,还有十分明显的个人交往,组织行为学称之为非正式交往。它使师生关系具有"私人性质",一些教育专家认为,这也是"教师职责的一个现实的重要的方面"。①

　　情境：我教的班级里有一个各方面都比较好的学生。一天,他向我发出邀请说:"4月9日是我的生日,为了庆祝我年满18岁,我请了几个要好的同学到我家开个小小的'宴会',想请您去参加。"还告诉我,他为这次庆祝自己成为一名正式公民,已经进行了一年的积蓄。这种活动我到底是该去还是不该去? 我反复思考:他约我去参加,说明他把我当成了不妨碍他们欢乐的朋友,是对我特殊的信任,是一种很友好的感情,即使有什么不当,我也不能伤害他们这美好的愿望;再说,我不去,也不能改变这些青少年现在的生活方式,只是洁身自好罢了,只有去才能对他们施以影响,引导他们把18岁生日活动变成思考人生的良好的时机。……于是我决定去,并给他买了生日礼品——一本小相册。过生日那天,我和他们一起洗菜、做饭、闲谈。在这不设防的交往中,他们向我说了很多我不知道的事情,使我有了可贵的收获。②

　　原理：师生之间也可以发生正式关系以外的非正式关系。这种关系发生在正式组织之外,是一种自然形成的关系。如师生之间可以由同样的业余爱好结合在一起,也可以作为知心朋友发生经常的密切的交往。在这种情况下,他们之间的联系没有任何规章制度作为外来的约束,而是出自感情、友谊、共同需要的结合。教师与年龄较长的学生间更有可能形成这种非正式的关系。

　　师生之间非正式关系的形成,可以有助于教育任务的完成,它对于学生的影响和控制可以起到正式关系所不能起的作用。它能成为一种有利的关系机制,消除在正式关系中由规章制度等所形成的外来压力的副作用,可以使师生之间发生自由自在、无拘无束的交往,缩短由外来因素所形成的心理距离。它也可以改变在正

---

①　[加]江绍伦著:《教与学的心理学》,125页,南昌,江西教育出版社,1985。
②　傅道春编著:《情境教育学》,80页,哈尔滨,黑龙江教育出版社,1996。

式关系中较多使用的面向集体的沟通方式,缩短信息沟通流程与层次,实现与个别学生之间面对面的交往,增加双向沟通的渠道。因此,师生之间的非正式关系应当作为正式关系的补充与发展,受到教育工作者的重视。

但是,当教师与学生发生这种关系时,应当注意不要形成与个别或少数同学的特殊"关系",不能因这种关系而出现对学生的偏爱和不公正的待遇;要区分在不同场合下不同关系体系中师生所充当的不同角色,所应遵循的不同行为准则,不能因与学生关系的密切而在正式关系中出现流于狎昵的弊病。

二、师生关系的改善

情境:教研室里,几位老师正在聊各自的学生。张老师说:"我好几次上课都没人擦黑板!"王老师讲:"在路上碰到学生,从来没人主动跟我打招呼!"李老师尤其气愤:"有一次我自行车坏了,好几个学生扬长而过,竟没有一个帮忙的!"大家越说越来气,于是就一起感叹:现在的学生真是越来越不像话了。

而在学生之间,关于老师的各种议论也是一个永久的话题。有对老师上课好坏的评价,有对老师衣着打扮的评头品足,有对老师隐私的窃窃私语,有给老师起的各式各样的绰号……给人的印象是,现在学生的胆子越来越大了,不懂礼貌的孩子也越来越多了。事实上,这些年来,随着经济发展、社会进步,人们的心态都有了程度不同的改变,中小学教师与学生之间的关系也的确出现了某些微妙的变化。

据上海教育学院郭继东调查,目前学生中 16.22% 的人认为无法与教师进行正常的情感交流,只有 28.65% 的学生与老师感情较为融洽,而与老师相处时感到十分愉快的竟然低至 17.84%。11.35% 的学生对师生关系的现状感到"很满意",29.46% 的学生表示"较满意",认为"一般"的占 41.08%,感到"不太满意"或"很不满意"的分别有 12.16％和 5.95％。

　　而据江苏无锡 11 中冯振德、张宏祥、陈盂光调查,现在教师中认为学生"一代不如一代"的达 70％,认为学生"一代与一代相仿"的占 22％,而认为学生"一代胜过一代"的只占 8％。当心中有了秘密时,只有 3％的学生会告诉老师,老师排在"知心朋友"、"兄弟姐妹"、"父母"之后的最后一位。

　　其他相关的研究和观察还表明,目前在师生关系上,重点学校的师生关系明显好于一般学校,小学师生关系优于中学,中学高年级师生关系优于中学低年级,而男女生在师生关系上无显著差异。面对剧变中的师生关系,人们禁不住要问——师生关系怎么啦?

　　原理:我们从师生关系的类型和教师的人格态型中可以找到解决这些问题的办法。

　　(一)我国目前中小学存在的师生关系类型

	师生相互态度	师生感情关系	师生在课堂合作状态	效　果
对立型	教师简单、粗暴,学生畏服。	学生情绪不愉快,师生相互疏远、紧张、对立。	教师不允许学生有不同意见,往往以教师的主张、决定为准;学生主动性、积极性受到压抑,独立思维受阻。	师生交往呈明显单向型,易发生冲突,教学效果极差。
依赖型	教师以领导者自居,学生采取服从态度。	师生之间感情平稳,无冲突。	教师包揽一切活动,学生跟着教师设计的路子走,明显缺乏学习的主动性、创造性。	从知识的掌握看,有一定的教学效果,但学生独立思考、独立解决问题的能力差。

续表

	师生相互态度	师生感情关系	师生在课堂合作状态	效　果
自由放任型	教师对学生没有严格要求，放松指导责任；学生对学习采取自由态度。	课堂气氛淡漠。	教师让学生自主学习，学生各行其是；教师能够解答学生的问题，但不能给予及时的正确指导，不认真检查学习效果。	教学效果明显下降。
民主型	教师对学生严格要求，热情、和蔼、公正，尊重学生，发扬教学民主；学生尊敬教师，接受指导，主动自觉进行学习。	情绪热烈、和谐，课堂气氛活跃。	师生之间呈现积极的双向的交流，学生积极思考、提出问题、各抒己见；教师认真引导。	教学效果良好。

（二）教师的人格态型

每一个从业的教师，都有一个稳定的倾向性的职业人格态型，它决定着多种多样的教学风格，影响着多种教育行为方式的选择。它已构成教师具体行为的组织机理，还直接产生着教学效益。

加拿大学者柏恩博士对此作过探讨，并提出了著名的人格结构 PAC 理论。他认为，个体的人格结构一般有 PAC 三态，即父母态、成人态和儿童态。

1. 父母（P）态

“父母”（P）态人格结构，往往有明显的权威感和优越感，通常行为表现为统治人、训斥人以及权威式的色彩。当一个教师个体

人格结构中 P 成分占优势时,他便会有以下的教学行为表现:

主张教师主导学习环境,以教师的权威为中心,有明显的师生界限。他们不断加强学校的传统常规。

在教学上十分注重基本技能和基础知识。他们围绕着基本技能和既定教学内容组织课程,一般不使用探索性的发现学习方法。

在学生观上,认为学生是"孩子",强调指令行为。他们讲究课堂纪律,严守时刻并追求秩序井然、作业规范,赞成惩罚手段;严格学生学习成绩评定,并利用打分数、评定成绩惩罚学生;要求学生尊重地位与权威,有的甚至近乎武断、专制的形象。

在课堂上,教学知识精确、清楚、纪律好。处理问题意志坚强,为人坦率。学生时常感到这些教师使他们学到了有价值的知识,但学生很少自发性,思维不能自由发展,活动受限制。

在处理与外部关系上,对学生有明显的监护作用,关心学生,能保护集体的利益,常有"护犊"现象。表现为很强的控制班级的能力。

这种类型教师的道德品质是好的,态度也不是一味地严厉,也有温和。他们是智慧、真理和知识的施予者,但又比较漠视学生关心的事物和兴趣,不善于启发学生的思路和情感。

2. 成人(A)态

"成人"(A)态人格结构,则有客观和理智的特征,体现健康成熟的成人人格。他们依据过去经验,估计多种可能,慎重地行事。教师个体人格结构中 A 成分占优势时,其教学行为大多数具有健康人格的六个特点。①自我广延的能力。参加活动广泛,有许多朋友,许多爱好,社会活动积极。②与他人热情相处的能力。与别人的关系是亲密的,但没有占有感,无嫉妒心,容忍自己与别人有价值观与信念上的主要差别。③情绪上有安全感和自我认可。能忍受生活中不可避免的冲突和挫折。④表现具有现实性知觉。看待情境及顺应情境都是极为明白的,是"明白人"。⑤具有自我客体化的表现。对自己所有和所缺都十分清楚和明确。⑥有一致的人生哲学。有一致的定向,为一定的目的而生活。

这类教师往往以学者的理智的学院式的态度对待学校传统。他们关心学生的需要,热心地照顾学生的兴趣,教条主义少一些,对先进的教学方法吸收得快。他们富有同情心并容易与他人产生共鸣,注意教室环境和班级气氛,能巧妙地处理人与人之间的关系。

教师课堂教学技术与学生的探索活动相一致,能使用多种知识资源,有效率、有创造性地管理人。

他们相信学生是愿意学习的,能够提供激发学生学习动机的条件和环境;有主见,无偏见,有清晰而明确的规章制度,能避免师生对立;很少对有不良行为的学生作品质的否定评价,并相信他们能改变行为;喜爱和尊重所有的学生,相信所有的学生都是能与教师合作的;富有幽默感,值得信赖,乐意在校外与学生接触。

3.儿童(C)态

"儿童"(C)态人格结构的人常常会像婴儿那样冲动,表现为服从和任人摆布。他们一会儿逗人发笑,一会儿乱发脾气,使人讨厌。教师人格结构中 C 成分占主导地位,其教学行为是:无甚主见,不善于临场决策,感情用事;一味做学生的兄弟或姐姐,忽视师生间的角色差别,处理问题情绪化;按兴趣选择教学内容,教学随意性大,教学方式多变;不能控制自己,易冲动、好激动、喜欢诙谐,很少有肯定性的意见,讲起话来总是"我猜想……","可能是……"。

(三)教师的人际知觉

人际知觉,是对人与人之间相互关系的认知,包括自己与他人关系和他人与他人关系的知觉。有时人们看的事件相同,其解释却各不相同。这中间的差异就是人际知觉的差异。教师人际知觉,指教师对学生之间相互关系的认知。

教师与学生关系知觉表现为两种。①教师与所教班级集体的关系知觉。教师对班集体的整体认识,班集体对教师的主要的、核心的或有影响的评价。②教师与某个学生个体关系的知觉。是教师与有不同学习基础、智力技能、同伴状况、个人目标和情感的学生的关系认知。在这种师生间甲与乙关系的知觉中,还要注意"第三者"在知觉中的作用。教师与学生个体的甲与乙的关系,并不单纯地取决于甲与乙双方的特性影响,还同时受到甲与丙、乙与丙关系的影响。

教师在与某个具体学生的知觉中,不管教师想法如何,他们的行为必定受到其他成员的影响。因此,教师就要建立正确的学生的知觉观。了解班集体中每一个学生与其他学生的关系,才能更好地了解自己,才能在处理与学生相互关系上得心应手。

教师的人际知觉在当前表现比较突出的问题就是对学生知觉失真。这种情况容易出现在摩擦和矛盾交往的情境里。例如,在教师实施专制规则的教室,学生顶撞、冷漠易产生教师的知觉失真。

人们有将事件的结果人格化的行为倾向。当教师从一个学生事件中体验结果时,他从对这件事负责的人身上去找起因。他对此事结果的解释,受到他对造成此事起因的那个人的看法的影响。假如他对起因人是肯定的(喜欢的学生),那么他不能因一个消极行动去责备他,而倾向于把责任推到某些事或其他人身上。假如教师对起因人是否定的(令人恼怒的学生),那么他就很可能认为这起因人应对所有消极影响负责。

教师还往往把眼下的评价与过去的印象一致起来,取得平衡。教师对一个学生进行的一件事,由于对该情境的某些部分的体会或感受,他的观念可能有许多不同。

情境:某中学的一个学生未经许可就在学校实验室里开始进行一项化学实验。教师可能产生以下多种评价结果。

如果这位教师喜欢这个学生并赞成所见到的事情,他将认为做此实验是积极的,而忽视他已违反规定准则的事实。

如果这位教师不喜欢这个学生,也不赞成这件事,结果将是否定这次实验,还谴责学生。

如果这位教师喜欢这个学生,但不赞成这件事情,教师就有两种可能:改变对这件事的消极态度;改变对学生的情感,开始表示讨厌。

如果教师不喜欢这个学生,又深深地被这项实验所感动,也可能出现两种可能:改变对这个学生的情感;保持一些对事件的怀疑。

原理:教师对学生的知觉失真还可能演变成严重的知觉偏见,即以己度人,以自己的情绪和品质来判断别人也有类似的情绪和品质。教师的知觉偏见将对职业行为带来极大的危害。

传统教育只强调教师的权威,忽视学生的主动精神。而现代教育建立民主的、平等的、合作的师生关系。现代教育在教学过程中学生是学习活动的主体,离开了儿童自己的学习活动,教师的任何愿望都是不能实现的。因此,在教育教学过程中教师应当尊重、提倡并注意培养儿童的积极主动精神,尊重儿童的人格和个性特长,反对用专制的办法来强制儿童学习,反对用各种死板、教条的模式限制儿童个性特长的自由发展。

▲附录:师生之间是乌云还是蓝天

主 持 人:傅道春 黑龙江农垦师范专科学校教授

特邀教师:周鸿德 江西上饶鹰潭一中

傅道春:在社会转型期,教育对象的成长环境发生了很大变化,学生再也不是过去的"学生"。但是,如果教师还是过去的"教师",依然保留传统的教育习惯,师生之间将布满乌云。让我们来

共同寻求师生之间那片蔚蓝的天。我们从江西上饶周鸿德老师提供的一个实事说起。

有一次化学测验,下课铃响了,学生小霞还在埋头答题,化学老师催了一次,小霞仍在赶写,老师发火了,走过去夺卷纸,小霞用手一按,卷纸撕破了。化学老师怒气冲冲找我告状,小霞也在《周记》中写道:"我恨死了化学老师,今后,我上课不听她讲课,在街上碰见了,我决不会理睬她。"看到这里,我"噗哧"一声笑了起来,提笔批道:"真是孩子气,老师执行考试纪律有什么错?至于不慎撕破了卷纸,你自己也有责任呀,你说对吗?"《周记》发回后,小霞立即写了补记:"周老师:你没有板起脸孔斥责我,可'真是孩子气',这五个字却深深地打动了我,我要去向化学老师道歉。"果然,我在化学老师的办公室里,看见她俩正在亲密地交谈着,一场师生之间的"顶牛"现象,就这样化解了。

傅道春:周老师,当前师生间的冲突变得多起来,一些教师也感到老师越来越难当,您是怎样看待这个问题的?

周老师:当前师生间的冲突确实多起来了。我认为主要原因有二点:一是有的学生在家中受到娇宠和溺爱,性格变得固执和任性,在学校里稍不如意,便容易产生逆反心理,与老师发生冲突。二是当代青少年思想活跃,他们通过各种途径接触了一些新的思想,要求与教师建立起一种民主、平等、亲密的师生关系,而有的教师却还停留在传统的家长式管理和封建性的师道尊严旧观念上,这种学生思想的超前性和教师观念的滞后性必然常常发生碰撞,导致师生间冲突的增多。

傅道春:与学生"顶牛",主要责任在教师,您赞成吗?"顶牛"的现象可以避免吗?

周老师:我同意"与学生顶牛,主要责任在教师"这种观点。一般来说,凡是师生"顶牛"往往是由于教师工作不得法,或是批评过重措辞偏激,伤害了学生的自尊心;或是有意无意地歧视差生,引发了逆反心理和对抗情绪;或是体罚和变相体罚,导致了矛盾激化。要避免和学生顶牛,就要求教师不仅要有强烈的责任感和事业心,有正确的教育思想和教育方法,还要有良好的心理素质和人格特质:只要我们热爱学生、尊重学生、平等待人、宽容大度,对有缺点错误的学生动之以情、晓之以理、导之以行,就能建立起一种新型的师生关系,就不会发生"顶牛"的现象。

傅道春:"真是孩子气"有这么大的教育力量,是什么道理?

周老师:学生小霞的《周记》尽管言辞偏激,感情冲动,但她能把心里话写给我看,说明她信任我。这时,如果我劈头盖脸地给予一通严厉的批评,效果会适得其反。"真是孩子气"这五个字,既是恰当的批评,又委婉亲切,有分寸,动感情,这种蕴含着爱心的责备,易于为小霞接受,达到了心灵的沟通,自然会引起感情的共振和共鸣,这种教育的力量是不会被拒绝的。

傅道春:您处理问题,没有精心设计,没有花大力气,是一种自然的内在的流露,这里除了教育思想外,是否还有教师的人格特质方面的影响?

周老师:教师的工作对象是活生生的正在成长中的有个性的青少年。教师的工作性质是塑造美好的心灵。要完成这一神圣使命,除了要有强烈的责任感、正确的教育思想、一定的工作能力外,还需要有良好的心理素质和人格特质。教师心理素质的主要内容是轻松愉快的心情、朝气蓬勃的精神、平静幽默的情绪、宽容大度的胸怀。这里特别要强调的是豁达开朗、宽容大度的胸怀,这是教师所应具备的良好的心理素质的重要内容。有了这种素质,在突发事件面前就不会感情冲动、失去常态;在有缺点错误的学生面前就能控制自己的情绪,处理问题就会有分寸、有节制、有办法。事实上,教师对每一件事情的处理是不可能事事精心设计,件件深思熟虑的。

傅道春:您是否对学生严厉过? 您怎样看待必要的严厉?

周老师：在多年的教育实践中，我曾无数次地严厉地批评过学生。我认为，对个别学生性质严重、情节恶劣、影响极坏的错误行为，必要的严厉是不可缺少的。但这种严厉不等于愤怒的发泄，不等于恶意的嘲讽，不等于刻薄的挖苦，更不等于冲动的体罚。这种严厉首先要建立在"爱"的基础上，爱字当头，严在其中。如果不是这样，必然会使学生产生抵触，激化矛盾，或者使他们感到抬不起头，从此一蹶不振。这就不是积极意义上的严厉，而是近乎在摧残学生了。

傅道春：我们暂且给周老师的这种教育起个名，叫温情教育。温情教育为何具有如此的能量：①温情的核心还是一个"爱"，没有"爱"就没有"温"的底蕴；②温情有一个"尊"，特别是一种人格尊重，严厉，只不过是温情教育中一剂苦药；③温情中有一个"平"，你把对方平等相待，才能温起来；④温情里有精心的教育意图，因为温情是以柔克刚，它的施教必须具有恰当的角度和恰当的时间，教师要精心地去选择时机；⑤温情里包含了教师的气质与涵养，是教师内在美的一种流露；⑥教师的温情能铺设师生之间的一片蓝天，那时候，我们的学校天地将更加美好。

情境练习：

1.请概括一下附录中周鸿德老师的学生观，然后介绍给你认识的一位教师。

2.下面提供一位学生对教师的期望材料，试逐条分析其中的含义，它们反映了怎样的师生关系？被期待的老师可能有过哪些行为表现？请对以下各条做些理论的分析，如果其中某一条期望是提给你的，你将如何改进自己的教育行为？

(1)老师，我希望你常是一个有感情的人，而不仅是一架教书的机器。

(2)老师，请您不仅仅教书，而更是教我们做人。

(3)老师，请您也把我当人看待，而不仅是记分簿上的一个号码。

（4）老师,请您不要单看我的成绩,请您更要看我所作的努力。

（5）老师,请您经常给我一点鼓励,不要让您的要求超过了我的能力。

（6）老师,不要期待我只喜欢您教的课;至少对我,别的课可能更加有趣。

（7）老师,请辅助我学习自己思考自己判断,而不仅背诵答案。

（8）老师,请您耐心地听听我所提出的问题。在您听来也许可笑,但只有您肯听我,我才能向您学习听别人。

（9）老师,只要您保持公正,您对我尽可严格。表面上即使我反对严格,但是我知道我需要您的严格。

（10）老师,尤其在同学前,请别笑我,这样您会伤我也会让我恨您。私下的一句温柔的劝告,对我更加有效。

（11）老师,假如我有所失败,尤其在大众面前,不要可怜我,可怜使我难堪。

（12）老师,在教室内,不要把另一位同学当做我的表率,我可能因此而恨他也恨您。

（13）老师,请您也记着,不久之前您也是学生,您是否有时也会忘带东西,在班上您是否样样第一?

（14）老师,您也需要学:您不学我怎能从您那里学到更新的东西。①

3. 请追述一件您经历过的或见到过的由教师造成的学生委屈事件,从教育理论上作出分析、评价。

4. 请回忆并设计:你与初二时的班主任老师是怎样的一种关系?你当老师以后与学生可能形成怎样的一种关系?

---

① 《四川教育》,1985 年第 5 期。

瞭望教育环境

提示：教师是促使教育对象变化的直接操作者，但教育活动不仅是教师个人的能动因素的介入，还有学校这个专门教育机构的一群人和那种特定的教育环境。学校生活，在每个人生命史中构成了重要的篇章。但学校又不是一个人成长中的惟一的教育场所，家庭和社会文化也都扮演着教育的角色，发挥着教育的功能。因此，可以说育人活动是多种教育因素组合起来的一种活动。一名教师，不仅要完善自身的建设，在完成自己承担的那一份教育工作中，与其他的教育因素将交织在一起。在这种情况下，只有瞭望并充分利用教育环境的教师，才是实施良好教育的教师。不然，单一方面的教育将是一种孤立的教育，简化的教育，被动的教育。本章我们将围绕着影响学生发展的问题，探讨由学校、家庭、社区构成的教育环境的功能。

从教育生态学的角度看，教育的环境是以教育为中心，对教育的发生、存在和发展产生制约和调控作用的多维空间和多元的环境系统。在这方面大致可从三种角度、三个层次进行研究。一是以教育为中心，由外部的自然环境、社会环境、规范环境组成的教育生态系统;二是以某个学校、某一教育层次或类型为中轴,由整个教育系统所构成的环境;三是以人的个体发展为主线,由包括教育在内的外部环境组成的系统。我们从环境因素的分析中,探究各种环境与教育的相互关系,从影响教育的物质环境、精神环境的相互联系中,综合地研究教育的发展规律,从而不断地提高教育的效益。

1

好的学校能出更多的好学生
——学校教育环境的影响

引言:对某个学生来说,一个或几个教师影响着他,一个班级、年级集体影响着他。其实整个学校校风、校貌对他的影响,也是直接而深远的。从这一点看,可以说学校是学生成长的大课堂,学校是育人的熔炉,学校是生产着许多共同特征产品的一部机器。在本节,我们就探讨学生成长中学校的环境影响问题。

情境:苏霍姆林斯基曾说,"要使学校的每一面墙壁说话,发挥出人们期望的教育功能。"我们的校园,不仅使每一面墙壁会说话,还使每一寸土地、每一株花草树木、一切教学、生活设施都会说话。

我校四年级三班学生墙报上的一首小诗较详细地记载了我们校园环境的育人功能。这首诗(节选)是这样写的:

校园处处会说话

在校门外,远远地,

就会望见公寓楼上耀眼的校训:

"做有中国灵魂,有世界眼光的人。"

它时刻鞭策我们不忘重任。

正对校门宽阔的通道两侧,

是孔子、达尔文等八位中外名人的塑像。

他们站在智慧的高峰,在科学艺术的殿堂里向我们招手,时刻督促我们奋发向上,让我们学有榜样。

进入公寓楼,

门厅墙壁对我们说:"现在做好身边的小事,长大才能做好国家大事。"

楼门左侧的墙壁,

布置着祖国版图、国徽、国歌、国旗,

使每一位学生时刻把祖国牢记心里;

楼内走廊悬挂着的中外名人画像、警句,

使每一个孩子处处受教育。

楼门右侧的墙壁,

道出了长辈对我们的殷切希望:

"亲爱的孩子们,别忘记二十一世纪的祖国等待着你们去建设、去保卫。请你为了祖国锻炼身体,为了祖国勤奋学习,为了祖国自强自立。"

走进电脑室,

那里的墙会对你说:"计算机要从娃娃抓起!"

走到报架旁,

报架也会对你说:"学校无小事,事事育人;校园无闲人,人人育人";"关心国家大事,纵观天下文章";"小小窗口,大大世界";"点点滴滴,知识成海"。

走到电话机前,

挂电话的墙会对你说:"磁卡电话是为那些有重要事的同学准备的。爸爸妈妈挣钱多不容易呀,老师相信你们不会轻易浪费父母的血汗钱的。"

走到操场上,

大大的黑板对你说:"这里是你们的天地。画吧,写吧,给想象插上翅膀,给智慧扬起风帆!"

走到水池边,

洁白的墙壁会告诉你:"太原市严重缺水,千万别浪费。"

走到我们的草坪边,花园里,

花草树木亲切地说:"谢谢小朋友对我们的爱护。"

步入餐厅,

正面墙上"为了建设祖国,吃好营养配餐"的警句使我们改掉了挑食的毛病。

向南望去,墙壁老师又会对你说:"农民伯伯,炊事员叔叔多辛苦呀,我们绝不浪费粮食。"

记住了!我们就是这样做的。[①]

原理:

一、校园文化建设

杜威(J. Dewey)指出,学校是一种特别的社会环境,它用专门的设备来教育孩子。当然学校不是孤立地存在的,它有各种背景,它受社会中各种因素的影响,学校的目的、功能、内容、形态与方法等无一不受环境的作用和影响。学校本身也有各种因素。

在学校环境中,学校建筑负有教育的使命,它可以作为一种造型艺术,象征某种精神和理想,合理安排的学校建筑可以提供适当的学习环境。

学校的设备影响学生的学习成绩和学习风气。学校若有藏书丰富的图书馆,一定程度上能改变教学的方式和方法,培养学生的自学能力。不少中小学缺少图书,使教学限于课堂上的讲述,把学生囿于教科书之中。实验设备是提高教学质量的重要条件,是使学生动手动脑、加强实践的必要环节,它有助于学生深刻领会和牢

---

① 詹文龄:《花草树木也育人》,《德育报》,1996 年 12 月 2 日。

固的掌握知识,激发学习兴趣,启迪思考,培养分析、综合能力,训练开拓、探索和进取精神,养成科学的态度和作风。当前,电化教学设备成为信息的第三种载体,语言实验室、闭路电视、教学机、电脑等现代设备,有助于形成科技意识,培训科学思路,提高教学效果。在学校的教室中,除了物质环境外,还有人际联系。亚当斯(Raymans. Adams)运用现代实验手段,研究教室内沟通的分布,得出的结论是:①离开教室中间行列愈远,被包容沟通以及交互反应的机会愈少;②越是远离前面的位置,教师接触的机会越少。对此,教师应采取相应的对策,经常变动座次,改变传统的教学方式,这不仅有利于视力的健康,而且提供了均衡学习的机会。

一个学校社会气氛,即校风,也是校内大多数人的一种习惯势力,可分为积极的、消极的两种。它是影响学校师生一个极其重要因素。比如,一个学校团结友好的校风一经形成,那种非正式的不利于全校团结的小团体或交往自会减少;一个学习钻研的校风,会激励学生砥砺切磋、努力学习,如果有浮夸风,则会造成不务实、片面追求升学率等。校风的培养和形成,并不是决定于哪一个人的角色观念与行为,而是在过去长期工作中、长期交往中逐渐形成的,既经树立,则能成为一种巨大的教育力量。积极的校风则使师生员工不断增强自觉性,代代相传,相沿成风,是外力难以破坏的。如,学风、教风、领导作风、师生言谈仪表等无不与校风有关。学校组织系统的优良气氛具有潜移默化的作用,不仅具有约束力,而且有促进力量。树立优良校风是社会主义精神文明建设所必需。校风中的学风和教风是中心,培养和形成良好的校风,关键又在于领导的作风。学校领导的角色行为,只有符合各方面的角色期望,全力以赴,才能同心协力建立优良校风,并发扬光大。

二、课堂内的环境

教室中的环境优劣,对心理气氛的影响作用很值得重视。教室中的墙壁颜色,教具的形状、大小和色彩,室内的拥挤程度、通风、光线、温度、噪音,以及清洁卫生状况等等,无不影响课堂教学的心理气氛。一些由于学校的教育经费有限,建筑设计尽可能从简,入学人数多,所以,课堂内学生超员,光线微弱,噪音干扰大,卫生条件差的现象还存在着,特别是在农村学校里,这种现象尤为突出。

课堂内的学生拥挤现象,在一些学校的一些班里十分严重。据调查,有的教室中竟拥挤着七八十个学生,所造成的不满意感,女生比男生更为强烈。心理学家埃普斯坦等人于1981年作过一项实验,让被试者在三周内三次处于拥挤之中,发现被试都感到紧张不安,心情烦躁,生理激动较高。拥挤对于师生的健康不利,它可能引起与紧张有关的心理疾病,也可能助长流行疾病的传染,还可能抑制亲社会行为、利他行为,而滋长侵犯行为和反社会行为。

有些学校处在闹市之中,教室建筑在自由市场之旁,致使课堂内的噪音不绝于耳,干扰着学生注意力的集中。噪音是一种紧张源,应加以排除。美国心理学家在洛杉矶的一些小学里,进行过一项关于噪音对小学生影响的长期研究。把位于机场附近的四所小学的学生和位于安静区的三所小学的学生,进行各种心理和生理测验。结果是长期受噪音影响的洛杉矶附近四所小学的学生,都比安静区学校学生的血压平均指数高,放弃困难智力作业的人数多,而且易受背景噪音的影响而分心。噪音是不利于学生的学习和成长的,必须采取适宜的措施排除课堂内的噪音,以维持良好的课堂气氛。

课堂的环境问题,已成学校教育研究的重要课题之一。从心理卫生学、环境心理学的观点出发,探讨和解决课堂内的环境问题,不仅是学校教育心理学家的一项任务,而且是教育行政领导者,学校教育工作者的责任。课堂教学不论是第一课堂(传统的室内课堂教学形式),还是第二课堂(新兴的课外教学形式),都脱离不了人际环境和物质环境。所谓人际环境,就是通过人与人的交往而形成的在心理上相互依存、相互影响的关系所造成的心理气氛;所谓物质环境,则是对人产生影响的物质条件。师生在教学中相互作用,所形成的个人与个人的关系,个人与集体的关系,集体与集体的关系,所产生的教风和学风,所表现出的竞争与合作行为,决定了课堂中人际环境的状况。教室内的设备、教具、乐音或噪音、光线充足与否、空气清新或污染、高温或低温等对师生的影响,则决定了课堂中物质环境的状况。物质环境和人际环境是相联系的,物质环境的优劣会导致人际环境的变化,而人际环境好坏也能导致物质环境的改观。因此,课堂中的气氛是由人际环境和物质环境的交互作用而形成的一种状态。

三、微观环境的影响

学校还有影响学生个体成长的一些微观环境。在此,我们仅举以下同伴影响、花盆效应、教师的期待效应等例。

同伴影响。学生同伴群体是由地位大体相同的人组成的关系密切的群体。同等群体的成员一般在家庭背景、年龄、特点、爱好等方面比较接近,他们时常聚在一起,彼此间有着很大的影响,甚至可能超过父母和教师的影响。

花盆效应。花盆是个半人工半自然的小生态环境,在空间上有很大的局限性,在条件上有明显的人为性,是一种封闭或半封闭的教育生态系统。在学校教育中,如果教师整天把学生关在教室里,只强调求同思维,不允许求异思维;只限于"标准答案",不要求独立思考;只要求掌握现成的结论,不要求洞察产生这种结论的过程,这样就会造成学校脱离社会,理论脱离实际;学生高分低能、适应能力差、经不起风浪,难获得社会成就。

教师的期待效应。教师对差生的期望传递十分不利于学生的成长:

差生被安排在远离教师的座位上或安排在近处的控制位

置上；

　　教学情境中教师很少注意差生，当课堂出现干扰时，教师倒是经常向差生望去；

　　对差生课堂提问少，让其上黑板练习的机会少，认为提问差生很费时间；

　　差生回答问题时，教师等候他们答完的时间少；

　　对差生课堂中的失败行为不加容忍，视其为破坏课堂纪律；

　　答错问题时，批评差生时比批评好生多，认为差生主观因素多，甚至怀疑其动机不良；

　　答出问题时，表扬好生多于表扬差生，认为差生有偶然性；

　　答不完全时，表扬差生多于表扬好生，认为差生已经过了一番努力，对差生期望值过低；

　　为差生提供的指导时间、详细的反馈少于好生；

　　对差生的学习和努力要求不如好生那么严格。①

2

首席教师——家庭教育的影响

　　引言："小学生的培养与环境因素的关系中，最重要的是儿童的家庭环境。按分量说，家庭是邻居和学校两者影响之和的二倍。"②教师为家长主动提供家庭教育的知识和咨询、指导，改变了学校以往只是与家庭取得联系的水平，学校在教育学生的同时教育了家长。这不仅有益于学校与家庭在教育思想与教育实践上的

---

①　吴永军：《国外对"教师期望"的研究》，《江苏教育》(中学版)，1991 年第 7 期。

②　鲁洁主编：《教育社会学》，288 页，北京，人民教育出版社，1990。

协调,而且扩大了普通中小学教育服务的对象。学校教育从青少年走向成人,首先走向与青少年成长密切相关且具有血缘关系或抚养责任的成人,使学校的社会化迈出了一步。此外,学校还积极为家长创造了解、参与、支持学校教育的机会,为他们创造提出改进学校工作意见的条件,共同研究有关学校与家庭的相互配合;要求家长承担学生校外活动、社会实践的指导或提供活动场所等条件。这就扩大了学校教育参与者的队伍和学生活动的领域,加强了学校与社会的联系。本节我们就探讨这些方面的问题。

情境1:①

情境2:全国"十佳"少年黄思路的妈妈王晶是福建师范大学的外语教师。她在家庭教育方面,摸索出了一条孩子健康成长的有效途径,培养出了一个"品学兼优,全面发展"的"千手观音"黄思路。记者就这个问题访问了她。

---

① 邵瑞珍主编:《学与教的心理学》,296页,上海,华东师大出版社,1996。

记者:培养孩子良好的品质、健康的心理以及自我发展的能力,是家长十分关注的大问题,而不少家长偏偏又忽略了这么一个问题。据说您在这方面很有经验而且成效甚大。请您举几个具体的例子,谈谈您是如何做的,好吗?

王晶:好的。记得路路 3 岁那年,第一次上幼儿园。她很不习惯,哭得十分厉害,老师便将她送回家。我打开门后,送走老师,却不让路路进门。她知道哭也无济于事,便求我:"妈妈送路路去幼儿园。"我还是不让步:"你自己去!"因为我怕如此送去,明天她还会哭着回来。她继续哭着不肯去,我说:"是好孩子就自己去,路路是个乖孩子。"我把门关上后,她又哭了一阵子,看我始终不让步,最后,终于自己去了幼儿园。我清楚地记得:她头戴黄草帽,肩背小书包,用充满泪水的双眼,一遍又一遍地望着我家的屋门,带着无奈的伤感,慢慢地,慢慢地,从我家住的三楼,哭着退到二楼,再退到一楼,一步一回头地去了幼儿园。

我本着"自己的事情自己做"的原则,让她去干各种各样的事情,结果她学会了许多本事。她还在上小学的时候,就是自己有病自己去看。一天中午,当她赶到医院时,正值医生下班,她便说自己下午要上课,恳请医生看病。医生见她是个小学生,又是独自一人来看病,破例给她看了病。她取了药,背上书包,高高兴兴地去上学,还蛮得意的。

从很小的时候起,我们就有意地培养她的自理能力。只要她可以做好的事情,就让她自己做,而且要求一定要做好,并且成为习惯。所以,她越来越独立,父母愈来愈省心。她的书包里面所有的东西都井然有序。从一年级开学到现在,我们一次也没有整理过她的书包,没有为她削过铅笔,没有为她包过书皮,也没有帮她钉过本子。衣服的扣子掉了,裤裆裂了,书包破了,她自己拾掇一下又能用了。

有一次路路要到学校排练,由于走得匆忙,将录音带忘在了家里。当时我明明知道她没有带,但也不告诉她。结果她骑了半小时的车。眼看要到学校时,突然想到录音带没拿,便打了个公用电话，求我给她送去。我毫不犹豫地告诉她："不行！你自己忘的就自己回来取。"尽管那天我没课在家，完全可以给她送去，我还是不给她送。"不行啊，妈妈，我取回带子就误了排练时间。"听筒里传来路路无奈的求告。我说："你可以先到学校向老师承认错误，将你的节目往后调一调，然后再回来取带子。"结果，她真按我说的做了。此后，每次出门，她该带的东西总是预先准备好，再没有忘过。[①]

原理：

一、家庭的教育功能

家庭的教育功能，体现着家庭群体在受教育者社会化过程中的特殊的价值和作用。家庭在人的社会化过程中所产生的影响是广泛的和多方面的。

首先，家庭在教导基本生活技能方面起重要作用。一个呱呱坠地的婴儿，适应环境的能力十分贫乏，他有温饱的需求，但无获取衣食的本领，家庭就要给他多方面的照料，儿童逐渐长大，就要教导他衣食住行的基本技能。受教育者即使到了中学阶段，在适应家庭生活、适应社会环境等方面的能力仍相对贫乏，亦需得到家庭多方面的照顾指导，从中获得基本生活技能。在我国漫长的封建社会中，家庭不仅是生活单位，而且是生产单位，分散的小农经济决定了家庭教育不仅是对儿童进行生活教养的主要形式，而且也成为对他们进行生产和职业教育的主要形式。在科学技术日新月异的现代社会，人们的生活内容大为丰富，基本生活技能的内容也随之复杂多样，而家庭在这些基本生活技能的教导上处于特别重要、不可替代的地位，离开了家庭，一些最初的生活技能、自我服务的技能就无从培养。

其次，家庭在教导社会规范，形成道德情操方面起重要作用。

---

① 陶继新：《黄思路妈妈的话》，《中国教育报》，1997 年 4 月 12 日。

我们知道,受教育者作为一个社会人,必须具备一定的社会价值观念,遵守一定的行为规范和道德准则。但这些观念、规范和准则决不是在自然状态中萌发出来的,家庭是个人最初的活动范围,家庭群体中受教育者与他的双亲、祖辈及同辈伙伴发生着最初的社会关系和道德关系,家庭生活的行为规范也是他最初接触到的社会规范,受教育者开初总是以其双亲的言行为榜样,以其双亲的需求、情感、情操为认同的对象,通过同化作用,逐渐形成自己的一套行为方式习惯和道德信念的体系,借以调节自己与他人的关系。

再次,家庭在指导生活目标、形成个人理想和志趣方面起重要作用。理想最初往往是由兴趣爱好所引发的,受教育者最初的兴趣爱好正是在家庭生活中萌发的。家庭教育的积极作用,表现在它能引导受教育者逐渐地懂得现实生活的意义,注意发展他们的各种正当兴趣和爱好。随着他们年龄的增长,又能帮助他们树立远大的抱负和理想;家长用自己的全部生活经验去影响教育子女,培养他们的进取心,同时又对其倾注着莫大的期望,这样,就使得他们在人生道路上能做出有价值的选择。

再其次,家庭群体在培养社会角色过程中也具独特的作用。这种作用,一方面是家庭通过影响受教育者的志趣、理想、抱负、职业选择等途径,使他们在以后的社会生活中选择和充任一定的社会角色;另一方面,家庭又是一个多重角色组合而成的初级群体,在这群体中受教育者依自己与家庭不同成员之间的不同关系首次成为一个承担多重角色的主体,也就形成了在日后社会上充当复杂多样的角色的启蒙经验。家庭在培养社会角色过程中的独特作用,还表现为它能复制出社会文化传统习俗所要求的不同社会角色,比如男女性别角色行为,等等。

最后,家庭在形成个人性格特征、个人对社会适应的动力特征等方面,也有着它不可替代的影响。

二、家庭教育的特点

如果把教育看做是广义的对人的影响,"如果将教育定义为传授、唤起或获得知识、态度、价值观、技能、敏感性和一切经验的深思熟虑的、有系统的、持久的努力的话,家庭的教育功能将被有效地扩大"。① 因此,家庭以"缩影"的形式包含着几乎所有的教育内容和教育功能的范围。

家庭的教育影响不仅带有广泛性,而且具有特殊性,家庭教育相对于其它教育组织、教育机构而言有着它特别优越的有利条件。

第一,家庭教育影响具有先主性。所谓先主性,指的是家庭教育影响在一个人的成长过程中起着某种先入为主的定势作用,它使得受教育者继后接受其它影响时形成一种"准备状态",即奠定了他接受教育的基础。在家庭群体中,儿童初次获得观察社会、观察他人、观察自己的机会,因而家庭教育影响就形成了他们最初的早期经验和最初的主观能动性,这往往成为他们其后个性发展的主观基础和出发点。

第二,家庭对受教育者的控制方式具有多维性。家庭是一种特殊的社会心理群体,家庭中的教育者与受教育者之间的关系,与学校中的师生关系相比,存在着特殊性。这首先体现在家长对子女的控制方式上。我们知道,在学校中教师对学生的控制,主要是通过认识的和章法的(规章、制度、秩序、纪律)纽带而实现的;而在家庭教育中,双亲对子女的控制,除了认识和章法外,主要则是通过情感的和经济辅助的纽带去实现的。

第三,家庭群体中交往接触的密切性。相对学校而言,家庭中家长与子女的互动接触类型一般多属非正式的和高频度的。①家

---

① 鲁洁主编:《教育社会学》,480页,北京,人民教育出版社,1990。

庭中的非正式的接触交往比起学校中正式化的接触方式具有某种优越性,家庭的接触交往是以"融洽"和"喜爱"为媒介的。②家庭成员之间在接触频率上要比学校环境中高得多。这一点从接触的范围、次数,以及时间等维度都反映得十分鲜明。非正式的和高频度的接触方式,加强了家庭中的群体内聚力,造成了家庭教育中交往接触的密切性,这使得家庭教育影响能在多次重复的条件下传递到受教育者身上。

第四,家庭群体中教育和生活的统一性。家庭教育作为一个过程,是与家庭生活合而为一、联于一体的。儿童生在家庭、长在家庭,与家庭成员朝夕相处、休戚与共,家庭生活的各个侧面都影响着他们的身心发展,也都包含着教育的作用;而教育子女,又成为家庭生活中经常性的活动。家庭教育不是通常意义上的那种正规的、有着严密计划性和系统性的教育,它与家庭生活各方面交叉渗透,随着家庭生活的变化和受教育者发展的现状不断地变换着形式和内容。家庭中教育和生活的这种统一性,决定了家庭中教育的因素不仅仅局限于家长的教育能力以及意识到的教育方法和教养态度,家庭的其他因素,如家庭自然结构、双亲职业、社会地位、经济状况、物质条件、期望水平、家庭气氛、生活习惯、志趣爱好,等等,也同样有力地影响着受教育者的身心发展,起着直接或间接的教育作用,最终形成着受教育者相应的个性、态度和品行。由于家庭教育和家庭生活的统一性,家庭的教育影响就永远带有连续性和潜移默化的性质。

第五,教育者对受教育者了解和影响的深刻性。这也是家庭中最明显不过的特点之一。"知子莫过父,知女莫过母"。由于父母与子女朝夕相处生活在一起,由于父母对子女的观察、教育是一个连续的、长期的过程,故双亲对子女的情况最为熟悉、最为了解。这一方面,家庭成员相比学校教师占了绝对的优势。在学校中,教师对学生的教育与被教育关系,从教师的角度看是一种发散性的关系,一个教师同时要了解多个受教育者,故了解不易达到全面而深刻的程度。而在家庭中,家庭成员(主要是双亲)对儿童(子女)的教育与被教育关系,是一种聚合性的关系,几个家庭成员共同对被教育者进行了解,故这种了解就达到较为全面深刻的效果。正是由于家长对子女子解的深刻性,他们就可能通过子女的一举一动和言谈去把握他们的思想活动发展的脉络,在教育中就可以因事指导、因时施教,具有很强的针对性,这样,家长也就可能使家庭的教育在生活领域中按个别速度灵活地进行和实施。

综上所述,家庭对于受教育者的教育影响是无处不存、无时不在的。家庭是社会关系再生产过程中的一个强有力的现实机制,它不失为传输价值观念、社会经验、文化习俗的中心场所之一;家庭是开放于社会的,但却又是相对有条件地、能动地开放于社会的初级参照群体,它的重要性还在于能够发挥教育的"中介"作用。家庭在影响受教育者方面有着它的特殊性,它不仅提供着丰富广泛的教育内容,不仅与学校、社会一样积极地在受教育者身上形成模式化的行为,形成他们个性品质的主观序列,而且还提供着"内化"这些内容和品质的有利条件。

如何从质量和效果上优化家庭的教育功能,通过社会调查研究,我们认为需要引进一个一般性的原理,即家庭教育条件及家长主观教育态度上的适中原理。

经验和事实表明,若将有关家庭对教育起作用的因素(尤其是家长教育态度和方式方面的因素)依其性质程度的差别绘制成一条轴线,那么家庭教育的功效在该轴线上就存在着一个"优势区间"。某一家庭教育因素的作用在其优势区间内,其效果就达到了极限状态。很明显,这时若对这一因素在其性质上予以削弱,当然会有碍其作用优势的发挥,即会削弱家庭教育的功效;但另一面,此时若对这一因素在其性质上再行增强,结果也将有碍于作用优势的发挥,同样导致着家庭教育功效的削弱。显然,这个优势区间对应于轴线遵循着适中的原则。如图所示。①

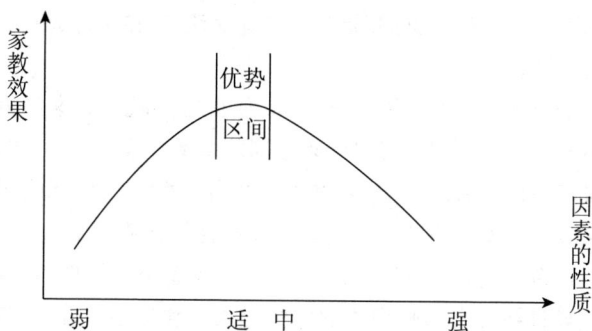

适中原则与家教效果

三、家庭因素对教育的影响

中国青少年研究中心少年儿童研究所对我国 400 名杰出青年发出问卷,加上个案访谈和资料分析,从他们的童年与教育中引出了一些有趣的发现。

西方社会学者普遍相信,家长的文化程度越高,其子女的学习成绩和品德表现越高;母亲对子女教育的影响超过父亲。而此次调查表明,杰出青年的父母多为普通劳动者,半数以上是工人、农民,另有 1/5 以上的母亲无业;父亲有 68％ 为初中以下文化程度,母亲的文化程度更低,1/3 以上为文盲,另有近 1/3 仅为小学毕业。贫寒家庭出英才,这些父母热切地希望子女通过受教育摆脱父辈的贫困和愚昧,对子女的期望值和投入高于其他家庭。

过去一般认为,一个人的智力发育在 5 岁前已基本成型,此次调查却发现,对杰出青年成才有决定性影响的两个重要时期是高中毕业以后和初中阶段,非智力因素的作用不可低估。尤其是初

---

① 鲁洁主编:《教育社会学》,535 页,北京,人民教育出版社,1990。

中阶段,小学阶段浪漫而幼稚的想法渐成过去,理想与信念开始变得清晰而坚定;成年人也开始尝试与其交流,对孩子的成长提供了有利的环境。

由于家长职业在类别上的不同,使得家庭教育和家庭生活都受到不同影响。如职业习惯带来不同的生活方式、工作方式,由此也形成了不同的家庭环境、家庭学习条件、学习气氛,不同职业类别的家长对子女学习的指导能力以及教育的自觉程度和教育方式方面均存在差别,他们的职业道德要求、职业修养等也不一样,这种种差异最终都会影响到子女的学习成绩和道德面貌,影响到他们心智和品德个性的发展状况。

家长的文化程度是影响子女学习成绩和品德面貌极为重要的因素之一。单单从学习指导能力来看,家长具备高等文化水平,相对其子女(中学生)就形成居高临下的"优势";中等文化水平的家长对其中学习的子女来说是"平势";而初等文化水平的家长相对而言则成为一种"劣势"。

我们对家庭的经济状况、物质生活条件这一因素对教育的影响可以得到两点认识。第一,家庭极端贫困,经济水准在温饱以下,就不能为其子女提供正常或必要的学习条件。这将严重影响子女的教育和身心发展。第二,超过满足其子女正常学习需求的家庭经济条件在任何幅度上的增长额,对于子女的学习和教育而言就不再产生有意义的影响和积极的作用;过于优裕的家境条件,可能反而容易养成子女养尊处优的品性,成为影响他们学习的不利因素。正如日本布赛曼研究中心指出的那样:家庭经济地位处于中上时,独生子女学业成绩较差;而经济地位相对略低,独生子女的成绩反而是优秀的。

家庭结构在其完整性上,可区分为常态家庭和非常态家庭。非常态家庭包括三种情况:一是双亲曾有过离婚史的离异家庭;二是父母或其中一方由于疾病、天灾等自然原因过早去世的缺损家庭;三是有继父(母)及收养关系的家庭。对于来自非常态家庭(尤其是离异、缺损家庭)的学生来说,这一非常态的家庭自然结构则可能成为他们学习、成长的精神负担。

应该看到,独生子女的家庭,在教育条件上起了某种变化。双子或多子女家庭的学生很早就生活在一个由兄弟姐妹组成的集体中,而独生子女的家庭缺乏这种集体气氛,缺少年龄相近地位平等的小同伴互相交往互相帮助的实际锻炼,他们往往不懂得同别人分享快乐,也缺乏关心别人的习惯。独生子女在与其双亲互动中成为中心,在家庭的物质生活上带有独占性。不少父母也未能意识到这些不足而设法去弥补。当然,独生子女的家庭条件也存在着不少有利因素,如独生子女的经济生活水平及教育抚养费用较为优裕,能充分享有双亲的爱护和关怀,其早期教育也更受其家长的重视,等等。调查采访也表明,独生子女在智力、才能等方面易得到相对充分的发展,知识面也比较宽广。因此,在独生子女问题上,日本山下俊郎认为,对独生子女的特异性不应轻率地下断语,而须联系他们的具体家庭环境、家庭结构、家长教育水平等条件去作更深入的研究。这些因素在扬抑独生子女性格特点、社会生活特点等方面产生着具体而实际的作用。诚如像他指出的那样:独生子女存在的种种问题并非来自独生子女本身,从主观方面是家庭中双亲教养态度、教育方式上的错误,从客观方面则是家庭中缺乏特定的教育因素(没有兄弟姐妹)。

家庭的气氛,指的是家庭成员在经常状态下占优势的、一般的态度和感受,是家庭生活中的一个非自然的主观因素。家庭中双亲与子女的互动及其影响,始终是在一定的家庭气氛之下发生的,因此家庭气氛直接影响着家庭教育的效果。

调查的结果表明:在"和睦"、"平常"和"紧张"三种不同的家庭气氛条件下,学生的学习成绩和品德等都存有显著的差异。"和睦"的家庭气氛下,学生的成绩和品德均优于"平常"的家庭气氛;

后者又均优于"紧张"的家庭气氛。

家长对子女的期望水平,对学生的学业有很大的影响,有关研究早已发现,家长对于子女的期望水平越高,则子女对自己学习成就的愿望越强烈,其学业成绩也普遍提高。[①]

在不同的家长期望水平条件下,中学生的学习成绩存有极为显著的差别。家长希望考上大学的学生,其成绩普遍高于家长希望考中专的学生;后者的成绩又普遍高于家长希望中学毕业后随即就业的学生。不同的家长期望,也使得学生的品德等第存有极为显著的差异。从总体上说,希望考上大学的优于考中专的,后者又优于希望随即参加工作的。

四、良好的家庭教育的基本条件

情境: 有一天,曾参的妻子,忙完家务,梳洗停当,便要离家到街上去。在一旁玩耍的小儿子,看见母亲要上街,就赶忙跑上前去,扯着母亲的衣襟,又哭又闹,吵着嚷着,要母亲带着他上街去玩。曾参的妻子怕儿子年幼,走不动路,不愿领他,但又被闹得没有法子,就哄他说:

"好乖乖,你还年小,留在家里吧,等我回来就把咱家的那头肥猪杀了给你吃。"

小儿子止住了哭声,眨了眨小眼睛,认真地问:

"真的吗?"

母亲只得又点了点头。小儿子天真的脸上露出了笑容,蹦着跳着,又到一旁玩去了。这情景全被站在旁边的曾参看见了。

曾参的妻子从街上回到家里,只见曾参正拿着一条绳子费劲地在捆家中的那条肥猪,身旁还放着一把雪亮锋利的尖刀,看样子,真的要杀猪。妻子一见慌了,急忙赶上前去拉住曾参,着急

---

① 黄佳芬等:《家庭与中学生学习的关系》,《上海师院学报》,1984年第2期。

地说：

"你是疯啦，还是怎么啦！当真要杀猪！我刚才是叫儿子缠的没有了办法，故意哄哄他，只不过是说着玩的，你怎么就当起真来啦！"

曾参捆好猪，喘了口气，严肃而认真地对妻子说：

"你做母亲的，不能欺骗孩子。小孩子啥也不懂得，只会学着父母的样子，听从父母的训教。今天，你说了不算，答应孩子的事不去做，哄骗了孩子，就是在教孩子也去讲假话，去欺骗人。做母亲的欺骗儿子，儿子觉得母亲的话不可信，以后即使再对他进行教育，他也就难以相信你的话了。这样做，怎能把孩子教育好呢？"

妻子听了，觉得丈夫的话句句在理。她佩服丈夫这种真诚对待孩子，说一句，算一句，精心培养孩子诚实品德的高尚行为。她想：做家长的，就应该像丈夫这样，成为值得孩子信赖的人。她不再阻止丈夫杀猪了。[①]

原理：只有创造良好的家庭条件，才能保证家庭教育任务的完成。良好的富有成效的家庭教育的条件，主要有如下几方面。

（一）父母的表率作用

人的最初道德观念、是非标准、为人处世的准则是从家庭中得到的。幼小的孩子没有与社会接触交往的经验，首先教他们认识周围的人和事的是父母。父母怎样对待生活、工作、学习，怎样对待社会、同事、邻里，怎样为人处世，认为什么叫好，什么叫坏等等，都在子女的头脑中留下深刻的印象，影响他们的认识和行为。所以，希望孩子具有什么品质、修养，父母首先应该具备这些品质、修

---

① 李宝林等编著：《第一任教师——古今名人家庭教育的故事》，1—3 页，郑州，河南人民出版社，1983。

养。从这个意义上说,"父母是孩子的一面镜子,孩子是家长的影子",这句话是正确的。

(二)民主和睦的家庭气氛

家庭气氛是家庭物质生活条件、父母文化和道德素质水平和家庭成员间相互关系的准则的体现。不同的家庭,由于家庭物质生活条件,父母文化素质水平,家庭成员间相互关系不同,家庭气氛也不一样。一个完美的家庭,一种民主和睦的家庭气氛是孩子健康成长不可缺少的条件。为了促进孩子德智体美全面发展,父母应努力建立一种民主和睦的家庭气氛。一般说来,民主和睦的家庭气氛,归纳起来有如下主要特征。①父母之间,互相关心、互相尊重、相互支持、互相体谅、互相爱护,共同关注孩子的长成。②父母和孩子之间,建立一种民主平等的关系。为了子女的健康成长,父母对子女既不应当采取溺爱的、放任的态度,也不应当采取粗暴的、专横的态度,而要采取民主的态度。既有父母对孩子思想上和生活上关怀、期待、鼓励、循循善诱、严格要求,又有孩子与父母一起交流思想感情,感受到心理上的满足。明智的父母要理解孩子,尊重孩子,信任孩子,对孩子的每一个要求都细心考虑,合理的一定满足,不合理的给予正面教育,不该满足的就不能满足。父母可以满足孩子的要求,也要求孩子满足父母的要求,听从父母正确的教育,承担他们应当承担也能承担的责任。③父母为孩子的健康成长既提供所需的物质条件,创造安静的学习环境,又提供丰富的精神养料。④建立合理的生活制度,按时起床、睡眠,科学地分配一天学习、活动、劳动、休息的时间,有规律地生活,完成各自分担的家庭事务。

(三)父母的文化修养

改善家庭教育,提高家庭教育质量,基本的一条是提高父母的文化修养。今天的孩子同样面临新的科技革命的挑战,他们求知欲强,兴趣广泛,这就要求父母不断充实和更新自己各方面的知识。实践证明,如果父母事业心强,刻苦学习,具有正确的思维方法,使家庭生活有丰富的精神内容,生气勃勃,那么在这样的家庭中,孩子在父母的熏陶下,容易形成良好的学习习惯和学习方法,热爱学习,渴求知识。缺乏教养,又不学习的父母,不仅不能指导子女学习,而且还可能不能以正确的思想和态度对待子女的教育。如有的父母在子女学习时,毫无顾忌地在一旁看电视,听收音机,或与宾客来往频繁,高声谈笑,打牌,娱乐;有的父母只注重家庭物质生活的提高,不考虑精神的丰富;有的父母表现出对工作的冷漠,对朋友的虚伪,对社会缺乏责任感;有的父母不是以诚实的劳动为社会作贡献,而是热衷于拉关系走后门,攫取物质利益、社会地位等,都不利于子女的健康成长。

(四)正确的教育观点和方法

每个父母都希望子女成才,希望子女胜过自己。但不少父母却不懂得儿童心理,不了解青少年成长的规律,不能根据儿童的特点进行教育。有的是根据父辈教育自己的办法教育孩子,有的则从自己的意愿出发,把自己的意志强加于孩子,这样便搞不好家庭教育。教育孩子是一门复杂的学问,不仅要有广泛的知识,而且要学习教育,心理科学的专门知识,掌握教育规律和教育的方法与技巧。父母光爱孩子并不等于教育,只有遵循教育的规律,按照孩子身心发展的特点,才能引导孩子健康成长。需要指出的是,教育观点和方法与父母自身的修养是相联系的,缺乏良好的修养,即使懂正确的教育观点和方法,也不能在实际生活中加以应用。

3

校外之校——社区文化对学生的影响

引言：社区，是社会学中一个以空间形式反映人们社会生活的概念。社区文化作为社会环境的存在，对学校、学生都产生着多方面的影响，应该引起教师的注意。

一、社区文化的影响方向和程度

社区文化是指社区内一种高度的共同一致的文化。它拥有区别于其他社区的独特的行为系统，明显的居住形式，特殊的语言，一定的经济体系，一种特定的社会组织，以及某种价值观念。它有力地约束着社区内人们的行为方式和思维方式，对教育和人的发展方向有着潜在的影响。社区文化对学校、学生的影响方式，如下图所示：

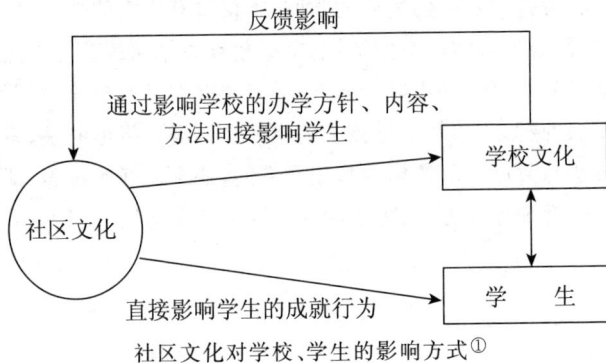

社区文化对学校、学生的影响方式[1]

---

[1]　鲁洁主编：《教育社会学》，366 页，北京，人民教育出版社，1990。

学生受到社区文化的陶冶或熏染的性质、方向和程度是不一样的,从大范围上可分为城市与乡镇区域。城市是经济、政治、文化中心,其文化特质,表现出一种开放、进取、自由、崇尚创新的精神;城市家庭的规模小,家族观念较淡漠,城市生活方式变化大且快,层次也较高,具有多样化、个性化的特点;人际关系以业缘联系、间接接触为主,因而人际关系不太深;生活节律快,时间观念较强。

城市学生兴趣广泛,热衷于课外兴趣小组,注意服装的样式。城市学校的学生犯罪和种种社会越轨行为较之农村学校多。在交往意向方面,城市学生更多要求对方活泼、开朗、有特长、有幽默感。

在农村,经济活动较为简单,分工和职业门类较少。尽管目前一些发达地区也开始呈现产业结构的多元化发展,但并没有改变乡村式的社会氛围。农村血缘、家庭观念浓厚,传统习俗较多,也构成了乡村文化精神娱乐的一种方式;乡村中人与人直接接触为主,因而关系自然、密切,表现出一律化的特征,而缺乏个性,受传统的伦理规范的约束较多;生活节奏较为缓慢,时间观念不强,表现为一种小农的农本主义倾向,安居而不重迁。

农村学生喜爱体育活动,愿意承担社会工作。在交往意向上,农村学生更多地要求对方持重、守纪律、勤劳、有集体责任感,较少地要求对方活泼、开朗、有幽默感。在学校存在问题上,农村学生犯罪远远少于城市学生,但以性犯罪居多。但近几年农村少年犯罪有明显上升,从农村文化角度看,与封闭型农村文化的变迁和逐渐解体有关。过去农村处在封闭落后状态的时代,道德、舆论对人们深层感情的压抑,对行为的外在制约、控制作用很强。在开放的背景下,这种非制度控制力弱化了,而各种"庸俗文化"乘虚而入。加之青少年的自控能力不够强,学校的思想政治教育又不能满足他们心理发展的需要,所以青少年各种越轨的行为甚至犯罪行为就会急增。这是近些年农村教育中面临的一个新问题。

在集镇,经济结构具有混合性特点,农工商一体化,职业结构又有兼营性,亦工亦商。集镇既是农村居民的政治、经济和社会活动的中心,又是城市科技、经济和文化向农村辐射的中转站。其居民则具有独特的生活方式,比乡下人"洋",比城里人"土",属于一种过渡型的生活方式。集镇文化表现为一种融合和功利的精神,即对城市文化的敏感,吸收很快,并对乡土文化进行融合和"翻译"。集镇居民在价值观上比城市、乡村居民更讲究实惠、功利。

集镇学生是城乡学生的兼容,上能登大雅之堂,下能走田间小路。有很强的适应能力,因为有较广泛的选择范围,集镇学生的个体差别明显,城市型与乡村型共存,或在某些项目上表现出不同的城乡倾向。

农场是一种接近集镇文化的另外一种生产性的社区文化。它标示着一种先进的农业生产力和广阔的生活天地,农场不断吸收外来的优秀文化,表现为博大与精深的文化特征。农场学生既有农村学生的朴素、刻苦和乐群特征,又有城市学生交往意向中的时代个性,学校问题类似集镇,介于城乡之间。

教师在教育观察与分析学生问题时,要了解不同社区文化之间的差异,又要把握所在社区的教育影响特征,并据此制订相应的教育方案和措施,才可能全面地完成素质教育的任务。

二、社区在发展教育中的功能

(一)服务功能

服务功能是指社区对教育事业具有强烈的认同意识和自我意识,把教育的发展真正当成与社区的利益密切相关的事,置于应有的重要地位。因而,社区教育机构主动了解、支持教育,参与教育改革,调动各方面的积极性和办学力量,协调教育与其他部门的关系;创造与学校教育内部管理机制(如校长负责制)运行相适应的外部环境和条件,采用多渠道多形式的宣传途径,形成社区尊师重教的社会风气,帮助学校改善办学条件,为广大教师做好事、办实事;积极配合学校教育、家庭教育,优化青少年健康成长的社区环境,并为学生接触社会、参加社会实践、扩大视野、培养劳动技能等提供方便条件,为青少年提供良好的生活、学习和课外文娱活动的场所;对青少年的教育实行综合治理,预防他们犯罪和教育挽救失足青少年。

(二)教育功能

这是社区在社区教育中一个重要的功能,但常常被人所忽视。在开放的时代里,促进个体的社会化和德、智、体、美、劳全面发展,只凭学校教育的"小气候"是难以奏效的,而必须得到社会的支持和配合,形成一体化的社会环境。尤其对学校的德育工作来说,更有必要朝"德育社区化建设"的大方向发展,即要根据当地经济、社会发展对劳动者思想品德素质方面的要求确定本社区的德育目标、内容、途径,并综合开发和联合社区内各种德育力量进行立体化、综合化的德育工作。

首先,社区环境对儿童青少年乃至成人来说,是最直接、最具体可感、生动形象的社会氛围,它间接地反馈整个国家和国际社会的信息,它对人的影响往往超过整个社会或国际社会。其次,生长在不同社区文化背景中的人,在思想道德观念和价值取向等方面也有着不同的特点,沿海的城市社区与内地的城市有别,城市社区与一般农村社区又有差异。据调查,经济价值在广州学生心目中的地位要比西安学生重,比例是58%:40.1%,差异显著;另外,在政治观、学习观、交往观等方面,广州学生与西安学生也有所不同。再者,我国经济发展的不平衡性,意味着我国不同社区的经济、社会发展的水平、目标、方向等都具有区域性的特点。经济发展的社区化,必然要求德育的社区化。具体说,要改革全国一统化的德育目标,除培养学生具有社会所共有的基本的行为道德规范外,还需建立具体化、现实化、整体化、连贯化的社区性德育目标,以培养学生具有能促进当地经济、社会发展的思想道德素质和价值观念(起点性目标);德育内容框架也要有一定的弹性,在一般要求的基础上,应允许和鼓励地方用乡土教材、地方教材等形式充实教育内容,使德育工作更切合实际,富有针对性;在德育途径、方法方面,则可积极开发社区各种潜在的德育力量,如,开发利用有关爱国主义和革命传统教育的基地,利用反映改革开放成就的现实材料(乡镇企业、农民企业家和城市新兴工业城等);利用其他党政和文化机构的优势等。

(三)宣传功能

这也是被许多社区机构所忽略的功能。它利用有效的大众传播媒介(如社区报纸、黑板报、广播等)与教育文教单位交流工作信息、动态、经验、反馈社区学校动态,是宣传、强化尊师重教,培养对教育的认同和自我意识的有效途径。社区教育机构宣传功能的发挥水平如何,影响到其他功能的实现。

(四)经济功能

由于普教和中等职业教育主要是为当地建设服务的,为此地方和区域负有为教育筹集资金的主要任务。在当前我国所实行的教育体制改革将上述两种教育下放到地方(社区)去办。在这种情况下,社区的教育投入,社区能否坚持"两条腿走路",发动社区个人或集团等各种力量为教育集资,以补教育经费之不足,改善办学条件乃至教师的工作、生活待遇,这对社区学校来说是至关重要的问题。近十年来,无论城市社区还是乡村社区,集资办学已蔚然成风,有力地支持和促进了教育事业的发展。

(五)协调功能

协调社会大众传播媒介所产生的教育影响与学校教育目标的关系,大众传播媒介对学生的教育影响有积极与消极之分。积极的方面是为学生丰富、开拓知识面提供了条件,尤其是对新科技的学习与符合我国社会主义社会发展的新价值观的教育方面,起到有效的补充,甚至在某种程度上校正了学校教育中一定的保守性影响。此外,大众传播媒介的多种技术手段与形式,提供了学生自行选择、参与社会文化娱乐活动的条件,对学生兴趣爱好的培养、特长潜能的发挥、自信心的增强、参与意识的形成、竞争与交往能力的提高和课外活动的丰富都可产生积极的影响。消极方面主要表现为信息过量、杂乱和接受者的一知半解,带来学习上的浮躁和正规学习时间上的减少;青少年通过文艺书刊、影视等传播媒介,往往过早地接触纷繁复杂的成人世界,带来某些非正常的心理早熟;某些不健康的价值观念的传播,以及某些不适宜于儿童和青少年的内容,削弱、抵消乃至负于学校价值观教育的成效,等等。学校怎样有效地利用积极面,抵制与克服消极面,就成为学校教育中需要研究的突出课题。

4

新的教育机制——家庭、社会、学校间的结合

引言:家庭教育、社会教育、学校教育各自的地位、作用和特点,在前面几节我们已经分别论述过了。下面我们将从三个方面谈谈家庭教育、社会教育、学校教育的协调一致、互相配合的重要性。

一、家庭教育、社会教育、学校教育协调一致、互相配合的重要性

(一)家庭教育、社会教育、学校教育的协调一致、互相配合有利于实现整个教育在时空上的紧密衔接

家庭、社会和学校这三个方面以不同的空间和时间形式占据了青少年的整个生活。据了解,城市中小学生目前平均每天在校活动时间一般不低于 6 小时,在社会上每天活动 3~4 小时,其余在家庭。家庭、社会和学校三个方面中的任何一个方面失控,都会导致整个教育在空间和时间上出现断层。据有关方面的调查了

解,在目前,辍学,家庭有缺陷,以及居住在风气不正的居民区内的青少年,犯罪率很高。据中国社会科学院青少年研究所等单位在天津市的调查统计:1981年,天津市初中在校生的犯罪率为0.43‰,辍学生为6.7‰;辍学生比在校生的犯罪率高15.6倍,比我国同年青少年违法犯罪率高5倍多。1980年和1981年天津市少管所内辍学生的比重高达50%左右。另据一些方面的调查,在青少年罪犯中,家庭有缺陷的达35%以上,而且这种情况在女性青少年罪犯中表现得更为突出。辽宁社会科学院曾对469名犯罪青少年进行调查,发现在他们当中,邻居朋友被判刑的就有181人,占整个人数的40.7%。这三组数字从反面告诉我们,家庭教育、社会教育和学校教育无论那一个方面出现空白,都将使对青少年的各种教育无法有机地衔接起来,使青少年在一定的空间、时间范围内放任自流,失去控制,从而为一些不健康的东西乘机渗入提供了机会。因此,搞好上述三种教育的衔接和协调,是整体化教育的一个十分重要的方面。

(二)家庭教育、社会教育、学校教育的协调一致、互相配合,有利于保证整个教育在方向上的高度一致

家庭教育、社会教育、学校教育之间,除了在时空上不能出现断层外,还有一个在方向上能否保持一致的问题。在实际教育工作中,我们常常能看到这种情况,学生在学校中所受的思想教育,在校外常常会被家长那几句"人生真谛",或朋友的几句"肺腑之言"冲得一干二净。家庭教育、社会教育和学校教育如果在基本方向上不能保持高度的一致,那么,它们各自的作用不仅会互相抵消,还会给学生的思想造成很大的混乱。来自全国许多地方的专门性研究都指出,当前一些反动、荒诞、淫秽的戏曲、电影、录像、书刊、画片、照片、歌曲、手抄本等,对青少年的危害极大。据统计,在当前的青少年犯罪分子中,有2/3的人读过"淫秽"的手抄本,或者受到过其它不健康的书画、录像的影响。因此,作为一个教育工作

者,必须时刻对家庭、社会、学校教育的方向问题,给予极大的关注。应当指出,当前家庭、社会、学校教育在方向上不能保持一致的问题仍然相当突出。一方面,随着我国对外开放政策的实施,国外资本主义各种思潮,以及其它形形色色腐朽没落的东西,有了更多乘机渗入的机会;另一方面,我们的社会教育、家庭教育在方向上还存在着不少问题。例如,一些有条件从事社会教育的单位,不仅不积极地担负起对青年一代实施教育的任务,反而以营利为目的,出版、发行、播放一些有害于青少年的东西。另外,随着独生子女的日益增加,家长对子女溺爱、娇生惯养的倾向也日益突出起来。这些说明,增强社会各个方面的社会责任感,统一组织好社会教育的工作,提高家长的教育素养,从而切实做好家庭、学校、社会教育在方向上的协调一致工作,在我国应予以高度重视。

(三)家庭教育、社会教育、学校教育的协调一致、互相配合,有利于实现各种教育间的互补作用,从而加强整体教育的有效性

家庭教育、社会教育、学校教育不仅在时空上有所不同,而且在教育内容、教育方法、教育效果上也有各自的特点。例如,在家庭教育中,由于教育者与受教育者之间有一种亲密的血缘关系,因此,在教育中常常伴随着丰富的感情色彩和信任气氛。尤其在教育幼小儿童方面,家庭教育有其得天独厚之处。学校教育有严肃性、统一性、系统性和在集体中进行教育的特点,这些特点有利于青少年系统而又坚实地打好智力发展和思想品德形成的基础。另外,师生之间的特定关系,以及学校的集体生活十分有利于学生了解家庭以外社会关系的基本准则。许多人都有这样的体验,在家庭中十分自私和任性的孩子,在学校集体中,在老师面前常常会收敛许多。而社会教育在内容上具有多样性、实用性、及时性和补偿性的特点,所采用的教育方式也更加灵活多样,这既有利于青少年在更加广阔的范围内了解自然和社会,也有利于他们发展个性品质以及兴趣爱好。常常可以看到这样的情况:许多孩子在学校中

没有出色的表现,但在少年宫、俱乐部、业余体校、少年科技馆、少年之家所组织的各种社会教育活动中,却显示了他们在书法、美术、音乐、体育,以及发明创造方面的较高才干和巨大的发展潜力。由于家庭、学校和社会教育有着各自的特点和优势,因此,对于一个特定的教育目标,有时通过家庭教育或社会教育的方式不能顺利实现,通过学校教育的方式却能顺利的实现,反之亦然。有时通过一种教育途径不能顺利实现,通过几种教育途径的共同作用却能实现。这是因为,由于每个人的遗传素质不同,每个人的生活环境和成长道路也不同,因此,他们对家长、教师、同学和朋友的信任程度也会有所不同,对不同的教育活动会产生不同程度的认同或排斥情绪。一般来说,受教育者对教育者的信任程度越高,对教育活动本身越感兴趣,教育效果就越好。否则就相反。总之,家庭、社会和学校这三种教育是各有特色的,它们之间很难互相代替,只有把这三个方面协调一致起来,取长补短,充分发挥它们各自的特长和多渠道一致影响的叠加效应,才能取得最佳的整体教育效益。

二、学校与家庭联系的基本内容和方式

(一)互相访问

优秀班主任以及责任心较强的家长都把互相访问看成是教育学生或子女的一种必不可少的手段。互相访问的内容无外乎三个方面:一是了解孩子所在的学校、班级和家庭的基本情况。在教师方面,要了解学生家庭的政治、经济情况,学生生活学习的环境条件,家庭主要成员的职业、文化水平和特长,家庭的传统与作风,以及学生在家庭中成长的历史,学生在家庭中所表现的个性特征、兴趣爱好等。在家长方面,向熟悉孩子的班主任以及各任课老师,了解学校、班级的环境和学习条件,知道学校对孩子所提出的各种基本要求,以及家长应该给孩子提供的各种条件。二是互相通报学校、家庭近来发生的重要变化,以及孩子在学校、家庭中的主要活

动、表现和进步状况。三是共同协商和制定今后教育孩子的步骤和方法,做到互相协调、互相配合,防止不一致现象的发生。

教师与家庭互相联系要注意三个问题。①要坚持经常。不要等到问题成了堆,一方面无法解决,才匆忙找另一方面帮助解决,从而使访问变成了"告状"。②双方都采取实事求是的态度。特别是家长,不要怕孩子"吃亏",而隐瞒孩子在家庭或社会上的一些不正常的表现,以免贻误教育时机。③教师与家长联系要注意孩子的心理变化,不要让孩子觉得老师和父母在密谈什么对自己不利的事情,从而产生反感。如果条件和内容允许的话,应邀请孩子共同参与谈话,以增进融洽的气氛。

(二)通讯联系

通讯联系的主要方式有:传递书信或联系卡、打电话、捎口信和寄送学校出版的《校刊》《校报》《家庭教育通讯》等,它的特点是联系面大、快捷、省时、比较容易保持经常。主要用于传递学生的学习成绩和平常表现的信息,通报学校和家庭发生的重要变化以及提出的新的要求,宣传家庭教育的科学知识,推广教育子女的好经验等。

但是应注意,由于这些方式所携带的信息量有限,许多情况用简短的几句话不易说清楚,因此,对于孩子发生的反常行为,或者准备对某个孩子实施一项较大的教育计划,家长和教师还应通过互访的形式详细面谈,以求得进一步的了解,以及互相配合和支持。

(三)召开家长会

召开家长会是目前我国中小学校与学生家庭保持联系的主要方式之一。主要有全校性家长会、年级家长会和班级家长会三种形式。最常采用的是班级家长会。

召开家长会的特点,是学校方面能在比较短的时间内与绝大多数家长取得一般性的联系,联系面广泛,效率高。但教师一般不能与每一位家长就其子女的学习状况与发展问题进行详谈。家长会一般主要在学期初、期中和期末召开。其主要内容有:教师向家长报告班级或学校教育工作的基本情况和今后工作计划;向家长提出要求;征求家长的意见;表扬三好学生;请家长介绍教育子女的经验;和发放学生学年成绩册等。

召开家长会时,事先应有充分的准备,目的要明确,中心要突出,选择时间合适,内容要丰富,以利于更多的家长参加会议和更有效地完成学校与家长的联系工作。

(四)在学校中组织家长委员会

学生家长以某种组织的形式直接参加学校教育工作,在国外历来很盛行。近几年,这种形式在我国也有所发展。家长委员会一般有学校家长委员会和班级家长委员会两种形式。其人选是由家长们推举,并和学校方面共同协商而产生。

家长委员会主要特点是,家长对学校工作的参与性很强,它既有利于提高家长对学校工作的责任感,也有利于争取更多的方面支持学校的工作。

组织家长委员会最主要的是注意人选问题。应选择那些对学校工作热心、联系和活动能力较强、教育子女有方、在家长中有较高威信的人。同时还要考虑入选家长的代表性。

(五)举办家长学校

鉴于目前我国相当数量的家长的教育素养较低,他们对子女教育问题往往是心有余而力不足,因此,近几年,我国许多省市的中小学以及工会、妇联、党派等社会团体都开展了举办家长学校的活动。据报道,目前有一些省,在家长学校中受过轮训的家长已达几十万人。

家长学校的主要教育内容,是请校长、教导主任、教师和有关的专家讲解有关心理学和教育学方面的知识。有时也请家长们互相交流有关教育子女的经验和体会。

家长学校最主要的特点是,能从教育理论方面给家长以指导,从而为今后学校教育与家庭教育的协调一致打好基础。

举办家长学校,要合理地安排时间,尽量争取让更多的家长有机会参加学习。还要精选教育内容,注意联系家庭教育的实际。

三、学校与社会教育机构联系的内容和方式

学校与社会教育机构的联系范围相当广泛,从目前的情况看,主要有:

(一)建立学校、家庭、社会三结合的校外教育组织,使学校与学生主要居住区间形成稳定的联系

三结合的校外教育组织,一般是由学校一位教师、学生主要居住区(村、镇、街道等)管校外教育的同志以及家长代表共同组成。

这个组织的主要任务是:交换情况,研究学生在学校、家庭和社会上的表现;制订、实施、推广好人好事和改造后进生的计划和措施;在学生居住区内组织各种校外活动小组,共同协商解决学生进行勤工俭学、校外文娱体育活动所需的器材、指导教师和场地等问题。

三结合的校外教育组织的特点是比较稳定,有专人负责,如果专职人员选派得力,活动开展的较好,能大大推动学校、家庭和社会间的协同和配合。

(二)学校系统与宣传部门建立联系,共同开展一些对学生有益的活动

学校系统与校外宣传机构建立联系,主要有三个方面的内容:一是及时向宣传部门反映学校近期开展的活动,力求通过各种宣传渠道让更多的人了解和支持学校教育;二是向出版部门、电台、电视台反映学生对各种读物和广播、电视节目的需求情况,并提出哪些类型的读物或节目会给学生的健康成长带来有利或不利的影响,争取这些部门为学生出版和制作更多有意义的、喜闻乐见的读物和节目;三是与报社、杂志社、电台、电视台以及青年团、少先队

等组织共同举办青少年智力、作文、美术、书法、摄影、小发明小创造等各种形式的竞赛活动,共同组织各种讲演会、专题报告会,以大面积地推动学生课余活动的开展。

学校与宣传部门共同开展活动,可以吸引更多的学生参加活动,影响面大,这是我们今后应注意发展的方面。

(三)学校与社会公共文化机构建立和保持经常性的联系

学校与社会公共文化机构建立联系一般有两个内容。①安排学生到公共文化机构进行活动。如,组织学生到博物馆、展览馆进行参观,安排学生到影剧院观看有教育意义的电影和文艺演出,为学生办理图书馆阅读卡片,帮助学生办理使用体育场(馆)、公园等处设施和场地的手续,以及请这些部门的同志到学校进行辅导等。②请这些部门的同志帮助把关,引导学生不去阅读或观看他们暂时还不宜接触的读物、录像、电影,不去参加他们暂时还不适合参加的,诸如舞会、拳击比赛等活动,同时,还要请这些部门的同志,能把在公共场所有不良表现的学生及时反映给学校。

由于希望到这些社会文化机构进行活动的学生较多,而这些部门的管理人员和场地容量又有限,因此,事先双方一定要作好周密的安排。学校应派专人具体负责,加强学生的组织管理。有条件的话,双方可以共同制定一些协议和制度,以保证相互配合的稳定性。

(四)学校与社会专门性的社会教育机构建立稳定的联系

这种联系主要有两个方面内容。①请少年宫、文化宫、少年科技馆、业余体校的专职教师到学校进行辅导,推动群众性的学生业余文体、科技活动的开展。②帮助这些机构物色和选拔有发展前途的苗子。

(五)学校有选择的与有关工矿、企业、村镇、部队等建立联系

建立这种联系的目的,一是请这些部门的优秀同志到校作报告,或聘请他们做校外辅导员;二是组织学生到这些地方进行参观、访问和劳动。

最后需要指出的是,在我国,家庭、学校和社会的根本利益是一致的,这为家庭、学校和社会相互支持和协作提供了良好的前提条件。但也应该看到,由于各方对各自教育责任的理解不同,对青少年的看法不同,所信奉的教育思想不同,因此,三个方面有时也会在一些问题上产生分歧。三个方面的协同工作,要统一在社会主义的教育目的和方针上,统一在教育科学理论和教育规律上。

一般来说,在三个方面的协同和配合中,学校应起主导作用,这是因为学校是专门从事教育的机构,在教育青年一代方面有优于家庭和社会的各种条件。学校责无旁贷地应成为三个方面互相联系、互相配合最积极的倡导者和组织者,而其他两个方面应大力支持学校的这项工作。

▲附录:如何看待媒介对儿童的影响

主 持 人:王劲松　光明日报记者

特邀嘉宾:卜　卫　中国社科院新闻所

记者:目前,很多家长和教育工作者都对媒介对儿童的影响问题很关注。能不能谈谈您对这些问题的看法?

卜卫:随着传播技术的进步,每一个新媒介的产生,从 20 世纪 20 年代初的电话、电影和收音机,到 20 世纪中叶的卡通漫画、电视、流行音乐带,以及 90 年代的电子游戏、计算机和互联网,都引发了关于媒介影响的讨论,并产生了成千上万份研究报告,从中至少得出三个基本结论。

一、所有的媒介影响都不是直接的因果式的影响,而是间接的,它通过许多因素起作用。这些因素被称为中介因素,包括儿童年龄、性别、家庭经济状况、家庭关系、家长文化程度、伙伴关系、教师态度等。美国学者施拉姆强调:要了解电视的影响,不能仅仅了解电视,更重要的是要了解儿童的生活及他们如何使用电视。所以,如果说媒介对儿童有影响,这个影响就是媒介因素与儿童的生活因素共同发生作用的结果。

二、在接触媒介时,儿童不是一个被动的接受者,是出于某种需要,在传播学里,这些需要被称为"媒介需要"。1992年以来,根据对中国儿童接触媒介的调查研究,我对中国儿童的媒介需要作了归纳,发现:我们的孩子接触媒介主要是为了满足伙伴交往需要、逃避现实需要、娱乐需要、社会学习的需要等。儿童选择不同的媒介、不同的媒介内容来满足不同的需要,将导致不同的媒介影响。

三、在儿童(尤其是年龄较小的儿童)接触媒介时,如果得到父母的及时、正确的指导,儿童就能从媒介中获得许多有益的帮助。许多对比研究发现,经过指导的儿童比未经过指导的儿童更有自主性,更能熟练地获得和理解信息内容,并且更经常地利用媒介解决现实问题。对儿童的媒介接触进行必要的指导,这在美国、英国等国中小学已发展成专门的课程,叫"媒介教育"。

记者:看来这些基本研究结论在中国还不普及,因为一些教育者、家长习惯将儿童身上的问题归罪于媒介的影响,很少去从儿童的个体生活中寻找原因。

卜卫:是的。从经验中可看到,很多孩子看了同一部电视片,却受到了不同的影响。我们也可看到,无论学习成绩较好或较差的儿童,都很喜欢玩电子游戏。在大多数情况下,每个人所受到的影响因每个人的情况而有所不同。所以,因为个别儿童接触某些媒体出现了问题,就禁止全体儿童接触某些媒体是不合道理的。大家都认为电视、电子游戏有很多负面影响,书籍和计算机正面影响多。但我要说,这可不一定,因为影响因人而定,不同的儿童选择了不同的内容,接受了不同的价值观念,学到了不同的知识,享受了不同的娱乐方式,影响很可能就是不同的。

记者:前两年,有些报纸上有不少关于组织儿童宣誓告别电子游戏的报道,您怎么看?

卜卫:我觉得不对。在这里,我要特别强调儿童权利问题。进行娱乐活动是儿童的权利,在课余时间,儿童有权利选择自己喜欢的娱乐活动。国际《儿童权利公约》第31条规定:儿童享有休息和闲暇,从事与儿童年龄相宜的游戏与娱乐活动,以及自由参加文化生活和艺术活动的权利。我国已签署儿童权利公约,并经1992年全国人民代表大会批准实行此公约。因此,在课余时间,儿童有权利自由选择接触任何儿童媒介,无论广播、电视、电子游戏还是报纸或书籍,也有权利满足自己的娱乐需要。

记者:您谈到了娱乐,但是不是也应该考虑儿童作品的教育意义?

卜卫:要考虑。这是社会和媒体义不容辞的责任。但现在的主要问题是:成人很喜欢将媒介当做课本一样的教育工具,希望它能增长知识。这不是什么坏事情,但要知道,儿童接触媒介与成人一样,大多是为了满足寻求信息和娱乐的需要,而不是为了接着上课。北京少年漫画执行主编林阳就纯娱乐问题说过:最重要的问题是应该怎样理解儿童作品的教育意义。儿童那么喜欢米老鼠、唐老鸭,就是看着好玩,难道我们不应该让儿童看着好玩吗?一部给儿童看的作品,我们总要问,它给儿童带来了什么,这个"什么"仅仅指"思想"或"知识",难道想象力、创造力和幽默感对儿童就不重要吗?我很赞同这个观点。

记者:其实很多家长、教育者担心儿童沉溺在娱乐中,会导致学习成绩下降。曾有过这样的报道,玩电子游戏导致了儿童的学习成绩下降,您怎么解释这个问题?

卜卫:我也看过这样的报道。不仅媒体,其实一些研究者也相信这种简单的因果关系。但国内外已有的研究说明,二者确有相关关系,但相关不等于因果。也有的研究发现:学习成绩低的儿童更喜欢玩电子游戏,即成绩低是原因,玩电子游戏是结果。一些研究从心理学角度说明了这种关系。学习成绩低的孩子缺乏成就感,更依赖于幻想世界中的成功,作为一种心理补偿。因此,对这些孩子来说,最重要的不是禁止他们玩电子游戏,而是帮助他们在现实生活中获得成功。

记者:在社会上,有些人认为阅读比看电视更有益,有的则认为,电视有电视的益处,阅读有阅读的益处,您怎么看?

卜卫:书籍是否对儿童有益,至少与下列因素有关:1.年龄。如儿童出生两周后就可看电视。常看电视的儿童比不看电视的儿童得到的外界刺激更多,心理和思维发展更快,语言学习较快,同时认识事物的能力也较强。但到10—12岁时,喜欢阅读的儿童比不喜欢阅读的儿童语言学习和运用、智力增长等方面更强一些。不同年龄的儿童对不同媒介的需求是不同的。2.阅读能力。儿童间个体差异很大,同一年龄段的儿童阅读能力是不一样的。在阅读能力相对较弱的儿童群体中,可能电视对他们更有益。3.余暇时间。如果儿童忙于作功课,余暇时间很少,看电视比阅读会更能使儿童放松。4.书籍或电视的内容。若希望儿童增长知识,电视和书籍都能达到增长知识的目的。同样,书籍和电视也都具有娱乐功能。所以,阅读是否就比看电视有益,没有一个绝对的结论。对于不同年龄、不同个体的儿童,阅读或看电视的作用是不同的。

记者:现在很多家长给孩子买电脑,希望计算机能促进孩子的学习,您如何看这个问题?

卜卫:计算机的确有促进儿童知识增长的功能,但这不是计算机惟一的功能。对儿童使用计算机,目前有几种观点非常值得考虑:第一,儿童若喜欢用计算机从事娱乐活动,这是他们的权利,并且娱乐将有益于他们的身心健康,还能使儿童亲近计算机,培养儿童对计算机的兴趣。第二,研究表明,计算机最好的用途之一是帮助儿童学会探索未知事物,享受创造的乐趣。孩子的发展,不在现在能学多少知识,而在将来的学习潜力有多大。第三,计算机及其计算机网络将成为未来社会的巨大载体。学习如何使用计算机处理信息和娱乐资源将有利于儿童的未来发展。

情境练习：

1. 下面是李钢先生与一个孩子的谈话，请从教育环境影响的角度分析孩子的思想及其成因。你如果与这个孩子谈话，怎样进行有针对性的教育？你会组织哪几方面的教育力量参与？在组织过程中可能会有哪些困难？你在协调各种教育因素时，个人的社会交往能力的准备是否充足？

李钢在 6 月 6 日《重庆晚报》撰文，记叙了他在"六一"节的傍晚，与一个孩子的谈话：

这是一个早熟的儿童，口齿伶俐，学习成绩优良。我首先向他祝贺节日，我们的谈话就从节日开始。

（我先问）"今天上哪去玩了？"

"没上哪儿，在家和同学玩电脑。还看了柯受良飞车过黄河。"

"当时有什么感觉？"

"很紧张，心都提到了嗓子眼儿。不过……我更希望他掉下去。"

（我大吃一惊）"为什么？"

"叔叔，你不觉得那才更刺激吗？许多人急得团团转、追踪、打捞、抢救……当然，他最后成功了，也挺不错。"

"你崇拜柯受良这样的勇士吗？"

（眨眨眼，坚决地）"不，不崇拜，我有自己的理想。"

"你的理想是什么？"

（笑起来，很干脆）"挣大钱。"

"我是问你将来想当什么样的人，比如工程师、科学家、商人……"

"那还用问，哪个挣钱多就当哪个。"

"你为什么想挣大钱呢？"

"叔叔,你想想,这个世界没有钱怎么行? 有很多钱才能享受,我将来要买汽车、买房子,还要周游世界。"

"如果你的老师让你谈理想,你也这么说吗?"

"不,那可不行。跟他随便谈一个他希望听的就行了。反正将来他也不会跟着我调查。"

"你说你将来要买汽车,有了汽车,你会不会像柯受良一样去冒险?"

(轻蔑地一撇嘴)"我才不会像他那么傻呢,那多危险呀,一不小心,命就没啦。"

"你不是说你要挣大钱吗? 像他那样冒险也能挣大钱呀?"

"咦,叔叔,钱挣得再多,也得活着花呀,人死了,钱就是一堆纸,这个道理,你还不明白。"

"你这么喜欢钱,如果身上的钱突然有坏人来抢,你会跟他们搏斗吗?"

"不会。我会把钱给他们,然后再去报告警察。"

"你喜欢警察?"

"喜欢。"

"将来愿意当警察吗?"

"不愿意。"

"这么说你只喜欢别人帮助你,却不愿意帮助别人?"

"世界上这么多人,干嘛非要我当警察不可呢? ……叔叔,你怎么比老师还要讨厌啊!"……

2. 下面是英国学校与家长在学生教育中合作的实况。设想一下你将来怎样请家长介入学生教育活动? 会产生哪些好的效果?

在英国工作期间,女儿随我在那儿上小学。作为家长,我有幸参与一些小学的教学、课外活动。那里的家长在学校各项活动中起的特殊作用使我耳目一新。

在小学校园里忙碌工作的人中,有不少身为家长的"编外人员",他们参与各种辅助性的教学及管理活动。有的利用空余时间辅导孩子音乐、体育;有的在课外活动时间带来彩纸教孩子们作折纸等手工制作;还有的帮助学校处理卖校服之类的杂务;而有医学专长的家长,在学校体检或对孩子进行生理知识教育的时候,来帮助照顾、指点孩子。家长们一丝不苟地做这些"分外事",我起初真难以把他们和老师区分开来。我女儿初到英国时,就接受过不少家长义务给像她那样的非英语国家去的学生提供的英语辅导。这些妈妈们虽不是专业教师,但作为孩子家长,自有她们的有利条件。她们了解孩子,讲课能不拘形式。自己的孩子又是这些异国孩子的同学,她们的辅导很容易为这些因语言问题而感到局促的孩子们接受,使他们觉得更轻松自如。家长们参与的活动内容丰富多彩,形式又新颖多样,不仅密切了家庭与学校的关系,同时又给孩子提供了一个充实有趣的外围课堂。

3. 一位教育家曾谈过这样一句话:生活向学校提出的任务如此复杂,以至如果没有整个社会,首先是家庭的高度教育学素养,那么,不管教师付出多大的努力,都收不到完满的结果。在教育实习中对你所在班级的学生进行"家庭环境及家长个性对学生影响"的调查,从而找到与家长合作的途径和方法。

5

课程结构

　　提示：课程，概括了多种意义：教学的内容（学科、活动等），安排，进程，时限，也包括大纲和教材。[①] 课程的定义可以这样表述：课程就是课堂教学、课外学习以及自学活动的内容纲要和目标体系，是教学和学生各种学习活动的总体规划及其进程。[②] 教师从事教学，只熟悉教科书的内容是远远不够的。因为课程的内容对教学过程有着直接的制约作用，教学方法、手段和组织形式的选择，都要在很大程度上取决于课程内容的性质和特点。课程所提出的内容和目标是教学活动的前提。课程是教学的依据，是教学活动中的基本要素的一部分。本章就课程的组成、类型，中小学的课程表现形式以及课程的准备等问题进行探讨。

[①]　王策三著：《教学论稿》，201页，北京，人民教育出版社，1985。
[②]　李秉德主编：《教学论》，156页，北京，人民教育出版社，1997。

1

教与学之间传递着什么——
课程内容的组成和类型

引言:课堂中的教师与学生所构成的教与学之间,还有着一系列的教学材料,还有一支庞大的教育工作者队伍,这就是课程的目标、内容、活动方式和方法的规划、设计者和编写者。教师对这些内容和意图要做充分的了解。因为教师指导学生从事各种学习活动,都是实现课程所规定的各项教学目标的过程。过去,一些教师因为对这方面问题了解不够,而失去对"教学"的真正的领悟。下面我们就探讨课程结构的要素、成分、类型、组成等问题。

一、课程结构的要素与成分

(一)课程要素的演化

课程结构的要素是在一定社会条件下人们为促进学生的发展而选择的构成课程所必需的经验因素。这里所说的"经验",主要是指学生需要掌握的间接经验,即前人征服自然、改造社会所积累的基本认识成果。所谓"经验因素",是新生一代必须从前人经验中吸取的"因子"。

自课程产生以来,各个历史时期的学校课程都含有一定的"经验因素"。不过,在不同的历史时代,人们对课程要素的理解和所强调的侧重点是很不一致的。例如,中国古代学校的课程要素以道德经验要素为重点,辅以认知经验要素、审美经验要素和健身经验要素。夸美纽斯为泛智学校设计的课程,以智慧要素为主,重视对宗教的笃信要素,辅以健身要素和审美要素。斯宾塞为实科中学设置的课程,把以科学为基础的认知经验要素放在首位,同时十分重视健身经验要素,此外,还有审美经验要素。斯宾塞确定的课程要素格外强调个体发展的需要。以上各教育家所确定的课程要素都是间接经验中的要素,未提到学生的直接经验。杜威一反以前的课程传统,他为芝加哥大学实验学校设计了以学生的直接经验为主的课程。他主张在学生直接经验的基础上逐步安排间接经验。杜威确定的课程要素有认知经验要素、道德经验要素和审美经验要素等。50 年代以来,苏联中小学的课程结构基本上是由道德经验要素、认知经验要素、审美经验要素、健身经验要素构成的;以间接经验为主,也比较注意学生的直接经验。70 年代以来,越来越多的美国中小学课程所包含的要素也与苏联中小学类似,只不过其道德要素具有不同的性质和特点罢了。

上述例证说明,一方面,课程要素的产生和演化受制于许多外在因素,即社会生产力、社会政治经济制度、社会历史经验发展的水平、受教育者发展的需要以及课程人员的思想观点的影响;另一方面,课程要素的演化也制约于课程自身发展的历史,它使不同时代的课程要素既具有历史性,又具有继承性。这是课程要素演化的内因。课程要素的演化是其外因与内因相互作用的结果。

通过上述例证,还可看出课程要素演化的规律。首先,在相当长的历史时期内,课程结构的要素纯属于间接经验的要素,没有包含学生必要的直接经验。这同当时生产力发展的水平和社会分工,特别是脑力劳动和体力劳动的分工是相适应的。到 20 世纪上半叶,由于社会条件的变化和课程自身发展的内部矛盾,出现了杜威等人设计的以学生直接经验为主的活动课程。其课程要素主要取自学生的直接经验。至 20 世纪 50 年代,杜威的活动课程被否定,世界范围内出现了以间接经验为主、学生直接经验为次的新型课程,其课程要素比较全面,组合也日趋合理,这就是课程要素演化的否定之否定的规律。

（二）我国现代课程的要素与成分

新中国的学校课程基本上属于现代课程。虽然它尚未完全摆脱传统课程的影响，但是，它正向现代课程转化。我国中小学课程包含着认知经验要素、道德经验要素、审美经验要素和健身经验要素。所谓认知经验要素（简称认知要素），是新生一代需要掌握的人类科学文化中的基本知识以及人类有关的基本技能与基本能力的经验。所谓道德经验要素（简称道德要素），是年轻一代需要继承的社会主义道德中最基本的观点、品质和行为习惯。所谓审美经验要素（简称审美要素），是社会主义新公民需要学习的无产阶级和广大劳动人民关于审美的基本知识、基本技能和基本观点。所谓健身经验要素（简称健身要素），是儿童和青少年需要获取的前人关于健身的基本知识、基本技能和良好的习惯。

为什么我国中小学课程需包含这些要素呢？一方面，在前人积累的社会经验中，最有价值的经验是关于真、善、美的经验。正如李德顺所指出的：" '真'、'善'、'美' 作为人类在思想和实践中所追求的理想境界，代表了彼此密切联系而又有区别的三种综合价值类型。"[1]为了加速新生一代社会化的进程，需将有关真、善、美的最基本的社会经验选入课程。另一方面，儿童个体的发展包括生理和心理两个方面。儿童生理的发展需吸取前人健身的基本经验；儿童心理的发展需吸取前人积累的有关认知、道德、审美的基本经验。总之，为了加速新生一代的社会化和个性化的进程，学校课程应由前人积累的认知、道德、审美、健身经验要素来组成。具备这些要素的课程就可促进中小学学生朝着我们国家指引的方向发展，逐步形成一个社会主义新公民应具备的基本素质，即在品德、才智、审美、体质几方面应具备的基本素养。

课程要素确定后，还需转化为一定的课程目标、课程内容和学

---

[1] 李德顺：《价值论》，176 页，北京，中国人民大学出版社，1987。

习活动的方式。这是构成课程的三种基本成分。这三种课程成分是在课程的漫长演化过程中逐步形成的。

二、课程的结构

课程结构指课程各部分的组织和配合，即探讨课程各组成部分如何有机地联系在一起的问题。目前，我国教育界对学校课程结构探讨最多的是工具类、知识类、技艺类学科以何种比例为宜？必修课、选修课、活动课、社会实践活动之间如何协调？下面我们就这两个问题作些分析。

（一）工具类、知识类、技艺类学科之间的关系

我国学校目前所开设的课程，大致上是由工具类学科、知识类学科和技艺类学科组成的。

工具类学科主要指语文、数学和外语。这三门学科既是学习其他学科知识的基础，自身也有发展心智的价值，因而历来受到人们的重视。在现代社会，由于信息交流和国际交往的加强，外语愈易成为学生必备的知识技能之一。同时，随着我国改革开放政策的进一步落实，外语所占比重还会呈上升趋势。就一般而言，工具类学科在学校课程中的比例占 50％左右。

知识类学科主要指社会学科与自然学科两大类。这是从人类社会文化遗产中精选出来的知识体系，无论对社会的延续，还是个人的发展来说，都是至关重要的。这类学科包括历史、地理、政治、公民、物理、化学、生物等。一般说来，有条件的学校，可以适当考虑设置综合性的社会学科或理科，如将初中历史、地理、公民等合成一门社会科学基础；将物理、化学、生物等合成一门自然科学基础。这样可能有利于知识的相互贯通，在目前情况下，考虑到高考制度的影响，普通高中仍以分科课程为宜。但我们需要意识到，打破学科界限，以跨学科或多学科的方式改进课程，是近年来世界各国课程改革的趋势。

技艺类学科主要指体育、艺术类与技能类两方面的课程。这些课程主要是在中学阶段,着重体育保健、艺术修养以及生活、劳动方面的基本技能的培养。在初中阶段,体育、艺术类主要开设体育、音乐、美术等课程;技能类主要开设劳动技术、职业导向、计算机科学等课程。在高中阶段,既可开设技艺类的必修课,也可根据学校条件开设选修课,如器乐、缝纫、家电使用与保养等。

技艺类学科对学生的身心发展具有重要的作用,它更多的是与学生的身体素质、审美素质的培养,兴趣特长的发挥,以及毕业后所需基本劳动技能的养成联系在一起的,这方面的素养是作为一个现代人应必备的基本品质。长期以来,技艺类学科在学校里没有得到应有的重视。现在是到了改变这种情况的时候了。

（二）必修课、选修课、活动课与社会活动之间的关系

中小学课程结构的安排,基本上是由必修课、选修课、活动课和社会活动四个"板块"组成的。如何使它们相互配合、协调一致,共同来完成学校课程的任务,这是一个很重要的问题。

必修课是指所有学生都必须修习的课程。为了保证学校教育质量,必须设置一定数量的必修课。目前世界各国的学校还没有不规定必修课的,但问题是,必修课应该在全部课程中占多大比重。各国对此的处理大不一样。

美国有不少州规定,学生选修课比重可达50％,甚至50％以上。这样,必修课比重只占一半或不到一半。有人认为这是学生质量降低的重要原因之一,因此建议要加重必修课的比例。而日本高中从1982年起开始减少必修课的学分,增加选修课学分。这两种做法都是从两国的实际情况出发的,美国由于选修课太多,不能保证普通教育的共同基础,因而加强必修课;而日本由于要培养学生的创造力,适应学生的不同爱好和特长,所以减少必修课学分。

我国学校长期以来一直重单一的必修课类型,造成培养出来的学生规格单一,缺少个性特长。改革单一的必修课制度(尤其是

高中阶段)是当前教育改革的一个重要方面。必修课所占比例多大,原则上是要保证学生掌握普通教育的共同基础。

选修课是指那些为了适应学生兴趣爱好和劳动就业的需要而开设的、可供学生在一定程度上自由选择修习的课程。一般说来,选修课的内容既可以是有关知识方面的,也可以是有关技艺方面的,或职业技术方面的。选修的方式可以分为两种:一种是指定选修课,即把有关选修课分成几组,规定学生必须选修其中一组或在各组中选修一二门课;另一种是任意选修课(或称自由性选修课)即可以让学生自由选择,甚至允许学生跨年级选修。

以前,我国中小学很少有学校开设选修课,现在为了更好地适应社会发展的趋势,适应学生的兴趣爱好,同时也是为了让学生将来顺利地适应就业,开设选修课已经势在必行(尤其在中学高年级阶段)。有条件的学校,在初中也可以适量开设一些选修课。随着年级递增,逐渐增加选修课的比例。但选修课的比重得控制在一定范围之内,以防止美国"国家教育优异委员会"在《国家在危急中》的报告中所讲的,美国"有的是自助餐式的课程",而学生往往"容易误把开胃菜和甜点当作主菜",这就背离了开设选修课的本来意图了。①

活动课主要是指兴趣小组、班团活动、课外辅导等。现在有的地方已把它列入正式课程计划之内,目的是为了加强课外活动的组织和安排,并使其有可靠的保证。事实上,国外也有人把课外活动称为"第三课程"(第一、第二课程是指必修课和选修课)。活动课是学生在教师引导下获得知识和技能的途径之一,也是促进学生心理发展的途径之一。它对于调动学生的积极性、主动性,培养学生解决实际问题的能力和创造性精神,培养兴趣特长,丰富学生的精神生活,形成学生的思想品德,促进学生个性发展等,起着重

---

① 瞿葆奎主编:《教育学论文集·美国教育改革》,601 页,北京,人民教育出版社,1990。

要的作用,因而越来越受到人们的重视。

社会活动课是为了让学生更好地了解国情、了解社会,同时为了培养学生活动能力而安排的走出校门的社会实践活动。在有些地方,社会活动已被正式列入课程计划,成为学校课程结构中的一个必要组成部分。

学校课程主要是由这四个方面构成的。就一般而言,在内容和时间安排上,主要应该以必修课为主,侧重于普通教育的共同基础。同时又顾全到社会需求和学生特点,开设一定比例的选修课,并把课外活动和社会实践活动也纳入课程计划中来。这样有利于系统地思考问题,而不是应付敷衍。因为这些对学生的全面发展来说,不是可有可无的东西。

三、课程的基本类型

课程的类型是指课程设计的不同种类或方式,是由不同的设计思想产生的。随着课程理论的发展,学校课程日益丰富和定型,并形成了不同的理论。这里仅就其中影响较大的基本类型学科课程和活动课程,作一简要论述。

(一)学科课程

亦称"分科课程"。它是根据学校教育目标、教学规律和一定年龄阶段的学生发展水平,分别从各门科学中选择部分内容,组成各种不同的学科,彼此分立地安排它们教学顺序、教学时数和期限。学科课程论认为各学科的逻辑体系,反映了客观事物和现象的本质,教学内容应以学科知识为中心,严格地按每门学科的逻辑体系组织教材。分科学习,能使学生正确地认识世界。

学科课程历史悠久。像中国的孔子将奴隶制的文化典籍加以整理编辑,分为礼、乐、射、御、书、数六科,以教弟子,这是分科教学之始。在西方,最早主张分科教学的是古希腊的亚里士多德。16世纪,夸美纽斯提出了比较完整的学科课程理论和方法。到了德国的赫尔巴特,主张设置多方面的课程,以发展学科"多方面的兴趣"。英国的斯宾塞从教育为完满生活作准备的观点和知识价值出发,为学科课程作出新的论证。这些思想一直影响欧美各国课程的设置,并且成为左右世界各国课程设置的主流。尽管人们曾对它发生过怀疑,试图彻底废止它,但最终又不得不承认它有着不可取代的优越性。

学科课程的优点是重视每门科学知识的逻辑性、系统性和完整性。这些特点非常有助于学生学习和巩固基础知识,也易于教师教授。学科课程的缺点是不重视相互联系,造成和加深了学科的分离,不利于联系学生的生活实际和社会实践;更多地关心学习结果,获得现成知识,不关心学习过程、学习方法,不利于学生辩证思维的发展;不重视或忽视学生的兴趣和需要。

针对传统的学科课程的不足,许多年来,人们一直在对它进行不断的加工和改造,补充了许多新内容,在形式上使其愈益精臻和完善。在当代出现的相关课程、融合课程、广域课程、核心课程等四类课程形式,都是对传统学科课程的改进和扩展,是对其主流地位的巩固和加强。

相关课程:亦称"联络课程"。由具有科际联系的各学科组成的课程。同时保持原来学科的划分,组成的各相邻学科,如语言与历史,历史与地理,数学与物理、化学,物理、化学与生物等既保持原有学科之间的界限,又在各科课程标准(或教学大纲)中确定了相关科目的科际联系点,使各科教材之间保持密切的横向联系。

融合课程:亦称"合科课程"。由若干相关学科组合成的新学科。例如把动物学、植物学、微生物学、遗传学融合为生物学。融合比关联更进一步,它是把相关学科内容融合为一门学科。

广域课程:亦称"综合课程"。合数门相邻学科内容而形成综合性课程,如有的国家把地理、历史综合形成"社会研究"课程;把物理、化学生态、生理、实用技术综合成"综合自然科学"。

核心课程:亦称"问题课程"。是以问题为核心,将几门学科结合起来,由一个教师或教师小组连续教学的课程。旨在把独立的学科知识综合起来,并谋求与生活实际紧密结合。

上述四类课程主要是为了改正学科课程分科太细的缺点,采用合并有关学科的办法,来编定课程,使每一门学科包括的科学领域较广,实际上都是综合课程。只是各类知识的相互联系与配合不同。

(二)活动课程

活动课程是相对于系统的学科知识而言,侧重于学生直接经验的一种课程形式。它认为课程应是一系列由儿童自己组织的活动,儿童通过活动学习,获得经验,培养兴趣,解决问题,锻炼能力。

活动课程的主要倡导者是美国实用主义教育家杜威和克伯屈。他们认为,学科课程论所主张传授的"百科知识"是成人按照自己的意志强加给儿童的,这会破坏儿童个性的发展,压抑他们的主动性。活动课程论主张打破学科界限,课程以学生兴趣和需要为中心来组织活动,以活动来代替分科教学,让学生通过活动,从"做"中获得生活必需的经验或对已有的经验进行改造。为此,杜威曾写道:学生课程中相关的真正中心,不是科学、不是文学、不是历史、不是地理,而是儿童本身的社会活动。他们反对把教材视为"固定的和现成的"、"儿童经验之外的东西"。特别强调注意游戏、活动作业、手工、烹调、缝纫、表演、实验等,认为通过这样的活动获得经验,可以与社会相适应,由于这种课程体系完全是从儿童的经验出发,所以也被称为经验课程或儿童中心课程。

活动课程的基本出发点是儿童的兴趣和动机,以儿童的某些基本动机作为教学组织的中心,以代替学科作为课程的基础。一般认为学习者的动机可分四类:①社会动机,即跟其他儿童一起活动的欲望;②建设动机,即建造东西和加工原料的欲望;③探索动机,即好奇的倾向以及实验的愿望;④表演动机,即欣赏和创作各种文艺作品的愿望。活动课程的范围和教材的选择,就是围绕着这些动机来进行的。

活动课程重视课程要适合儿童的兴趣、需要和教材的心理组织,重视在活动中进行教学和教育,把教学从教的外在重心转移到学的内在重心上来,在促进儿童积极学习方面是十分可取的。但它夸大了儿童个人的经验,忽视了知识本身的逻辑顺序,影响了系统的知识学习,其结果只能使学生学到一些片断、零碎的知识,最终导致教学质量的降低。

尽管活动课程自身存在着不少缺点,但它的长处也正是其他类型的课程所缺乏的。70年代以后,随着终身教育思想的普及和课程理论赖以建立的教育心理学等的发展,活动课程被赋予了新的涵义。学科课程和活动课程二者不断趋于融合已成为一个趋势。近年来,在许多国家,学科教学、课堂学习,越来越多地与体验及活动学习融合在一起,学科课程活动化已成为共同趋势。

为了适应21世纪我国现代化建设迅速发展的要求,80年代末期以来,我国部分中小学在改革学科课程的同时,进行了开设活动课程的实验。国家教委在研究试点经验的基础上,将活动课程纳入1992年公布的全日制小学、初级中学课程计划之中,明确规定开设两类课程:学科课程和活动课程。我们所提倡的活动课程是以马克思主义教育观为指导的,在改造实用主义活动课程的基础上建立的新型活动课程。新型活动课程同实用主义教育学派曾经推行的活动课程既有一定的联系,又有质的区别。它吸取了实用主义活动课程的下列优点:密切联系社会生活,引导学生获取一定的直接经验;重视学生的需要和兴趣;发挥学生学习的主动性和自主性;注重学生智能的发展。新型活动课程同实用主义活动课程的质有以下区别。①以辩证唯物主义认识论和课程结构的优化原理为理论基础,而不是以主观主义经验论为理论基础。②坚持社会主义的教育方向,即在社会主义教育方针指引下,按照社会要求与学生需要相结合的准则,全面确定活动课程的目标、内容与活动方式,促进学生的基本素质充分而有特色地发展。新型活动课程的设计虽充分重视学生的需要与兴趣,但并非只按照学生的兴趣爱好来确定活动项目与活动内容。③在中小学课程设置中处于辅助地位。小学活动课程的课时最好不超过总课时的15%,高中活动课程的课时约占总课时的10%。各学段活动课程的内容与学科课程的内容具有相辅相成的关系。④既有结构性,又有一定弹性。⑤既有灵活性,又有一定计划性。这是我们提倡的新型活动课程的本质特征。

(三)显性课程与隐性课程

1.显性课程与隐性课程的概念

显性课程,亦称"正式课程"、"公开课程"、"官方课程"。是指为实现一定的教育目标而正式列入学校教学计划的各门学科,以及有目的、有组织的课外活动。它按照编制的课表实施,是教材编辑、学校施教、学生学习和考核的依据之一。

隐性课程,又称"非正式课程"、"潜在课程"、"隐蔽课程",与显性课程相对,是指学校通过教育环境(物质的、文化的和社会关系结构的)有意或无意地传递给学生的非公开性的教育影响。隐性课程是美国学者杰克森在1966年正式提出来的,以后影响到加拿大、英国、澳大利亚等国家,并形成不同的派别。杰克森认为,学生在读、写、算或其他学术课程上的进步并没有说明学校教育的结果。除此之外,学生正从教室生活的经验(指学生在教室"读、写、算"学习之外感受、体验富有人生意义的那部分内容)中获得了态度、动机、价值和其他心理状态的成长。而且,这些形式教育之非学术的结果比学校主要任务之教学更具影响力。日本学者称之为学习过程中的"活教材",认为它比教科书的内容更富于个性。我国学者也认为,隐性课程的影响远远超出我们先前的预料。

隐性课程与显性课程的相互关系是错综复杂的。据国内研究者认为,两者之间的关系主要表现在以下几个方面。

(1)递进关系。隐性课程与显性课程是相互促进的,在相互依赖中共同发展。一般来说,显性课程在其自身的运动过程中,通过普遍性的经验积淀逐渐形成新的隐性课程,推进隐性课程的发展。反过来,隐性课程又会为显性课程提供直接经验的或社会政治、价值体系的支柱等,在隐性课程布下的"气氛中不断向学生传授形式化的知识体系,从而使其不断地递增、更新和创造"。

(2)转换关系。隐性课程与显性课程的关系不是静态的,而是一种主动辩证的关系。换言之,隐性课程并非永远是隐性的,而显性课程并非总是可预期或可见的,二者的分界不断调整,是可以互相转换的。范兰丝从历史的角度,考察了隐性课程的形成与发展。她指出:现在被称作是隐性课程的东西在过去未必是隐性的。她考察了美国学校教育史之后,认为在学校刚刚兴起时,非常强调社会控制规则、规律,如守时、服从等。但随着学校教育的发展,这些规则、规律等就成为理所当然的,没有必要总是纳入正规的教学计划,而把它们渗透到学校日常生活之中,也就变成了隐性课程。

(3)互补关系。学生在学校里的生活是丰富多彩的,获得教育性经验也应该是多方面的。如果只把学生局限于狭隘的课堂里,仅学习有限的学科,那就不利于学生的身心发展。因此,今天的学校教育,已经使学生摆脱了课堂教学的局限,使他们从学校生活的气氛、人际交往和关系以及各种文化活动中接受教育,以弥补显性课程之不足。显然,隐性课程有其独特的教育功能,与显性课程有着内在的互补关系,共同促进学生个性发展。

2.隐性课程的结构与功能

隐性课程具有各种要素,各要素又具有它自身的特殊结构,因而形成了隐性课程的自身的分类结构。根据隐性课程存在的广域性,将隐性课程分为以下三层结构:

物质—空间类。作为物质空间类的隐性课程指学校的建筑、校园的规划、学校的地理位置等物质与空间环境的潜移默化的方式对学生产生显性课程之外的影响。这一结构处于最外层，可以被受教育者直观、也容易移植和改变。

组织—制度类。主要指学校的组织制度、教育内容、管理评价等广泛意义上的制度在不知不觉中对学生产生的教育影响。这一类处于中层，较为隐蔽，因而也不容易被改变。

文化—心理类。主要指学校的各文化学科、校风、班风、群体规范、社会信息、课堂教学气氛等方面内容对学生产生的显性课程以外的潜在性影响。这一类处于隐性课程的最深层，是隐性课程的"硬核"，它的隐蔽性最深，惰性最大，最不容易改变。

隐性课程的结构呈层次性特征，由表及里、由浅入深、由简到繁、由物质到心理，其影响力是从外向内递增。与显性课程相比，隐性课程有潜在性、非预期性和多样性的特点。①潜在性。隐性课程潜存于显性课程背后，或隐形于学习活动之中。学生在进行学习时，会自觉或不自觉地接受影响，而不带任何"逆反性"。②非预期性。隐性课程的影响往往不是教育者能事先估计到或预料到的，而且其影响可能是积极的影响，也可能是消极的影响。在教育过程中，教育者若能按一定目的进行规划设计，必将有助于实现教育目标。③多样性。教学活动是多种多样的，因而隐性课程是多种多样的，这种多样性将会对学生产生多方面的影响。

隐性课程和显性课程一样对人具有全面的教育影响作用，而对人的情、意方面的影响尤为突出，具体有以下功能。

（1）陶冶功能。隐性课程能陶冶学生情操，净化学生心灵，养成他们良好道德行为习惯和良好的心理品质。造型美观、别致的校舍建筑，优雅、美观、整洁的校园环境布置，积极向上的校风、班风，和谐、友好的人际关系等都具有陶冶情感、培养良好品德的作用。

（2）育美功能。校园内绿树成荫，花草芬芳，阳光充足，空气清新,教室内整洁素净,装饰淡雅、和谐优美等都具有审美价值;同学间纯真友善,师生间诚挚关心爱护,尊师重教等美好的人际关系感染着所有师生;课堂上教师端庄大方的仪表,高昂的教学热情,精湛的教学技巧,简洁幽默的语言,紧张协调的课堂节奏,师生共同活动的和谐默契等,都可使学生受到美的熏陶。

(3)益智功能。外界学习环境通过视觉、肤觉、嗅觉、听觉等影响学生,光线充足、颜色谐调、温度适宜、空气新鲜、优雅宁静的学习环境,能提高学生智力活动效率。隐性课程通过情感因素影响智力活动,良好的学习环境使人心情舒畅、精神振奋,促进人的智力活动。教师对学生深切的期望与爱、人际关系的和谐友好,教师的认真务实、创新、积极向上的作风等,都能激发学生学习的需要、意向、愿望和兴趣。

(4)健体功能。学生的健康与学校环境有密切的关系,良好的卫生环境、适宜的设备环境、积极愉快的情感环境、合理的生活环境,能够促进学生正常发育,提高身体素质和健康水平。

隐性课程也可能产生负效应,即对学生的发展起消极的影响作用。有意设计的隐性课程,一般说具有正向功能,即起积极的影响作用,但不排斥在某种情况下具有负向功能。至于教育活动中未被意识到的某些因素,则更可能具有两种性质功能。

3.隐性课程的设计与实施

隐性课程设计是按照教育目标要求和个体心身素质形成的规律,对各种隐性的教育内容进行的安排和配置。隐性课程在人的全面发展中的某些作用是显性课程所不能代替的,应当认真进行隐性课程的设计、充分发挥其教育功能和效益。

人的发展过程是受教育者主体与学校、家庭、社会多方面正式的和非正式的因素综合相互作用的过程。因此,隐性课程的设计应校内校外结合,全面规划,统筹安排。

隐性课程具有正向和负向功能,因此在设计中要重视充分发挥隐性课程的正向功能,要抑制其负向功能,防止、克服其消极影响的方面。

以上是隐性课程设计应注意的两个主要方面。那么设计后如何在实际教学中实施呢? 我们认为应该注意以下几个方面。①创造良好的社会环境。显性课程背后的社会价值参照系、意识形态、情感等因素,尽管并非学校体系化的学科知识,却往往通过隐性课程作用于学生,并在很大程度上影响着学生的学习方向、学习动力。因此,人们应重视社会环境的宏观控制,创造一种使学生乐学、勤学的社会环境。②明确隐性课程的目标。隐性课程的目标就是要重视人的价值、情感、直觉性创造等方面,以促进学生个体社会化。教师要注意学校结构、文化、家庭背景构成的经验对学生的影响。学校不仅要提倡教书育人,而且要倡导管理育人、服务育人。把学校各方面的教育因素统一起来去作用于学生,从而使学生把在显性课程中学到的和生活中感受到的统一起来。③发挥教师在实施隐性课程中的作用。在教学中,师生之间情感、意志、个性特征相互作用,构成了学习活动的必要的精神生活,为整个学习过程增添了情趣和魅力,这些在很大程度上决定着学习的情绪和意向。因此,教师要注意调节学生的情感生活,努力创造和谐的学习环境。④通过活动培养学生的参与意识。实施隐性课程要注意调动学生积极参加学校、班级的物质情境(学校建筑、设备)、文化情境(如教室布置、校园文化、各种仪式活动等)、人际情境(如师生关系、同学关系、学风、班风、校风等)的建设工作。培养他们的自我评价、自我控制和自我调节的能力,达到自我教育的目的。⑤克服隐性课程中的消极因素。一方面,我们应看到隐性课程中的积极因素对培养学生产生的积极作用。另一方面,也要十分重视隐性课程中的消极因素。应有意识地排除一些不正确的观念、错误思潮以及不良的社会风气对学生的影响,把消极因素转化为积极因素,充分发挥隐性课程的教育作用。

四、中小学课程内容的组成部分

中小学课程内容应由哪几部分来组成,这是由若干客观因素决定的。其一是我国社会主义社会的发展对中小学生成长的客观要求;其二是中小学生个体发展的需要;其三是科学文化发展的趋势。中小学课程内容的组成决定于这三大因素,而不决定于某些人的主观意志。人们不可凭自己的主观臆测来拼凑课程内容。通过对三大因素的分析,我们发现,在社会主义条件下,中小学的课程内容须由下列四个部分来组成。

(一)关于自然、社会和人的基础知识以及某些相应的直接经验

如前所述,儿童和青少年具有认识自然、认识社会及了解自己的需要,因而从人类文化成果中精选的知识应包括自然、社会和人的三类基础知识。这三类基础知识可为新生一代长身体、长知识,形成优良品德以及将来投身改造自然与社会的实践奠定基础。

在中小学教育时期,这三类基础知识具有内在联系,须形成一个整体。由于小学的根本任务是提高民族素质,普通中学的任务是以提高公民素质为主,兼顾学生升学与就业的需求。因此,上述三类基础知识中,每一类都以理论知识为主导,由一系列理论基础知识与必要的实用基础知识所组成。

所谓理论基础知识,是反映自然、社会和人的发展规律的基础知识。这种知识对于提高学生的公民素质和升入专业学校具有非常重要的作用,因而它在每类知识中均起主导作用。所谓实用基础知识是对中小学生的健康成长及其日后参加现代社会生活有实际价值的知识。显然,这种知识也是不可缺少的。由理论基础知识和实用基础知识有机合成的关于自然、社会和人的每一类知识一般是由下列几种元素组成的。

(1)基本事实。这是有关自然、社会和人的基本的实际情况以

及前人在这些领域进行科学实验的典型事例。不了解事实，就无法形成概念，更不能产生信念。

（2）基本概念。中小学生需要掌握的有关自然、社会和人的基本概念，包括具体概念和定义概念两种。具体概念是表现基本概念的合乎规律的现象、事物的形状及其具体性质。比如：有的小学自然实验课本中这样写道："小明的爸爸骑着自行车送小明上学去，随着自行车向前飞跑，小明和他爸爸的衣服都飘动起来了。这是因为自行车向前飞跑时，引起空气流动，于是，小明和他爸爸的衣服就飘动起来了。这种现象叫做风。"这段文字表述的是关于风的具体概念。小学生所接触的概念大多属于具体概念。初中学生学习某些新课题时，往往也从学习具体概念开始。定义概念是以下定义的方式所表达的概念。初中二年级以上的学生所学的概念大都属于定义概念。

（3）规则、规律及原理。中小学理论基础知识的核心是有关自然、社会和人的发展的基本规律与基本原理。这些知识所占分量最重，难度最大，是理论基础知识的精髓。由于小学生的知识不足，他们的理解能力有限，因而需将基本规律与基本原理转化为一系列不同层次的规则，如四则运算规则、写作规则、书法规则、绘画规则、运动规则等。

（4）有关活动方法的知识。中小学生参加的活动首先是学习活动，即获取知识技能、形成优良传统、提高审美能力、增进身体健康的活动；其次是社会交往活动和基本生产活动。学生进行这些活动需掌握一定的方法。这类活动方法的知识是将有关原理运用于这类活动的结果。这类知识中含有一定分量的实用基础知识，如怎样写信、怎样写报告、怎样测量土地、怎样计算土方、怎样检验土壤、怎样使用化肥农药，等等。

（5）有关社会关系的准则和评价的知识。有关社会关系准则的知识包括两方面的内容：一方面，社会主义社会确定的人们在政治生活、经济生活和思想文化生活中必须遵守的基本准则;另一方面,社会主义社会规定的儿童和青少年在家庭生活、学校生活及校外活动中必须遵守的行为规范。"基本准则"支配着"行为规范","行为规范"则是"基本准则"的具体体现。评价性知识包括社会性评价和学生自我评价两个方面。无论准则或评价知识,都包含一定的实用基础知识。

要使学生消化和掌握这些基础知识,就得让中小学生获取某些必要的直接经验。这是课程内容中不可缺少的成分。

(二)关于某些活动方式的经验

人类在长期的社会实践中积累了一系列有关活动方式的经验。新生一代出于参加学习活动、社会交往活动以及基本生产活动的需要,有必要吸取前人积累的有关这些活动方式的经验。新生一代只有把这种经验变成个人的经验,才能具有相应的技能。选择这类社会经验的目的就是使学生形成一系列基本技能。只有这样,学生才可能将自己所领会的基础知识转化为相应的能力。

技能可分两类:一类叫智力技能;另一类叫操作技能。智力技能是运用知识和经验去完成某种智力活动的方式。这种技能是在头脑内部对事物进行分析与综合、抽象与概括的技能。操作技能是运用知识和经验去完成某种机体运动或操作某种对象的活动方式。写字技能、绘画技能、弹唱技能、运动技能、实验技能、测量技能、劳动技能等均属于操作技能。当然,智力技能和操作技能又可分为适用于某门学科的特殊技能以及适用于各门学科的一般技能。分科标准(相当于各科教学大纲)确定的各科技能发展的指标,以及各科教科书为帮助学生形成有关的基本技能而提供的系统的练习材料,都选自前人关于活动方式的经验,这是课程内容中不可缺少的一个组成部分。

(三)关于提高能力的经验

人类在漫长的社会实践中逐步形成了从事各种活动的能力,

积累了形成各种能力的经验。能力是完成某种活动的本领,包括掌握某种活动的具体方式以及顺利完成某种活动所必需的个性心理特征。中小学生为了顺利地进行学习活动、社交活动和基本生产劳动,至少需逐步具备七种能力,即人体的基本活动能力;一定水平的智力;口头或书面表达能力;审美能力;辨别是非及美丑善恶的能力;运用所学知识解决某些实际问题的能力以及创造力等。要使中小学生逐步具备这些能力,一方面,要从前人经验中精选出一系列有关发展上述能力的学习材料;另一方面,要通过一定的实际活动特别是创造性活动,使学生取得一定的直接经验,增长多方面的才干。这一类课程内容虽与知识、技能有密切联系,但有自己的专门特点。其主要有以下三个特点。①它以提高学生的能力为主要任务;不同类型的能力要求不同类型的训练材料。②它与实际活动有密切联系,用以培养某种能力的训练材料须与某种实际活动的特点相符合。例如,为培养学生的创造力而提供的训练材料就须以创造性活动的特点为重要根据。学生的创造性活动区别于其他活动的主要特点是:具有解决某一具体问题的观念意向;具有解决某种问题的需要;在方式方法上有所创新。[①]　因此,培养学生创造力的材料也具有不同于其他能力训练材料的特征,如:着力启迪学生的创造意识;在某些教材中安排发展扩散思维能力与集中思维能力的种种练习,设计有关运用创造方法的练习。如:同异对比练习,顺逆互变练习,把知识、技能迁移到新情境的练习,在熟悉的情境中发现新问题的练习,以及把已知的活动方法组成新方法的练习,等等。③按照不同的活动方式,提供不同的心理训练材料。例如,有关发展音乐能力的训练材料既包括歌唱、演奏等具体活动方式的练习材料,又包括培养曲调感、节奏感及音乐听觉表象等心理特征的练习内容;有关发展绘画能力的训练材料,既有调

----

①　张敏:《创造力与创造活动》,《科学学研究》,1983年第2期。

色、运笔等具体活动方式的材料,又有培养色调感、浓度感、线条感、形象感等练习内容。

（四）关于对待世界与活动的态度,即培养情感——意志方面的学习内容

这类课程内容不同于知识与技能,它是对客观世界和实践活动,特别是对待国家与集体、学习与工作的情感——评价态度。

在年轻一代的整个基本素质的发展中,心理品质的发展是一个不容忽视的重要方面。然而,心理的发展决不只是智力的发展,还须包括非智力的心理因素的发展。而在非智力的心理因素中,情感、意志的发展又具有特别重要的地位。

情感对人的发展起着重要作用。情感能激发人们追求真理,是因为情感具有动力的功能,它对人的一切认识和行动起着发动的作用。例如,炽热的爱国主义情感,崇高的共产主义道德感,就是解放军战士自觉吃大苦、耐大劳、奋不顾身杀敌人的强大动力。许多科学家和改革家为追求新发现而心甘情愿地吃尽苦头,并以苦为荣、以苦为乐,其重要原因是他们具有崇高的理想和强烈的事业心。一个中学生如能以强烈的社会主义情感去对待学习与工作以及国家和集体,那么,他就能生动活泼地发展自己的个性,并在学习、工作上取得优异的成绩。反之,一个中学生如果只知道行为准则,但不喜欢这些准则,或对这些准则漠然处之,那么他就不会自觉、积极地去履行这些准则。同样,一个学生如不喜欢某些科学知识,或不信服,他决不会主动地学习,更不能把这些科学知识变成自己的一种精神财富。总之,一个对学习与工作、对国家与集体缺乏感情的学生,不可能以顽强的意志力去克服学习、工作、生活中出现的种种困难,因而不能积极主动地得到发展,不能成为一个有教养的社会主义新公民。所以,我国年轻一代应具备情感修养。这不同于知识、技能的学习,也同思想修养有所区别。它包含一系列特殊的内容,主要是对待科学知识、道德标准、现实审美表现以

及社会主义政治思想的情感——评价态度。

以上四类课程内容是中小学生个体发展的基本需要。它们在中小学生的个性发展中各有自己的特殊功能,彼此不能互相代替。这四个方面的内容是中小学课程内容的基本组成部分,四者缺一不可,不能把课程内容简单地看作知识和技能。四者是相互联系的:没有知识就没有技能;要培养能力,需具备一定的基础知识和基本技能;要具备一定的知识、技能和能力,又须通过情感修养来吸取发展的动力。可见,这四类课程内容是一个具有内在联系的有机整体。

五、国内外课程改革的趋势

(一)课程现代化的基本特点

面对新科技革命的挑战以及培养高素质人才的要求,20世纪50年代末期以来,世界各国都进行了较大的课程改革运动。如美国布鲁纳的"学科结构论"思想以及60年代美国以"新三艺"为中心的课程改革;苏联赞可夫的"教学与发展"实验;西德根舍因的"范例教学"思想等都为课程改革提供了思路。综合各国的课程改革,总的趋势是课程的现代化。表现为以下特点。

(1)重视课程内容的理论化、综合化。课程中充实现代科学的成果,扩大理论知识的比重,加强理论知识教学,删除陈旧的内容;各门学科由分化到综合,一些传统的概念和范畴正在由综合性的概念和范畴所代替。如有些国家数学已打破了算术、几何、代数、三角旧的分科体系,编进了集合论、数理逻辑、程序设计等新内容。

(2)强调知识的系统化、结构化。强调基础学科的知识必须是系统的,要教给学生学科的基本结构,对所教的知识要加以精选,具有范例性,删除庞杂的、过时的内容,减轻学生的负担。

(3)重视智力开发与学习能力培养和个性发展。各国都十分重视发展学生的个性、才能和创造性。课程主要培养学生的探索精神、自学能力,并尽量让学生观察、亲自动手、手脑并用,掌握学习的科学方法。

(4)重视个别差异。各国课程设置都表现出较大的弹性,便于教师充分发挥创造性,便于对学生进行个别指导,适应学生个别差异的需要。

(5)加强课程与社会生活、生产实际的联系,实施综合技术教育。

(6)重视课程的文化内涵,本民族文化传统的继承,加强对国际化的了解与交流。

(二)我国课程改革的发展趋势

我国20世纪80年代的课程改革大多是对原有、不合理、单一的课程结构,陈旧、缺乏理论深度的教材内容,以及难以照顾学生的个别差异,难以培养学生积极、主动精神的旧有课程模式的改革。

1.以学生的全面主动发展作为课程目标的基本价值取向

未来基础教育的课程,将以主体教育理论作为基础,克服要么过分强调个性发展而忽略应承担的社会责任,要么过分强调社会要求而忽略个性发展的片面性,追求人与社会的协调发展,因此,现代基础教育的课程目标将定位于未来社会人才的素质结构。

基础教育是为人的一生打好基础的重要阶段,应使全体学生在全面发展基础上实现个体的最优发展,充分发展学生的自主性、自觉能动性和开拓创造性,不仅学会学习、学会生活,而且要学会创造,学会做人,并为接受终身教育奠定坚实的基础。

2.课程设计与编制结构化

课程结构化体现在两个不同的层次上。首先是学校课程设置的整体结构。目前我国中小学分别开设若干门课程,每门课在整个课程系统中有它特定的设置和任务,而若干门相关学科又形成一个有一定功能的课程组块。近年来,我国教育工作者进行的“大课程”实验,学科课程,活动课程与环境课程的综合实验等,正是利用系统整体中各成分相互联系、相互作用所提供的"附加量",以构建合理的课程结构,发挥和提高课程的整体功能。

其次是学科的知识结构。学科本身独特的知识结构,不仅反映基本概念、基本规律的内在联系,而且反映知识的生产者在探索、创造知识过程中理论思维的过程以及研究方法论。呈现给学生的知识组块,应根据学生的认知特点和发展过程,引导学生了解事物发展的科学过程,认识客观事物的统一性和多样性、必然性、确定性和偶然性与不确定性,追求开放的多种解释。

3.课程形式的多样化、个性化和综合化

未来基础教育的课程形式,通过必修课程与选修课程,文化、知识课程与技术操作课程,分科课程与综合课程,学科课程与活动课程的协调与结合,构建具有弹性的课程结构体系。

4.课程内容上科学教育与人文教育的结合

在课程设计和实施中,多方面、多层次地体现科学教育与人文教育的结合。

2

中小学的课程表现形式—— 教学计划、教学大纲、教材

引言:我们先来描述一下我国中小学课堂的现实状态,然后就课程的表现形式——教学计划、教学大纲、教材进行逐一探讨。这样就可以对中小学课程有个大体的认识。

新中国成立以来的实践证明,我国中小学课程有以下几方面是应该予以肯定的。

第一,我国中小学的课程结构已经逐步形成一个比较完整的

体系,有利于培养学生在德、智、体诸方面得到全面发展。

我国中小学的学科类课程基本上稳定为五种。一是为学生进行再学习和参加工作奠定重要基础的语文、数学、外语课。二是对学生进行思想、政治、品德教育,进行国情教育和中国近现代史教育,讲授社会科学基础知识的政治、历史、地理课。三是对学生进行科技教育,讲授自然科学基础知识的物理、化学、生物课。四是关系到学生身心健康发展,陶冶学生情操的体育、音乐、美术课。五是培养学生劳动观点、劳动习惯,掌握基本劳动知识和技能的劳动技术课。

第二,我国中小学的课程管理比较严格,有指导性的教学计划、统一的教学大纲和根据大纲编写的经过国家审查的教材,有严格的考核评价制度,这对保证中小学教学质量起了重要作用。

第三,我国中小学各门学科的教学大纲和根据大纲编写的教材内容具有思想性、科学性、系统性,注意既传授知识,又培养能力、发展智力。

但是通过长期实践,中小学课程存在着以下几个不能忽视的问题。

第一,中小学课程设置模式比较死板单一,缺乏灵活性。全国中、小学基本上用一套教学计划、一个教学大纲和一套教材,各地的中小学都办成一种形式。这种状况严重脱离我国各地经济文化发展极不平衡的实际,极不适应以经济建设为中心的社会主义建设的需要,也不适应学生不同个性特长发展的需要。

第二,中小学的课程结构不够科学合理。突出表现在:课程的内容以学术性课程为主,实用性课程、适应地方建设需要的课程,对学生进行生活教育的课程薄弱,在一定程度上表现出了脱离实际、脱离社会、脱离生活的需要。课程开设的形式以必修课为主;必修课的门类偏多,各门必修课对所有的学生要求划一,不能适应学生的不同发展需要,不利于实现因材施教的原则。各类学科的比例不够合理,体育、音乐、美术等学科比较薄弱,社会科学类的学科特别是历史、地理比较薄弱。课程总量偏高,造成学生课业负担过重,不利于学生生动、活泼、主动地发展。

第三,中小学各门学科的内容偏多、偏难、偏深,教学要求偏高;一些学科的内容比较满,学科体系比较陈旧,许多适应现代科技发展和现代化建设需要的知识难以再吸收进来。①

一、教学计划

情境:

义务教育全日制小学、初级中学"五·四"制初级中学教学计划(初稿)②

周学时　年级　科目	一	二	三	四	上课时总数	与现行教学计划总课时比较	占上课总时数百分比
思想政治	1	1	2	2	200	=	5.1%
语　文	5	5	5	5	670	+70	17.0%
数　学	5	5	4	4	604	+38	15.2%
外　语	4	4	4	4	536	+36	13.6%
历　史	2	3		2	234	+64	5.9%
地　理	3	2			170	=	4.3%
物　理			3	2	166	+2	4.2%
化　学			2	2	132	+36	3.3%
生　物	2	2	2		204	+4	5.2%

---

①　国家教委基础教育司编:《九年义务教育课程计划(试行)学习指导》,9—16 页,北京,人民教育出版社,1992。

②　载于《中国教育报》,1986 年 10 月 25 日,第 3 版。

续表

年级　周学时　科目	一	二	三	四	上课时总数	与现行教学计划总课时数比较	占上课时总数百分比
体　育	3	3	2	2	336	＋136	8.5%
音　乐	1	1	1	1	134	＋34	3.4%
美　术	1	1	1	1	134	＋34	3.4%
劳动技术	2	2	2	2	268	＋266	6.8%
总并开科目	11	11	11	11			
选修课			2	3	164	＋164	4.1%
周总课时	29	29	30	30	3952		
活动　时事政治班团队活动	1	1	1	1	134		
课外活动	4	4	4	4	536		
周活动总量	34	34	35	35	4622		

原理:教学计划是课程安排的具体形式。它是教学论中的一个专门术语,不是通常所说的教学工作计划。它指的是根据教育目的和不同层次和类型学校的培养目标,由教育主管部门制订的有关学校教学教育工作的指导性文件。它对学校的教学、生产劳动、课外活动等方面作出全面安排。教学计划体现了国家对学校的统一要求,是办学的基本纲领和重要依据。

教学计划的基本内容由以下几个部分组成。

(1)学科设置。开设哪些学科是教学计划的中心问题。人类积累的知识浩如烟海,学习什么是一个大问题。我们是主张分科学习的。恩格斯对科学的分类理论认为:宇宙间一切多种多样的现象是运动着的物质的各种形态。他把全部知识范围分作三大类:第一大类包括所有的非生物界以及或多或少能用数学方法来处理的科学,如数学、天文学、力学、物理学、化学。第二大类包括研究生物机体的那些科学。第三大类是按历史顺序和现在的结果来研究人的生活条件、社会关系、法律形式和国家形式以及它们的哲学、宗教、艺术等这些观念的上层建筑的历史科学。此外,还有研究人类思维规律的科学——逻辑学和辩证法。我们中小学的学科设置,基本上是按照恩格斯对科学的分类的方法,并选择其中最一般的、对青年一代最必需的科学知识构成学科,纳入教学计划的。各门学科既有自己的独立系统,又有着彼此必要的相互联系。

这里需要说明,学科和科学二者既有联系又有区别。学科是根据学校的任务、学生年龄特征和发展水平,选择必须掌握的某门科学的基础知识所组成的教学科目,也就是某门科学的基础。在中小学,凡在科学上还有争议和未经确定的东西,不应包括在学科之内。而科学则是反映自然、社会、思维客观规律的分科知识体系,它不仅在叙述范围及性质上与学科不同,在叙述的程序上也不一样。科学是从一般理论的结构和原理出发,而学科则多是从具体事物和现象的描述开始,然后转向关系、定义、规律的揭示。

目前我国中学开设政治、语文、外语、数学以及劳动技术等 14 门学科;小学则开设 11 门至 12 门学科(过渡到义务教育全日制小学、初中时,小学缩减为 9 门,初中则为 13 门)。这些学科的对象、任务不同,知识范围、性质也不一样,但应当说都是必要的和重要的,不能把学科分成"主科""副科",畸重畸轻,以致影响学生全面发展。

(2)学科顺序。学科确定之后,就有一个开设的顺序问题。各门学科不能同时齐头并进,也不宜单科独进,一定要按规定年限、学科内容、各门学科之间的衔接、学生的发展水平,由易到难,由简到繁,合理安排,使先学的学科为以后学习的学科奠定基础。例如,只能在学了一定的数学知识之后才能学习化学和物理。

由于当前中学学制分高中、初中两段,因而各年级的学科安排,既要注意知识的衔接性,又要注意其相对完整性,以适应学生升学与就业两个方面的需要。

(3)课时分配。课时分配包括各学科的总时数,每一门学科各学年(或学期)的授课时数和周学时等。应根据学科的性质、作用、教材的分量和难易程度,恰当地分配各门学科的授课时数。语文、外语、数学是基础工具学科,内容多、练习多,所以用的时间也较多。

(4)学年编制和学周安排。指学年阶段的划分、各个学期的教学周数、学生参加生产劳动的时间、假期和节日的规定等,它是学校工作正常进行的保证。

二、教学大纲

1.教学大纲的意义、结构与作用

教学大纲是根据教学计划,以纲要的形式编定的有关学科教学内容的指导性文件。它反映某一学科的教学目的、任务、教材内容的范围、深度和结构、教学进度以及教学法上的基本要求。有了教学大纲就能选择具体教材和编写教科书。

教学大纲的结构一般由以下几个部分组成。

(1)说明部分。扼要说明本学科开设的意义,规定教学的目的、任务和指导思想,提出教材体系的特点和具体要求,以及教学法的原则性建议等。这部分主要是为了明确本门学科的教学指导思想,为理解教学大纲和编写教科书,以及教师的教学提供带有方向性和指导性的建议。

(2)本文部分。这是教学大纲的中心部分或基本部分。它是对一门学科讲授的基本内容所作的规定,显示出教材的深度和广度,还提示出讲授的时数、作业的要求以及其他有关内容。

(3)其他。有些大纲还列出教师的参考用书,学生的课外活动,教学仪器、直观教具和视听教材等。

各科教学大纲是国家对各门学科的教学提出的统一要求和具体规格,是国家对学校教学实行领导的一种重要工具,有了统一的教学大纲就有可能统一各个学校各门学科的教学水平,加强教学的计划性,保证教学的质量。

教学大纲是编写教科书和教师进行教学的主要依据。教学大纲规定了本学科的目的要求,内容的广度、深度,教材编写的顺序,教学的进度和方法。因此,教科书的编者和教师必须全面彻底地领会教学大纲的内容、体系和精神实质,按照大纲编写教材和进行教学。

教师只有熟悉自己所教学科的教学大纲,并认真贯彻执行,才能使自己的教学工作达到国家所要求的标准,达到高水平的教学质量。

三、教材

1.教科书和视听教材的意义和作用

教科书又称课本,它是根据教学大纲编写的教学用书。它以准确的语言和鲜明的图表等,明晰而系统地阐述教学大纲所规定的教学内容。教科书不同于一般书籍,它是为一定年级的学生掌握某一门学科的基本知识而编写的书籍。教学计划中规定的各门学科,一般均有相应的教科书。

教科书一般由目录、课文、习题、实验、图表、注释、附录等部分构成。课文是主要部分。教材内容按一课一课地编排,或是分篇章来叙述。教科书中的一些插图,也应该是教材内容的有机组成部分;教学中应充分加以运用,以发挥其应有的作用。

教科书是学生在学校获得系统知识、进行学习的主要材料,它可以帮助学生掌握教师讲授的内容,也便于学生预习、复习和做作业;同时也是学生阅读课外读物,进一步扩大知识领域的基础。所以,要教育学生认识教科书的作用,指导他们认真学习教科书、爱护教科书,并培养他们阅读教科书的能力。

教科书也是教师进行教学的主要依据,它为教师的备课、上课、布置作业、检查评定学生的知识等提供了基本材料。熟练地掌握教科书的内容是教师顺利完成教学任务的重要条件。

视听教材也属于教学内容的一部分。随着科学技术的发展与进步,教学手段也渐趋现代化,并日益成为提高教学效率的重要方面。编制配合教科书使用的视听教材,如录像、录音、幻灯、电视、电影等,已成为教学内容的一部分了。近年来微型电子计算机的基础知识,不但成为中学的一门课程,而且也成为小学甚至幼儿园的课程了。

所以,教材不仅包括摆在课桌上的课本,而且还应包括视听教材。随着时间的推移,这部分内容今后将会逐渐增多起来。

2.教材编写的基本原则

(1)在内容上要做到科学性、思想性、效用性的统一。教材的内容首先必须是科学、可靠的知识,是经过实践检验的客观真理。在中小学,一般说,科学上尚未定论的东西不应当包括在教材内容之中。教材的科学性是基础。教材的思想性应寓于科学性之中。要使学生能从科学的内容中掌握正确的观点,又要使他们能把理论、事实、观点与材料紧密结合起来,使其在思想观点上有所提高。教材还要有利于培养学生运用知识于实践的能力,对一些基础知识、基本理论要尽可能地指出它们在科技、生产、生活中的效用性。其他如实验、实习、练习题等也应包括进去。还可因地制宜,编写一些乡土教材,以联系地方实际。

教材还应处理好基础知识与先进科学成就之间的关系。中小学课程讲的是基础知识,但基础知识并不是一成不变的。为了让学生掌握新的科学知识,教材内容到一定时候,就必须去旧补新,把科学上的最新成果补充到内容中去,并以学生可以接受的形式反映出来。

(2)在教材的编排上,要做到知识的内在逻辑与教学法要求的统一。每门科学都有自身的系统性,编写每门学科的教材必须考虑到这门科学本身的内在逻辑。但是,一门学科不是相应科学的缩写本,它必须把科学知识的系统性和教学法的要求统一起来,使科学知识在叙述和逻辑的顺序上得到合理的安排。

教学大纲和教科书的编排通常采取直线式与圆周式(螺旋式)两种。直线式即一门学科的内容按一定的系统排列,后面不重复前面已讲过的内容。圆周式即一门学科内容的安排,在教学过程中重复出现,逐步扩大、加深。学生的认识过程是螺旋式上升的。这种编排方式比较符合学生的认识发展规律。直线式编排可以减少循环重复,节约时间与精力。教材究竟采取什么方式组织编排为好,这取决于学科的性质、在学科中的地位、学生年龄的特点,以及学制是否分段等许多条件。以兼采两者之长,结合起来运用为宜。

(3)教科书的编排形式要有利于学生的学习。教科书的内容阐述,要层次分明。文字表述要简练、精确、生动、流畅。篇幅要详略得当。标题和结论要用不同的字体或符号标出,使之鲜明、醒目。封面、图表、插图等,要力求清晰、美观。字体大小要适宜。装订要坚固耐用,规格大小、厚薄要合适,便于携带。总之,要符合卫生学、教育学、心理学和美学的要求,有利于学生的学习。

以上所述的教学计划、教学大纲、教科书和视听教材,均属我国中小学课程的具体内容和形式,它们前后左右互相联系,构成一个统一的、完整的整体。

3

课程与教学之间——教学设计

引言:关于如何来看待课程与教学之间的关系的问题,美国学者塞勒(J. G. Sayloretal)等人提出的三个隐喻可以帮助我们思考和考察这个问题的实质。

隐喻一:课程是一幢建筑的设计图纸;教学则是具体的施工。作为设计图纸,会对如何施工作出非常具体的计划和详细的说明。这样,教师便成了工匠,教学的好坏是根据实际施工与设计图纸之间的吻合程度,即达到设计图纸的要求来测量的。

隐喻二:课程是一场球赛的方案。这是赛前由教练员和球员一起制定的;教学则是球赛进行的过程。尽管球员要贯彻事先制定好了的打球方案或意图,而达到这个意图的具体细节则主要由球员来处理。他们要根据场上具体情况随时作出明智的反应。

隐喻三:课程可以被认为是一个乐谱;教学则是作品的演奏。同样的乐谱,每一个演奏家都会有不同的体会,从而有不同的演奏,效果也会大不一样。为什么有的指挥家和乐队特别受人欢迎,主要不是由于他们演奏的乐曲,而是他们对乐谱的理解和演奏的技巧。

在课程和课堂教学之间,还有教师实施教学设计这一环节。教学设计是研究教学系统、教学过程和制定教学计划的系统方法。它以传播理论和学习理论为基础,应用系统论的观点和方法,分析教学中的问题和需求,确定目标,建立解决问题的步骤,选择相应的教学策略和教学媒体,然后分析评价其结果,使教学效果达到最优。教学设计包括课程设计、教学单元设计、课堂教学设计、教学课件和媒体的设计。

情境:一个教学设计的方案

"明朝的建立"①

---

①　本教案由上海市梅陇中学孙家镇老师提供。《历史》七年级第二学期,上海,上海教育出版社,1991。

教学目标

学完本节后学生能做到：

(1)用自己的话简述明朝建立和迁都北京这两个历史事件中的时间、人物、原因、经过和结果。

(1)所有目标都是用可观察和可测量的行为来描述的。

(2)在未标明的地图上标出长城的起讫点以及山海关的位置,并能从建造原因、时间、起点、长度、结构和历史意义等六方面比较明长城与秦长城的不同点。

(2)这是一节知识课的教学目标,但所有的目标都要求学生理解,不强调机械记忆。这一点很值得提倡。

(3)参考教材和有关史书,自己归纳朱元璋和刘邦这两个开国皇帝的相似处。

(4)给出朱元璋实行的发展生产与休养生息政策的描述,学生能从"原因、内容和作用"三方面进行分析。

(5)能用自己的话解释下列名词:红巾军、"靖难之役"、紫禁城、烽火台。

任务分析

(1)在原有知识方面,学生已掌握秦长城以及汉、唐、元等与本章有关的知识;在技能方面,学生已有阅读历史地图的能力。

这节课属陈述性知识教学类型。这节历史课是纯史实知识学习。没有新的历史概念学习,学习起来比较枯燥。

(2)本节课的知识按历史事件发生的时间顺序组织,即元末农民大起义——明朝建立——迁都北京与修建长城,由此决定了教学的顺序。

(3)本节课的学习类型属陈述性知识。

(4)教学时数为1学时。

教学过程

一、知识新授阶段

(一)复习与新课有关的原有知识

1.出示刘邦、李世民和忽必烈三人的画像,要求学生辨识。提问:这三个人分别属于哪三个朝代的皇帝?

2.出示朱元璋坐像,让学生观察(引起注意和兴趣)。

3.告知本节课教学目标。板书课题:明朝的建立。

(二)呈现新教材与指导学生的知觉与理解

1.前言部分的教学。

(1)全体学生朗读"第二十章明朝的政治与经济"的前言部分,使学生对明朝的概况有一个整体认识。

(2)教师讲述:明朝是汉、唐以后又一个强盛的封建王朝。因它与汉、唐在封建社会中所处的历史时代不同,所以,在历史发展阶段上,明朝有其自身的特点。请学生填入汉、唐、明在中国封建社会历史上所处的不同发展阶段。

学生填写

```
┌─汉─( )历史阶段─┐     发展
├─唐─( )历史阶段─┤答:  强盛
└─明─( )历史阶段─┘     衰落
```

(3)教师小结,指出明朝具有标志中国封建社会开始走向衰落的历史特点。

这里的教学对先前的知识要求不高,故复习先前知识这点可以简略一些。

前言是全章知识的组织者。教师指导学生认真领会前言部分(共 6 句话)的精神,有助于整章知识的理解。

学生通过填写,可以

明朝前期在政治和经济方面做了五件大事,本节课来研究其中的三件大事。

2.讲授"朱元璋建立明朝"。

(1)板书列出:

历史条件、建国时间、人物、地点、朱元璋实

行发展生产与休养生息政策 ⎱ 原因:　内容:　作用:

(2)请学生读这一节,并在书上找出板书中的相应知识点。

(3)师生共同归纳答案并板书如下:

元末红巾军起义　　1368年朱元璋在

(瓦解了元统治)──→应天建立明朝

吸取农民　　发展生产 ⎱ 原因:
→　　→实行　　　　政策　内容:
战争教训　　与民休息　　　　作用:

(4)教师讲述,着重分析两点:

(A)元末农民起义的原因:(内容略)同时引导学生看书 p.53。

插问:元的民族压迫具体表现在哪里?

(引导学生回忆元把全国务民族分成四等的政策)

(B)分析朱元璋推翻元朝的原因(他利用了农民起义的大好形势;注意招揽人才;采纳了儒生朱升的建议;加上他本人的军事才能)。

插问:上面讲到朱元璋称帝的 4 点原因中,哪一点是客观历史条件?(答略)朱元

加深印象。

本课的基本教学方法是:(1)在教师指导下学生阅读教材;(2)师生共同讨论;(3)教师小结、归纳。可归纳为"导、读、议、结"教学法。如此可以体现"教师主导,学生主动"的精神,适合于知识教学。

璋本人发生了什么变化?(答略)

　　教师小结:从朱元璋建明称帝过程中可以看出,明朝是在农民起义的风暴中诞生的,反映农民战争是推动社会前进的重要动力⋯⋯由于历史的局限性,朱元璋从农民起义领袖蜕变成了封建地主阶级的代理人。

　　(略)

提问也是本课常用的方法。心理学研究表明,提问可以引起学生的注意,可以突出讲课的重点。

原理:

一、教学设计的特征

　　教学计划大部分是靠教师的直感完成的,教师主要关心的是教的方法而不是学的方法,对于整体教学效果来说,通常是建立在目的不明确和无准则的主观判断的基础上的。

　　教学设计却不然,它有明确的教学目标,着眼于激发、促进、辅助学生的学习,并以帮助每个学生的学习为目的。教学设计有以下主要特征。①教学计划、开发、传递和评价系统化。②教学目的建立在对系统环境的分析上。③教学目标用可观察的行为术语来描述。④对学生的了解是系统成功的重要因素。⑤重点是教学策略的计划和媒体的选择。⑥评价是设计过程的一部分。

　　教学设计是按照学生达到预期标准的能力来测定和分等的。

二、教学设计的步骤

　　可分为以下步骤。①规定教学的预期目标。尽可能用可观察和可测量的行为变化来作为教学结果的指标。②确定学生的起点状态,包括他们的原有知识、技能和学习动机、状态等。③分析学生从起点状态过渡到终点状态应掌握的知识技能或应形成的态度与行为习惯。④考虑用什么方式和方法给学生呈现教材,提供学习指导。⑤考虑用什么方法引起学生的反应并提供反馈(即平时所说的练习设计)。⑥考虑如何对教学的结果进行科学的测量与评价,主要指测试及评分。

上述步骤集中体现了教学设计的三个基本要素。①我们期望学生学习什么内容?(教学目标)②为达到预期目标,我们打算如何进行这种学习?(教学策略,教学媒体)③在进行这种学习时,我们如何及时获取反馈信息?(教学评价)

三、教学目标的叙写

教学目标,是教学设计中最先要考虑的要素。教学目标的叙写,在于强调教学活动对学生产生具体的行为改变。即说明学生在教学后能学会什么,其行为表现或改变必须是可观察可测量的,可作为目标是否达成的衡量标准。它必须用学生可判断分析的具体行为来描述,说明教师预期学生行为改变的结果。从广义讲,包括终极目标,即国家教育宗旨;中程目标,即各级各类学校任务;短期目标,每科每课的教学目标,即教学设计中的教学目标。我们这里要研究的是短期目标的叙写。

当前教师在教学目标的叙写上有三类情况。①用教育目标代替。如"把学生培养成良好公民","学生应发展数学智能"。这些教学目标是必要的,但不能只做空泛而原则的摆设。一些教师还有以终极目标、中程目标代替短期目标的情况。②含糊的教学目标,如"提高学生的写作技巧","学生应了解选举的主要功能","学生能用乘法正确解答应用题"。这种叙写仅仅指出了学习结果。教学大纲中的抽象概念如"了解"、"掌握"、"领会"等规定教学内容达到的深度,都是学生学习的心理活动,都是对学生心理活动不同层次或深刻程度的描述,也是无法直接观察与探索的,不宜照搬。教学目标的叙述,重在学习历程。③明确的行为目标,如,"根据参考手册,学生能用正确格式书写求职信函,无文法或书写错误";

"无需参考资料的帮助,学生能列举至少五项选举的主要步骤,并说明其功能"。"无需应用乘法表或计算尺,学生能正确解答20道二位数乘法应用题,90％答对"。

明确的行为目标,首先包含行为主体。行为主体,指的是学习者。行为目标描述的应是学生的行为,不是教师的行为。有的目标阐述成"教给学生……"或"教师将说明……",都是不妥的。规范的行为目标开头应是"学生应该……",书面上可以省略,但思想上应牢记,合适的目标是针对特定的学习者的。

其次包含行为动词。行为动词用以描述学生所形成的可观察、可测量的具体行为。分为含糊的与明确的动词。含糊的动词有:知道、了解、欣赏、喜欢、摘要、相信。明确的动词有:写出、背出、列出、选出、认出、辨别、比较、解决、设计、对比。

教师在教案书写中,使用的行为动词含糊、单调、千篇一律,直接影响到教学要求。

教学设计具有具体明确的行为目标,可以为教师提供明显的教学方向,提供选择教材、教法及教具的依据,也提供了评价教学效果的标准。但有些教学目标是不能测量学习结果的,也需要加以重视。教学中不可忽视目标所未提示的其他任务,未预料的教学活动也可能引出更有价值的结果。

再其次包含情境或条件。情境或条件,指影响学生产生学习结果的特定的限制或范围等,如,"借助工具书","无需参考资料的帮助","根据地图","看完全文后","心算加法,十个问题能答对八个",等等。

对条件的表述有四种类型。①使用手册与辅助手段,或者不允许使用。例如:在一张空白的世界地图上标出……②提供信息和提示。例如:给出一张历史人物表……③使用工具和特殊设备,或者不用。例如:不用计算器,计算……④完成行为的情景。例如:在课堂讨论时,叙述……要点。

最后包含表现水平或标准。表现水平或标准,指学生对目标所达到的最低表现水准,用以评量学习表现或学习结果所达到的程度。如:"至少五个主要步骤","90％都对","完全无误","四项理由中之三项","一分钟内"等。

标准的说明。可以是定量的或定性的,也可以二者都有。一般行为标准分三类。①完成行为的时间限制。例如:三分钟内解决问题。②准确性。即正确操作、运算的百分比或数字。例如:回答正确率 90％。③成功的特征。例如:解答到小数点后三位。

下面我们通过规范行为目标的例子,再明确一下行为目标的几个要素:

请你　在指定的阅读材料基础上,　比较　两个文明世界的文化,
主体　　　　条件　　　　行为动词　　　　内容

至少各举出五个特点
　　标准

现实教育中,一些教学目标的用语,既不是特定的,又不是具体行为的界定。如:"理解……"、"掌握……",而如何来表现"理解""掌握",没有准确指定。这就需要有一个再分析的过程,即把大纲中的教学目标或课时计划上的教学目标,变成一系列具体的特定的行为目标,要化整为零,变笼统为具体,把总目标划分为分目标,再把分目标划成某种可观察到的行为目的。对教材中的每个局部的基础训练和能力培养,都提出明确的要求,理出分明的序列,并尽力使之量化。

还要指明与目标行为直接有关的重要条件,指出规定动作必须准确到什么程度。例如,已给一张关于世界的示意地图,学生必须能在 15 分钟内,在图上正确地用箭头标出四大海洋来。这一目标则把测试情境的细节和期望学生做什么,都包括在表述中了。而且还指出了正确反应的数量和学生必须完成的时限。最低限度的表现得到了描述,表述具有很强的特定性。这种教学任务分析,将"宏观"工作表现,分解为"微观的"行为成分,这些成分便构成教

学的组件。

▲附录:让学生看到了那块岩石

主　持　人:傅道春　黑龙江农垦师范专科学校教授

特邀教师:贾荫春　辽宁省锦县双羊镇中心小学自然课教师、全国教育系统劳动模范

　　傅道春:素质教育的课堂教学有一个重要特点,就是减少或转化原课堂中符号和抽象的经验内容,增加学生做的经验和观察的经验。这就要有充足的教学工具。现在的教学效果将更多地依赖于教学媒体。广大的教师更需要通过创造性劳动去准备教学工具。贾老师,您是否有这方面的典型例证。

　　贾荫春:有的。新自然课本中讲了八种岩石,我认识其中的七种,并且均已找到。我不认识的岩石是玄武岩。玄武岩的名字我并不陌生,知道它与花岗岩一样,是组成地壳的主要岩石,因而也是比较常见的岩石。常见,我却不认识。我不认识倒无关紧要,但我是教学生的,我不能叫学生也不认识,所以我必须找到这种岩石。课文中介绍:玄武岩,黑色或暗褐色,颗粒密而细,坚硬,常有圆形或接近圆形孔洞,有的表面有杏仁状斑纹。我们是山区,且有一条河,河畔有各种各样的卵石,我认为这里能有玄武岩,但我无法根据书上介绍的特征认出哪一种是玄武岩。我到县里去问一位很有名望的自然课老教师,我去问教研员,都不能回答。我深深感到过去的教育方式、方法的弊端,我们不能再走那样的路了。我采集各种黑色、褐灰、灰色、深蓝,有圆洞、扁洞、方洞的各种岩石块,堆在家中。我也想象不出杏仁状斑点是什么意思。我对我的学生许下诺言:"你们毕业前,我一定给你们找来玄武岩。"这年春节,我的表妹从远方来看我,她也教六年级自然。她们那里有岩石标本,

因而认识玄武岩。她看了我的岩石堆,说里边没有玄武岩,我便在开学后,乘汽车、转火车,往返 150 公里,到她们学校借来一块不足 10 克的小石头。它对于我,就像珍宝一样。我们这里基本上没有玄武岩,我只在铁路路基上发现几块同样的岩石,凿开来,洁白如杏仁状的斑点突然显现。从这以后,我决心采集课文中所有能采集的标本。我觉得,教学中语言有时是苍白无力的,我们必须找到比语言有力得多的东西,后来,我成功了。

傅道春:您花费这么大功夫寻找一块岩石,其教育、教学的价值是什么?

贾荫春:学生学过岩石之后,书包中经常放几块岩石,问一问岩石的名字。我对其中一块火山岩进行追踪,带着科技小组发现了一座风化得不成样子了的古老的火山,获锦州市二等奖。一个孩子考察了本地 10 公里以内二十几个山头,写出的报告获辽宁省科学讨论会小论文三等奖。一件岩石标本的价值也许不高,但是积累几千件,用来对学生进行科学启蒙教育,价值就无量了。

傅道春:当前教师的课前准备,不再仅是对书本内容的熟悉和整理,因此"课前准备更费时、更重要"。请您就这个问题谈谈体会及日常做法。

贾荫春:我用三年时间,把讲课需要的动物、植物、矿物标本组装配套,以后就可以随时取用了。还提前栽下几棵白菜,讲花时用;提前用根、茎、叶繁殖植株,讲繁殖时用。还种了几棵枫树和银杏,成了叶的"活标本"。其他实验仪器,有上级发下的,也有自制的。基本齐备了,用起来也就方便了。

傅道春:您认为我国中小学类似自然课这样的理科课程的教学存在哪些弊端?

贾荫春:小学自然教学,不仅要使学生获得知识,还要教给学生获得知识的方法,培养学生独立获得知识的能力。但现在通行的考试方法,以学生答几道题定成绩,不符合教学大纲的要求,妨碍了刚刚起步的自然教学改革。

傅道春:您的"必须找到比语言有力得多的东西"的话是一句十分精辟的教育名言,请您谈谈是怎么找的,找到了哪些?

贾荫春:在我们山区现有的办学条件下,我找到的是大自然中造型精美、价格低廉、取之不尽而又非常实用的自然标本。把它们按课文要求巧妙地组装成教具。比如,把绿色蝗虫装到绿色底纸上,把黄色蝴蝶装到黄色底纸上,用来讲保护色、效果就非常好。我一直主张:在标本这一大概念下,应有一个"教学标本"的小概念,它不受标本制作的限制,而是把标本按教学内容进行巧妙的组装。"教学标本"应该像"教学仪器"一样被重视起来,自然课教师应多多发明创造"教学标本",以取代某些苍白的语言。如果这样,研究大自然的人就多了。

傅道春:您在教育圈子里请人帮助寻找玄武岩,结果失望了,这说明了什么?

贾荫春:这涉及一些理论问题,我不想说。我只说一点实际的问题。小学自然课内容有二:一是指导学生认识一些大自然中的物体和现象;二是像科学家那样去探索大自然的秘密。怎样让学生去认识物体?是老师讲学生背吗?老师们把玄武岩的特征背得烂熟,却不知玄武岩为何物,学生怎能在讲"物体"中去认识物体呢?这种教法是非改不可的。改也容易,举手之劳——叫学生看看。

傅道春:您向学生许下诺言,是出于怎样的想法?

贾荫春:学生找来一些黑的岩石,带洞的岩石,我无法表态是与否。学生很理解我,但是我必须让他们渴求的眼睛里露出微笑。

傅道春:您采集了多少课文中涉及到的标本?

贾荫春:大约选出了3000件组装配套。

傅道春:从这个教例中,看出您身上有一种敬业精神,我非常想了解一下您的工作风格。

贾荫春：农民的长处有两方面：一是善于把握天时地利，二是不抱幻想地苦干实干。我相信我是个够格的农民。

傅道春：从与贾老师的几次访谈来往中，我感到他朴素而自然的语言里有许多思想的精华。贾老师认为："课前准备更费时、更重要，我个人的成功也主要在课前准备上。"他为寻找一块岩石下了很大的功夫。有了标本，能使学生一目了然，多么浅显的道理，多么可贵的精神。如果贾老师不能呈现给学生这块岩石，有的学生可能一生也不能与它相遇。其中最令人感动的是他那种"必须让学生渴求的眼睛里露出微笑"的职业的价值追求。勤恳、艰苦、牺牲、奉献、创造，这些人格品质，是中国传统文化对教师的一种巨大的道德推动力。他认为，熟知玄武岩的特征，但又不认识玄武岩，是旧教学法的悲哀。我国传统的教师倡导多思善疑，比较注意抽象思考和符号的记忆，因而中国教育以思辨能力见长，但忽视操作，使理论与实际的距离变大。这种现象在我国中小学教育中不应再延续下去了。这是素质教育课堂建设中要转化的一个实际问题。

情境练习：

1.附录中的贾荫春老师的课前准备，给你有哪些启示？用课程理论去分析一下我国中小学的课程结构。

2.结合所学所见，了解一下所要教授学科的教学大纲和教科书的基本内容。查找一下你在课程领会方面的问题。

3.请完成一节初中课的教学设计，然后请一名优秀教师给以点评。

6

课堂教学

提示：课堂教学是教师引导学生按照明确的目的、循序渐进地以掌握教材为主的一种教育活动。从学校活动总量统计上来看，课堂教学所占的时间最多、涉及的知识面最广，对学生发展的影响最大。因为课堂教学是严密组织起来的传授系统知识、促进学生发展的最有效形式，是进行全面发展教育、实现培养目标的基本途径。考虑到课堂教学是一项实践性很强的活动，本章尽量使用一些应用性的概念，解释说明教学过程的原则、方法、管理和组织形式等一些实际问题。

1

教学活动的展开——教学过程

引言：教学是一个过程。教学过程，受认识论的一般规律所制约，又是一种特殊的认识过程，具有不同于人类总体认识的显著特点。教学过程是一个促进学生身心发展的过程。它使人类的精神财富顺利地向学生身上转化,并走在学生发展的前面,激发学生自身发展中的主动性、积极性和创造性。在本节中,我们将涉及到教学过程的要素、功能及基本规律等问题。

情境:一节初中物理课的教学①

"欧姆定律"(初中物理第二册)

教学目标

1.能说出电路中电流强度与电压以及电流强度与电阻的关系;

2.能用欧姆定律公式计算电路中的电流、电压与电阻。

这是用行为陈述的目标。

任务分析

1.起点能力:学生已掌握电流强度(I)、电压(U)和电阻(R);已掌握电路图知识。

2.学习的类型与先决条件:本课属智慧技能中的规则学习,先决条件是规则中的有关概念必须先行掌握。

3.新授课;教学时数为一课时。

此处按加涅的智慧技能学习的层次理论分析教学任务。

教学过程

(一)复习原有知识

提问:(1)导体形成电流的原因是什么?
　　　(2)什么是导体中的电流?

(二)告知教学目标

教师:分析上面的答案可以看出,电压对电流起促进作用,而电阻对电流起阻碍作用。那么电流强度、电压和电阻三者之间

这里告知教学目标比较自然,也有助于激励学生对新知识的学

---

① 本教案由上海市新华中学黄伟全老师提供。

有什么关系呢？这是我们这节课要学习的知识。

教师：德国物理学家欧姆在19世纪初（1817—1827年）任中学物理教师10年，在实验条件差，没有现成仪器的情况下，付出了10年心血，得出了我们今天要学习的规律：

板书：

> 欧姆定律研究电流强度与电压和电阻之间的关系

（三）通过实验演示，让学生发现规律，同时提供学习方法的指导

1.首先指导学生思考发现欧姆定律的方法。

提问：

（1）要同时测量 I 和 U，应该用怎样的电路？

（2）I、U、R 三者的关系不能同时考虑，即一次只能研究两个量的关系，怎么办？——使其中一个量固定不变。

2.实验演示：

（1）先固定 R 不变，研究 I 与 U 的关系。

取 $R=10\Omega$，得到：

U_R(V)	I_R(A)
2	0.2
3	0.3
4	0.4

习。

这一板书可以起全课"组织者"作用。

思维方法属于认知策略范畴。教师先指导思维方法，不仅有助于本课的教学，也有助于培养学生的认知策略。

这种变量控制法通过在多种情境中应用，就可转变为解决问题的策略。

分析数据得出结论：

板书：

当电阻不变时，电流强度与电压成正比

（2）再固定 U 不变，研究电流强度与电阻关系。

取 $U=3V$，得出如下数据：

$R_R(\Omega)$	$I_R(A)$
5	0.6
10	0.3
15	0.2

分析实验数据，得出结论：

板书：

当电压不变时，电流强度与电阻成反比

问：在实验中若电阻为 20Ω，电流强度是多少？

答：电流强度是 0.15A。

教师小结：把上面两种情况综合起来就是欧姆定律。

板书：

$$电流强度=\frac{电压}{电阻}\qquad \begin{array}{l}单位：U=伏特\\ \qquad\quad I=安培\\ \qquad\quad R=欧姆\end{array}$$

$$即\ I=\frac{U}{R}$$

（四）检查新授知识的理解（学生练习）

问：如果测得 20 欧姆的电阻两端的电压是 4 伏特，求通过电阻的电流强度。

本课基本的教学方法是例–规法即先通过实验演示实例，然后引导学生通过概括发现规则。

解：$I = \dfrac{U}{R} = \dfrac{4 \text{ 伏特}}{20 \text{ 欧姆}} = 0.2 \text{ 安培}$

原理：

一、教学过程的要素

加涅(Gagne)认为，构成教学过程有九个要素。

（一）引起学生注意

引起学生注意是教学过程中的首要因素。从信息加工的观点来看，如果个体对作用于感觉器官的刺激信息未加注意，那么，这些信息就会在很短的时间内遗忘。知识教学的基本目的，是要使学生将知识存入长时记忆；因为只有存入长时记忆中的知识，学生才能用它来学习新知识或解决问题。因此，教师在教学过程开始时，必须要考虑：怎样才能引起学生对学业的注意。要引起学生对学业的注意，通常有如下做法。①激发学生的求知欲。例如，提出能激发学生思考的问题。学生为了了解问题的答案，便会对教师的讲解加以注意。②变化教学情境。单调的刺激容易使学生的注意力涣散，教师应适当运用教具，使学生对教学内容加以注意。③结合学生的经验，从已知到未知。教学内容应从学生的实际知识出发，转入讲解的主题。

（二）提出教学目标

教师在引起学生注意之后，接着应对学生提出教学目标。教学目标的提出，目的是让学生在学习之前在心理上有所准备：将要学习什么和怎样进行学习。教师的教学目标，实际上就是学生的学习目标。学生有了目标之后，就可以避免在学习中迷失方向。这里要注意的是，教师在向学生提出教学目标时，要了解学生是否能听懂，因为新课的教学目标中有些概念是学生尚未学习过的。如果教师以学生尚未学过的新概念来讲述教学目标，学生就会感到迷惑不解。因此，在提出教学目标时，应当使用学生能够理解的语言。

（三）唤起已有经验

在提出教学目标使学生在心理上形成学习新知识的准备之后，教师进一步要做的工作是唤起学生与学习新知识有关的已有经验。任何新知识的学习，必须以已有的知识为基础。因此，教师如果发现学生中有人缺乏已有的知识经验，就应及时给予个别辅导；否则，学生学习新知识就会遇到困难，乃至丧失学习的兴趣。

（四）提供教材内容

教师向学生提供教材内容，从教师方面来说，就是教会学生学习；从学生方面来说，就是运用他容量有限的短时记忆的知识与其长时记忆中的有关知识相结合，从而学到新知识，并将其输入长时记忆中存储起来。因此，以教材为中介所构成的教师的教与学生的学始终是相互作用的，这是整个教学过程的核心。教师在提供教材时必须考虑教材性质与预期学习结果等有关问题，采用不同的教学策略，使学生在学习时做到眼到、口到、心到、手到，真正产生学习效果。

（五）指导学生学习

教师讲完教材内容之后，接下来的工作是指导学生自行学习。学生的自行学习，主要是在学校做作业。这时教师对学生通常采取个别指导。

（六）注意学习表现

教学的目的是使学生学到新的知识。怎样才能确定教学之后学生学到了新知识呢？大多数心理学家认为应根据学生在行为上的表现来判定。教师通常是从学生的眼神和表情、对问题的回答、教室作业完成情况，来判定学生学得如何的。

（七）适时给予反馈

从学生的外部行为检查他们的学习情况之后，教师还要注意对学生的正确行为适时给予反馈。这是因为，学生的正确反应，只有通过教师的适时反馈才能巩固。教师对学生正确行为的反馈，除以点头或微笑的方式表示对其肯定之外,还应在他们的作业上做出批示,加以肯定。

(八)评定学习结果

这是指当一节课结束之后对学生学习结果的评定。这种评定通常不用测试的方式进行,而主要是靠教师在结束教课时,凭自己的教学经验,来评定学生的学习效果。教师通常是以提问本次讲课内容的一些主要问题让学生回答,来评定学生的学习结果的。

(九)加强记忆与学习迁移指导

教师教学生学习新知识,是教他善于运用记忆的规律以掌握所学知识,并将所学得的概念、原理原则,应用到实际中去,使学生学到举一反三的能力,收到学习迁移的效果。

二、教学过程的基本功能

我们曾提出教学过程是一种特殊的认识和实践相统一的活动过程,而从事这一认识和实践活动的目的在于促进学生的全面发展。也就是说,教学过程的功能在于促进学生身心诸方面的和谐发展。具体地说,教学过程的基本功能可以从四个方面来考察:传授知识;形成技能;培养智能和发展个性。

(一)传授知识

传授知识是形成技能、培养智能和发展个性的基础,因而是教学过程最基本的功能。而技能的形成、智能和个性的发展,又能够反过来促进知识的增长。而且,知识传授又是和技能的形成、智能和个性的发展互相交织在一起,相辅相成,互为因果的。

在教学中,教师主要通过教材向学生传授系统知识和间接经验。学生对教材的掌握,是一个感性认识和理性认识相结合的过程。感性认识是对事物表面和外部特点的认识,但对学生领会知识来说是极其重要的。如果学生的感性认识丰富、表象清晰、想象生动,理解书本知识就比较容易。反之,如果学生缺乏必要的感性知识,要掌握书本上的概念、公式、原理等就很困难。

　　讲解教材就是在学生感知的基础上,教师继续引导学生综合这些感性知识,进入对客观事物的本质和规律的认识。学生理解教材就是要掌握教材的内在联系,使新旧知识有机地联系起来,并纳入到个人已有的经验系统中。理解的目的是要掌握概念和规律。

　　一般说来,在向学生传授新知识以后,随即进行初步的巩固工作。如,用提问、课堂测验和做习题的方法进行巩固,加深理解。在一段时间以后,还需进行系统的阶段性复习和总结性复习,强化学生对所学知识的记忆。

　　掌握知识的最终目的,是要到实践中去运用。学生获得的知识只有回到实践中去才有生命力。如果只会机械地背诵概念,记住一些定义、原理和公式,而一遇到实际问题就感到束手无策,那么,所学知识就是毫无意义的。所以,运用知识也就是更深入、更全面的理解和更扎实的巩固。

　　(二)形成技能

　　形成技能的过程和传授知识的过程是统一的,技能和知识也是互为表里,互为依存的。技能可以分为智力技能和动作技能。前者如识字、数数、计算、推理等心智活动方式,后者如写字、实验、体操、演奏乐器、表演文艺节目等肢体或器官的活动方式。技能的形成要经过长期的反复练习,才能逐渐达到熟练程度。达到熟练程度的标志,就是可以高度自动化地完成特定活动。也就是说,能够不假思索地依靠无意识控制完成一定的心智活动或肢体、器官活动。例如,在幼儿学习数数时,起初必须借助实物,或扳手指,或点石子、豆粒之类。经过一段时间的练习之后,便可以达到用"内部言语"数数的水平,即在心中数数,而不必借助实物和数出声来。再经过一段时间的练习,就可以达到高度自动化,不假思索就数出来的熟练程度。认识、拼读外语单词、计算加减乘除等,都要经过这样的过程。

（三）培养智能

培养智能是在传授知识和形成技能的基础上，在传授知识和形成技能的统一过程中进行的，三者之间有着极为密切的联系，是互相促进、互相依存着的统一体。知识一方面是智力活动的内容，另一方面，获取和运用知识的活动本身，就有锻炼智力和能力、促进智力和能力发展的作用；技能则能够大大简化智力活动过程，使智力活动更经济、更有效，提高智力活动的水平，实际上基础知识和基本技能历来被看做智力和能力的构成要素，离开了知识和技能，智能就成了无源之水，无本之木。

但是，知识和技能的掌握，并不意味着自动地培养了智能。大量事实证明，只是靠死记硬背学到的知识和单凭机械训练获得的技能常常缺乏生命力。仅有这样的知识和技能，而没有较高水平的智力和能力的学生，在学习和工作中都缺乏创造性和灵活性，往往做了大量无用功，却没有实效，结果浪费了时间和精力。所以，现代教学论认为，要培养学生的智能，就不仅要强调传授知识和形成技能，而且要考虑怎样传授知识和形成技能。一般认为，学生从探索中通过独立思考获得知识，在解决各种理论问题和实际问题的探索活动中运用已经获得的知识、技能，是培养智能的最好途径。

教给学生学习方法和思维方法，是培养他们解决问题的能力的先决条件。但是，解决问题又有它自身的逻辑顺序和方法，也需要经过有意识的训练才能够掌握。例如，发现疑问、提出需要解决的问题、设想解决的各种可能方案，为解决问题而搜集各种资料、事实和实验证据，最后经过仔细的研究和思考，选择正确的解决方案，并得出最后结论。这整个过程的每一步，都涉及一些具体的方法。要让学生熟悉各个步骤以及有关的方法，教师就应当有意识地创设问题情境，引导学生自己提出问题，设想解决方案，搜集资料或实验，运用多种方法研究和思考，得出自己的结论。

(四)发展个性

传授知识、形成技能和培养智能,也是发展个性的重要方面。每个学生都有可能在一定的原有经验背景和生理条件的基础上,形成独特的知识、技能和智能结构,成为个性发展的基础。但是,学生个性的发展还取决于另外几个方面,即思想、品德、价值体系、情感、动机、态度、意志的培养。身体的健美,也是个性发展的一个重要组成部分。教学过程对发展学生个性的这几个方面,也有着积极的影响作用。

知识、技能、智力、能力、思想、品德、价值观以及情感、动机、态度、意志和体质等方面的千差万别,综合地反映出每个学生各不相同的个性特征。组成完整个性的这些不同侧面,形成了一个有机的整体,互相间有着密切的联系。而且,在很多情况下是互相重叠、互相渗透、相辅相成的。

三、教学过程的规律

(一)教学认识过程简约性的规律

在教学过程中,教师引导学生掌握知识的过程就是要把人类的认识成果转化为学生个体认识的过程。这一有组织的认识过程要以哲学的认识论为指导,它同样也要遵循人类认识的基本路线。在整个认识活动中同样也要发挥个体的主观能动作用。但是教学中的认识过程又有它本身的特点,它所要解决的主要是怎样把人类积累起来的基本认识能够最有效地转化到新生一代个体的认识中去,是研究在有限的学习期间怎样使学生的个体认识能迅速提高到社会所要求的水平上来。因此如果说教学过程以外有些认识活动的形式,如科学研究、艺术探索等,是以变革客观世界为主要目的,那么教学过程中的认识活动则是以变革主观世界为主要目的。正是从这个意义上说,教学过程是人类总体认识和学生个体认识之间重要的联系环节和纽带。教学过程的这一社会价值和功能就决定了它必然是一种简约的、经过提炼了的认识过程。学生在教学中的认识过程从认识的对象、认识的环境到认识的活动方面都有它本身的规律和特点。

(二)教和学相互依存的规律

在教学过程中教师和学生这两个主体之间的关系是各种关系中最基本的一种关系。教师的教是为了学生的学,学生的学又影响着教师的教,两者相互依存,缺一不可,他们之间既相矛盾又相统一,任何一方的活动都以另一方为条件。在活动中教师是教育的主体,只有通过教师的组织、调节和指导,学生才能迅速地把知识学到手,并使自身获得发展。学生则是学习的主体,教师对学生的指导和调节只有当学生本身积极参与学习活动时,才能起到应有的作用。因此教学活动要能顺利开展,就必须要求教和学之间积极配合,协调一致。

在教学过程中师生双方虽然都必须发挥主观能动性,但两者所处的地位是不同的。在教学过程中,教师总是起着主导的作用。这是因为教师对所教的内容是已知者,他肩负着社会的委托,按照一定社会的要求来培养和教育人,因此教学任务的确定,教学内容的安排、教学方法和教学组织形式的选择以及学生学习主体作用发挥的程度都要由教师决定。可以说教师主导作用的性质和程度决定着教学过程的思想方向和活动的进程、决定着教学质量。教师在教学中的支配地位是教学的客观必然。

(三)教学与发展相互制约相互促进的规律

我们这里所说的发展具有三个方面的含义:一是指身体方面的发展,包括身体的健康与各部分的功能;二是指智力方面的发展,包括知识、智力、能力和技能技巧等;三是指非认知心理因素的发展,包括情感、兴趣、态度、意志、性格等。

以上三个方面的发展都和教学有着紧密的联系。可以存在没有教学(当然指学校教学)的发展,但是并不存在不包含发展因素的教学。进行教学活动,一方面受一定发展水平的制约,另一方面又对发展产生极大的影响。以下我们就从这两个方面来论述教学与发展的关系。

1. 教学受制于学生的发展水平

我们都知道,小学入学年龄一般为 6—7 岁。这就是说,进行小学教育要以儿童身心发展达到一定水平为条件。没有这些条件,就没有进行小学教育的基础。对于各级教育来说,也是如此。这是因为,人的身心发展具有阶段性和连续性,加速期和关键期。这些特点是就一般而言,即就人在不同时期的发展共性而言。人的发展除共性外还有个性,也就是我们常说的个性差异。不管是就身心发展的共性或是个性来说,都要求教学工作必须与之适应。

2. 教学与发展可以相互促进

前面我们说的教学受制于学生的发展水平,意思是要说明,教学要以受教育者的生理和心理的成熟程度及特点作为基础,并与之适应。但这只是问题的一个方面。问题的另一个非常重要的方面是,教学不只是消极地去适应发展,它还可以积极地促进上述各个方面的发展。维果茨基(1896—1934 年)关于"最近发展区"的理论,赞科夫(1901—1977 年)关于教学与发展的长期的、大规模的实验与总结性论述,以及许多生理学家对于人的大脑所具有的巨大潜力的论证,都雄辩地告诉我们:教学工作如果处理得当,对于人的一般发展,即前述的三个方面的发展是可以产生巨大的推动作用的。

(四)教学要素的整体性规律

实际的教学活动是具体的、综合的,其中的各要素是处在持续不断的变化之中的。因此,对于教学过程诸要素之间关系的理解,只是停留在静止的、分析的层次上是不够的,还必须从动态的、综合的角度加以考察。在现实的教学过程中,各个要素对教学效果有着直接或间接的影响,但是这种影响不是孤立地、简单地产生的,而是在诸要素相互联系、相互制约、相互作用下产生的,换句话说,教学过程中的每一要素都在产生一定的力,但最终导致教学效果的力并不是各要素之力的简单相加,而是在诸要素之间的实际关系中形成的一种"合力"。我们认为,这是教学过程的一条重要规律。认识和掌握这条规律,正确地利用这条规律,就可以综合各要素的作用,使各要素之间形成最佳的联系,互相配合,互相促进,从而产生最大合力,收到最佳教学效果。

2

教学工作的基本规范——教学原则

引言:教学原则是有效进行教学必须遵循的基本要求。它既指导教师的教,也指导学生的学,应贯彻于教学过程的各个方面和始终。

教学原则是从人们的教学实践中总结出来的。如我国古代《学记》中便总结了"教学相长","启发诱导","藏息相辅","预"、"时"、"孙"、"摩","长善救失"等教学的宝贵经验,这些都属于教学原则范畴,只不过未加科学论证。随着科学与教学实践的发展,教育界对教学原则的探讨便日益深入。夸美纽斯在《大教学论》中,提出了 37 条教学原则,并试图给予论证。此后,各国的教育家如裴斯泰洛齐、赫尔巴特、第斯多惠、乌申斯基等对教学原则都作了研究。这样,到了近代以后,在教学理论中,逐步形成了直观性、系统性、巩固性、可接受性、教育性等等传统的基本原则。

今天,教学原则的研究更加深入,不仅进一步充实与完善了传统的教学原则,而且还依据哲学、心理学、系统论、控制论等科学提出了一些新的教学原则,或构思了新的原则体系。如美国的布鲁纳从心理学的角度提出了动机原则、结构原则、程序原则、反馈原则。苏联的赞科夫着眼于儿童发展提出了教学的高难度、教学的高速度、理论知识起主导作用、使学生了解学习的过程等原则。苏联的巴班斯基运用系统论的整体观点提出了 13 条原则。这些研究都值得借鉴与吸取。现阶段我国中小学的教学原则主要有以下几项。

（一）理论联系实际的原则

情境: 教概率初步时,为了证明大量现象中蕴藏着的自然规律,提出了如下问题,一个人出生在正月里的概率是多少? 学生立即回答是 1/12。我们班里 50 个同学中,有几个出生在正月里的可能性最大? 同学们想了一想都回答是 4 个,接下去教师请出生在正月里的同学举手,这一下全班同学活跃起来了,不是出生在正月里的同学都偷眼注视着举手的人,有 3 个男同学和 1 个女同学举起手来。果然是 4 个同学出生在正月里(“果然是四个同学出生在正月里”,这是或然事件,但我们试验过几个班级碰巧都是四个),真理展示在眼前,一下子把同学们的心情引入到一个新的境界——惊奇和信服;当教师指出概率在自然科学和生产上、经济上、军事上有广泛的应用时,学生学好概率的兴趣就被激发起来了。虽然,古典概率的应用有它的局限性,但确有实际意义而紧扣教材的例子还是很多的。例如,我们曾举这样一个例子,飞机在低空(300 米)飞行时,它被步枪击中要害的概率是 0.005,如果集中 1000 支步枪同时射击,问击落这架飞机的概率是多少? 答案是 0.99,从答案来看,几乎是“百发百中”,有这样的命中率让人感到非常惊奇。教师接着告诉学生:这个结论不仅理论上可靠,而且在第二次世界大战中被应用于实践而得到了充分的证明。这也是概率用于射击上的事例。上面所举的关于出生在正月里的这个例子,由于涉及的是生活上最熟悉的事例,因而效果很好。[①]

---

① 胡明德:《浙江省教育学会年会论文选辑》会议材料,125 页,1981。

原理:理论联系实际原则,是指教学要以学习基础知识为主导,从理论与实际的联系上去理解知识,注意运用知识去分析问题和解决问题,达到学懂会用、学以致用。为了使学生能自觉掌握各学科的基本知识、学科结构,教师必须注意联系实际进行知识的讲授:①联系学生的生活经验、已有的知识、能力、志趣、品德的实际;②联系科学知识在生产建设和社会生活中的运用实际;③联系当代最新科学成就的实际等。教师重视培养学生运用知识的能力时,首先要重视教学实践,如练习、实验、参观和实习等,这是在教学过程中引导学生理论联系实际的主要方面。其次重视引导学生参加实际操作和社会实践。为了克服从书本到书本,理论与社会实际脱节的弊病,教师应当根据教学的需要组织学生进行一些参观、访问、社会调查,参加一些课外学科或科技小组的实际操作活动,或组织他们从事一些科学观察、实验与小发明以及生产劳动等。正确处理知识教学与技能训练的关系。在教学中,只有将两者结合起来,学生才能深刻理解知识,掌握技能,达到学以致用。

(二)科学性与思想性结合的原则

情境:《植物的叶》一课,重点是讲叶的尤合作用,这是使学生认识自然界相互关系的好内容。我在教学中除了通过实验让学生知道绿叶在太阳光的照射下有制造养料(淀粉)的作用外,主要讲清了:①光合作用需要绿叶、阳光、水、二氧化碳,缺一不可。②光合作用要吸收二氧化碳和水,制造有机养料,呼出氧气。③有机养料和氧气是人和动物所需要的。④人和动物在新陈代谢时呼出二氧化碳,为植物光合作用提供了原料。⑤植物和动物的生长都离不开空气和太阳。学生从这些知识中认识到植物与动物(即生物与生物)之间,动植物与空气、水、太阳(生物与非生物)之间的关系是非常密切的,从而认识到自然界是相互联系、相互制约的,讲解过程中虽然没有出现"辩证唯物主义"这个概念,但却较好地对学生进行了辩证唯物主义的思想教育。[①]

原理:科学性和思想性结合的原则,是指教学要以马克思主义为指导,授予学生以科学知识,并结合知识教学对学生进行社会主义品德和正确人生观、科学世界观教育。

我国自古以来提倡文以载道,并有教书育人的好传统。今天,社会主义学校的教学,其科学性与思想性更不可分。一般来说,科学性是思想性的基础,不讲科学性,把错误的知识也传授给学生,就是误人子弟,根本谈不上思想性;思想性又是科学性的灵魂,没有思想性就影响了科学性,因为只有以正确的观点、方法,才能揭示事物的本质与规律,建立科学的知识体系,形成正确的概念。

(三)直观性原则

情境:上《鱼》一课时,教师事先在水盆里放了一条活鲫鱼,让学生仔细观察鱼的形状、鱼的表面、背鳍、胸鳍、尾鳍。然后,问学生各种鳍的作用是什么?学生一下给问住了。这时,教师用剪刀把鱼的尾鳍剪掉,结果学生发现鱼在水中无法前进了;他又把胸鳍及腹鳍剪掉,结果鱼体在水里失去平衡;再把背鳍剪掉,鱼只能一动不动地躺在水里喘气。通过观察,学生明白了各种鳍的作用。[②]

原理:直观性原则,是指在教学中要通过学生观察所学事物,或教师语言的形象描述,引导学生形成所学事物、过程的清晰表象,丰富他们的感性知识,从而使他们能够正确理解书本知识和发展认识能力。

在教学中,要根据教学的任务、内容和学生年龄特征正确选用直观教学方式,直观教学方式一般可分为:①实物直观,包括各种实物、标本、实验、参观。②模拟直观,包括各种图片、图表、模型、

---

①　朱兴伟:《常识课中的辩证唯物主义教学》,《浙江教育》(小学版),1988 年第 1 期。

②　王遭俊等主编:《教育学》,230 页,北京,人民教育出版社,1992。

幻灯片、录像带、电视和电影片等,可以根据需要选用。③语言直观,老师用语言作生动的讲解、形象的描述,能够给学生以感性知识,形成生动的表象或想象,也可以起直观的作用。

(四)因材施教的原则

情境:我接受了一个差生班以后,对学生的知识进行摸底排队,发现这24个学生的发展也是不平衡的。有的学生对这部分知识掌握得比较好,而对另一部分知识掌握得差或尚未掌握。我决定把学生分成两组,进行了同年级同科目同教材有分有合的单式"复教"的尝试。

单式"复教"在教学中有分(复式教学)、有合(单式教学)。那么什么时候合,什么时候分呢?一般情况下,把两个组合起来教学。如果有些教材,好组学生已掌握或容易理解,而差组学生需要在教师辅导下才能掌握或理解的,这时就分组教学;对好组做提高工作,着重培养能力,发展智力,对差组则扎扎实实地讲解教材的基本内容,使这些学生达到基本要求。[1]

原理:因材施教原则,是指教师要从学生的实际情况、个别差异出发,有的放矢地进行有差别的教学,使每个学生都能扬长避短、获得最佳的发展。

我国古代的孔子善于根据学生的不同特点,有针对性地进行教育,以发挥他们各自的专长。宋代朱熹把孔子这一经验概括为:"孔子施教,各国其材。"这是"因材施教"的来源。

学生的身心发展各有其特点,尤其在智力才能方面更有他们各自的兴趣、爱好和擅长,只有因材施教才能扬长避短,把他们培养成为社会上各种有用的和杰出的人才。许多科学天才、体育明星、歌星、舞星等有特殊禀赋和才能的人,早在少年儿童时期便已开始显露,这是因材施教的坚实基础。每个教师有职责去发现人

---

[1]　陈宝山:《单式复数的尝试》,《江苏教育》(小学版),1980年第7期。

才和培养这些人才。因材施教不仅能提高教学质量,而且能为国家更好地培养人才。

(五)循序渐进的原则

情境:对于力,学生相当熟悉,知道搬东西要用力,力还有大小之别,等等。但是,虽然学生天天接触力,但认识也只不过停留在感觉上,没有把力的本质抽象出来,形成完整、准确的概念,更不能用书面语言表达出来。

我在讲课时首先提问学生"力到底是什么?"学生都答不出。我再提问:"谁能讲出力的表现?"学生就活跃起来了:有的说"人提水";有的说"起重机吊钢管";还有的说"磁铁吸铁钉"。我和学生一起讨论,同时辅以适当的演示实验,并板书如下:

物体	作用	物体
人	提	水
起重机	吊	钢管

接着布置归纳分析:从上述几个力的表现的例子可以看出,力是离不开物体的,如人、起重机、磁铁都是物体,水、钢管、铁钉也是物体。我再指出"提、吊、吸"在物理学中都称为作用。由此得出力的初步概念:力是物体对物体的作用。

这样根据学生对所学概念的已有认识,提出问题,根据学生的生活知识,引进事实材料,分析归纳后抽象出问题的本质属性,从而建立正确的概念,易为学生接受、记忆。[①]

原理:循序渐进原则,是指教学要按照学科的逻辑系统和学生认识发展的顺序进行,使学生系统地掌握基础知识、基本技能,形成严密的逻辑思维能力。这个原则又称系统性原则。

我国古代的教学注重按一定顺序进行。《学记》要求"学不躐

---

① 何愫园:《指导学生建立"力"的概念》,《浙江教育》(中学版),1980 年第 8 期。

等"，"不陵节而施"，提出"杂施而不孙,则坏乱而不修"。如果教学不按一定顺序、杂乱无章地进行,学生就会陷入紊乱而没有收获。朱熹又进一步提出:"循序而渐进,熟读而精思",明确提出了循序渐进的教学要求。

由浅入深、由易到难、由简到繁,这是循序渐进应遵循的一般要求。无数实践证明,教学不可"躐等"、"跃进"。如果不顾教材的系统性和学生认识的循序性,一味搞突击、赶进度、跳跃前进,那必定是"欲速则不达"。

（六）巩固性原则

情境:复习巩固[①]

复习的种类	复习的任务和方法
学期开始时的复习	为了恢复学生可能遗忘的知识,使新课能顺利进行,应当根据情况和需要进行重点复习。一般不作全面复习。
复习的种类	复习的任务和方法
经常性复习	为了及时巩固学生所学的知识。在讲授新知识前复习已学的有关知识,为新课作准备,或由旧课导入新课;在讲授新知识过程中,注意复习和联系已学过的有关知识,利用已有知识掌握新概念;在讲完新知识后,注意通过小结、提问、学生作业、复述等及时复习新知识;课后,要求学生对当天的功课及时复习。
阶段性复习	为了把一个阶段（或单元）学生所学知识系统化、深化,弥补他们掌握知识中的缺陷。单元结束后立即进行,主要复习基础知识、基本技能。
期末的复习	为了使学生全面、系统、巩固地掌握一学期所学的知识、技能,弄清重点和关键,前后章节之间的内在联系,辨析易混淆的概念,纠正运用知识时常犯的错误可以将系统复习与重点复习结合起来。

---

① 王道俊等主编:《教育学》,237页,北京,人民教育出版社,1997。

原理:巩固性原则,是指教学要引导学生在理解的基础上牢固地掌握知识和技能,长久地保持在记忆中,能根据需要迅速再现出来,以利知识技能的运用。

历代许多教育家都很重视掌握知识的巩固问题。孔子要求"学而时习之","温故而知新"。俄国乌申斯基认为复习是学习之母。他形象地把学习中不注意巩固知识的现象,比喻为醉汉拉货车,边拉车,边丢货,最后到家时只剩下一辆空车。

理解知识是巩固知识的基础。要使学生知识掌握得牢固,首先在传授时要使学生深刻理解,留下极深的印象。复习就是重温已学过的知识。它可以使知识在记忆中强化、熟练,加深学生对知识的理解,提高学生的创造力,所以,复习是巩固知识的主要手段。

(七)启发性的原则

情境:我教学《沙漠里的船》一课时,一个名叫颜江武的学生提出了自己的疑问:"书上说,骆驼的嗅觉灵敏,不论什么地方有水,它都能找到,我看有些不科学。水是无色、无味、无臭的液体。水既然没有气味,那骆驼怎能嗅得到呢?"我肯定了这个问题提得好,并鼓励大家谈出自己的看法。不一会儿,一个同学蛮有把握地说:"有水的地方空气湿润一点,无水的地方空气干燥一些。如果骆驼的鼻子感到舒服,就知道哪儿有水。"有的说:"空气湿润和干燥,骆驼的鼻子很灵敏,可以凭感觉判别出来。"后来,颜江武同学的《骆驼"嗅"不到水源》发表在《小学生科普报》上,引起了一些小读者的兴趣。[①]

原理:启发性原则,是指在教学中教师要承认学生是学习的主体,注意调动他们的学习主动性,引导他们独立思考,积极探索,生动活泼地学习,自觉地掌握科学知识,提高分析问题和解决问题的

---

① 　傅道春编著:《情境教育学》,148 页,哈尔滨,黑龙江教育出版社,1996。

能力。

中外教育家都很重视启发教学。孔子提出了"不愤不启、不悱不发"的著名的教学要求,这是"启发"一词的来源。后来,《学记》中又发展了启发的思想,提出"道而弗牵,强而弗抑,开而弗达"的教学要求,阐明了教师的作用在于引导、激励、启发,而不是牵着学生走,强迫和代替学生学习。这些思想极为精辟,至今仍熠熠生辉。

在西方,苏格拉底在教学中重视启发,他善于用问答方式来激发和引导学生自己去寻求正确答案,这种苏格拉底方法被称为"产婆术"。教师在引导学生探求知识过程中起着助产的作用。文艺复兴后许多教育家都重视调动学生的主动性,强调启发教学。第斯多惠在提倡启发教学上很出名,他的名言是:"一个坏的教师奉送真理,一个好的教师则教人发现真理。"①

（八）可接受性原则

可接受性原则,是指教学的内容、方法、分量和进度要适合学生的身心发展,是他们能够接受的,但又要有一定的难度,需要他们经过努力才能掌握,以促进学生的身心发展。

我国古代墨子很重视学习上的量力而为。他指出:"夫智者必量其力所能至而从事焉。"②西方文艺复兴后,许多教育家都重视教学的可接受性问题。夸美纽斯认为:"要去观察能力发展的次第,要使我们的方法依据这种顺序的原则。"③第斯多惠讲得更清楚,"教学必须符合受教学生的发展水平"④,"从学生的发展水平出发开始教学,并且循序渐进地……继续教下去"。⑤　显然,人们从经验中懂得,教学中传授的知识只有符合学生的接受能力才能

---

①　张焕庭编:《西方资产阶级教育论著选》,367 页,北京,人民教育出版社,1964。

②　《墨子·公孟》。

③　张焕庭编:《西方资产阶级教育论著选》,36 页,北京,人民教育出版社,1964。

④　张焕庭编:《西方资产阶级教育论著选》,361 页,北京,人民教育出版社,1964。

⑤　张焕庭编:《西方资产阶级教育论著选》,356 页,北京,人民教育出版社,1964。

被他们理解,顺利地转化为他们的精神财富。

近年来,随着科学的发展,对这个原则的解释有新的重大进展。不是单纯强调教学要适应学生发展的一面,而是重视教学要适当走在学生发展前面,促进学生发展的一面。赞科夫就力主这种观点。他以自己进行的小学教学改革实验和所作的理论阐述,充分证实了教学应当促进学生发展的可行性。赞科夫强调高难度和高速度的教学原则,给学生布置足够分量的创造性作业,引导学生积极进行认识活动,显然,如果学生不进行高度紧张的智力活动,不克服一定的困难,便不能富有成效地学习。

3

教学中问题的处置——教学方法、技术和策略

引言:如果把教育过程、教学原则的领会称为教学定位的话,那么接触教学方法、技术和策略,就进入实际活动了。这一节的问题将表现出明显的可操作性和灵活性。

一、教学方法

(一)教学方法的种类

教学方法是为完成教学任务而采用的办法。它包括教师教的方法和学生学的方法,是教师引导学生掌握知识技能,获得身心发展而共同活动的方法。

美国教育家克拉克(Leonard H. Clark)和斯塔尔(Ivring S. Starr)把教学方法定义为:教师为达到教学目的而组织和使用教学技术、教材、教具和教学辅助材料的方法。分教学策略和教学手

段两部分。[①]

　　教师恰当地选用教学方法,便于传授知识,使学生易于形成技能技巧;可以有效地提高课堂教学质量;影响学生形成积极的人生观、世界观,甚至影响到教学的方向和性质。

　　情境:教学方法的种类图示[②]

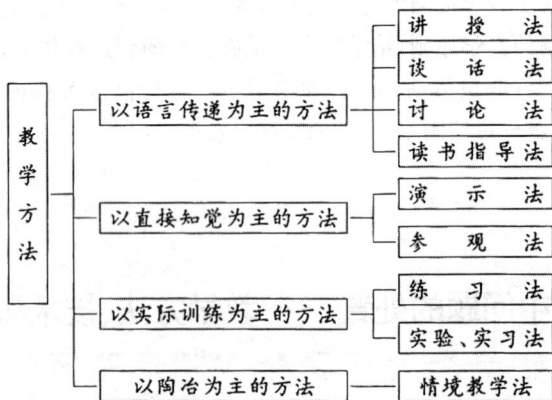

　　原理:教师使用的教学方法,都不是适用于一切教学范围的,是不断变换的。那么,依据什么进行选择呢?有研究表明,重要的有四点。①依据学生的特点选择教学方法。比如,如何激发学习兴趣,发展智力,促进个性发展,提高学生的认识能力。②依据教师的特点选择教学方法。比如,教师的某些特长(如善于绘画、讲故事),教师的某些缺点(如不善于口头表达或书写)。③依据教学大纲规定的教学进度和教学时间选择教学方法。④依据现代技术设备条件选择教学方法。

　　依据上述各项选择的原则,比较各种可供选择的教学方法的

---

①　顾明远主编:《教育大辞典》第 1 卷,199 页,上海,上海教育出版社,1990。

②　参照南京师范大学:《教育学》,44—458 页,北京,人民教育出版社,1984。

适用范围,按不同的教学条件,对其进行筛选后作出决定。

下面,我们按类别介绍一些主要的教学方法以供在教学中选择。

1.讲授法

情境: 教师对于每一个概念都须逐字逐句地给学生分析讲解,不要求死记硬背,而是牢固掌握"要点",从本质上理解概念的含义。比如"垂直平分线"的概念,教材上是这样定义的:"垂直于一条线段并且平分这条线段的直线,叫做这条线段的垂直平分线,或中垂线。"它有四个要点"垂直"、"平分"、"线段"、"的直线",缺一不可,叫学生用黑点表示,并提问:(1)这个概念若删去"平分"二字,可以吗? 删去"垂直"二字呢? (2)将"线段"二字改为"直线"二字可以吗? 为什么? 应当指出的是,教材中给概念下定义采用的形式是"……,叫做……",其"叫做"就是它的本质属性。在概念的叙述中若没有用专门词语"叫做"相连结,则就不是给该概念下定义。比如对于"直角"这个概念,教材中是这样定义的:"当一个角等于干角的一半时,这个角叫做直角。"若说"90°"的角叫做"直角",只是描述性的表示。[①]

原理: 讲授法。亦称"口述教学法",教师通过口头语言向学生传授知识的教学方法。包括讲述、讲解、讲读、讲演四种方式。其优点是教师有较充分的主动性,易于控制所传递的知识内容,可使学生在较短时间内获得较多的系统连贯的知识。其弱点是,如使用不当,学生积极性、主动性可能受到压抑。这种教学方法有效使用的条件是:教师具备较强的语言表达能力与组织学生听讲的能力,能根据不同性质的教学内容和学生的实际水平,灵活变换讲授的具体方法并与其他多种教学方法配合。

2.谈话法

---

① 傅道春编著:《情境教育学》,24 页,哈尔滨,黑龙江教育出版社,1996。

情境:《青蛙的眼睛》(六年制六册)第二自然段写了一奇怪而有趣的试验:给青蛙吃许多静止的死苍蝇,青蛙却活活饿死,但只要把死苍蝇拴在线上,在青蛙眼前掠过,青蛙立刻就会跳起来把死苍蝇吃了,跟吃活的一样。这是一个特殊的例子,作者的目的是想通过青蛙吃动的死苍蝇,不吃静的死苍蝇这一特例,告诉人们这样一个普遍的道理:不论死活,青蛙爱吃动的昆虫,不吃静的昆虫。教学中怎样体现出这一特殊和普遍的联系呢? 一位老师是这样处理的:

师:这个奇怪的试验说明了什么?

生:说明死的苍蝇青蛙也要吃,不过死的苍蝇要动起来它才会吃。

师:如果不用动的死苍蝇,而用动的死蚊子、死白岭、死蚱蜢等等,青蛙也爱吃吗? 为什么?

生:爱吃,因为这些东西都在动。

生:因为这些东西都是昆虫。

师:那么,这个奇怪的试验,说明了一个什么普遍的道理呢?

生:说明只要是动的昆虫,不管是死是活,青蛙都爱吃。

通过青蛙吃动的死苍蝇这一特例使学生懂得了青蛙吃动的昆虫这一普遍的道理。[①]

原理:谈话法。亦称"回答法"、"提问法"。师生通过相互提问,以引导学生运用已有的知识和经验,通过推理获取新知识,巩固旧知识,增进记忆的一种方法。这种教学法有两种方式:一种是启发式谈话,主要用于传授知识与创造性复习旧知识。二是问答式谈话或再现式谈话,主要用于巩固与检查知识。这种教学方法有效使用的条件是:教师具有较强的教材驾驭能力与应变能力,能

---

① 傅道春编著:《情境教育学》,125 页,哈尔滨,黑龙江教育出版社,1996。

在新的教学情境中抽象、条理、设问出最基本的教学问题。谈话法是教师劳动中最富有创造性的一部分,它使教学内容处于不断转化之中。

3.讨论法

讨论法是学生在教师指导下为解决某个问题而进行探讨、辨明是非真伪以获取知识的方法。近年来,许多教师的实践经验证明,在中小学教学中,对一些重要问题如基本概念、人物形象、课堂作业等,以小组或全班方式开展一点讨论,确能提高教学质量。真理愈辩愈明,学生通过讨论、争辩,掌握的知识更深刻、准确,思考问题和语言表达的能力更敏捷。

讨论法的种类很多,既可以是整节的课堂讨论,也可以是几分钟的讨论;既可以是全班性的,也可以是小组讨论。

4.读书指导法

情境:引导学生自学课本,使学生从消极的听讲者转变为以自学为主的探索者、思考者,这是提高教学质量的一个重要方面。随着学习方法的变换,他们的思维发展过程也发生了相应的变化,因而对教师的要求也更高了。在自学为主的教学过程中,师生双方的活动互相关联着,教师不断从学生那里获得自学情况信息,决定着下一步启发引导的重点。

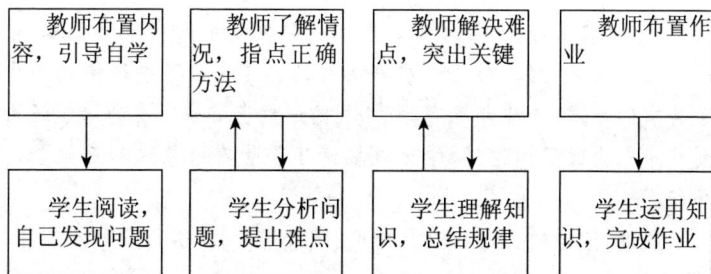

教师布置内容,引导自学	教师了解情况,指点正确方法	教师解决难点,突出关键	教师布置作业
学生阅读,自己发现问题	学生分析问题,提出难点	学生理解知识,总结规律	学生运用知识,完成作业

这样,顺着学生自学的思维规律,及时掌握他们在自学各个阶

段的特点,因势利导,更好地让学生掌握知识,发展智力、能力。[①]

原理:读书指导法,亦称阅读和围绕阅读材料进行活动法。教师指导学生通过阅读教科书、参考书和课外读物获取知识,培养独立阅读能力的教学方法。其具体类型有:①分段型。将一节课划分为两段,一段用于复述与指定作业,另一段用作读书指导。②双节型。将两节课连在一起,一节用于一般教学,另一节用于读书指导。③课外及课后预习型。在课外规定时间内对学生进行个别指导。④专任导师指导型。学校专聘具有读书指导经验的教师进行指导,对学生读书中的问题作出诊断,并制定补救方法。⑤读书指导课型。如在中学专设"读书法"课,使学生系统掌握读书方法。⑥弹性辅导型。帮助学生制订读书计划,指导选择和查阅图书,使学生掌握预习、复习、编写读书提纲方法等。这种教学方法有效使用的条件是:教师具有较强阅读分析综合能力和博闻强记的能力,透彻地了解学生的学习过程,善于搭配、组合新的学习内容。学校要备有相应的图书资料。

5.演示法

情境:有位教师演示导管功能,他事先把带叶的枝条插入红色溶液里,放在温暖而有阳光的地方晒几小时。上课时,将枝条一段一段剪下来,分到学生手里。他一边讲、一边提问;学生一边剥、一边观察、一边思考、一边回答。他们观察到枝条的皮没有变红,中间的髓也没有变红,而是木质部变红了。学生看了书很快就明白了其中的原因:木质部里有导管,能输送红色溶液。有的同学还看到叶子也变红了。这样,学生就搞清了导管有输导水和无机盐的功能。[②]

原理:演示法,展示实物、模型、图片等教具,进行示范性实验,

---

① 丁盛宝:《引导学生自学数学课本》,《上海教育》,1982年第12期。

② 王道俊等主编:《教育学》,251页,北京,人民教育出版社,1987。

或采用现代化视听等手段指导学生获得知识的一种教学方法。演示法常与讲授法等配合使用。其实施要求是：①按照教学任务和教材逻辑事先考虑好演示目的、所用教具以及在何时用何种方法等。②用以演示的对象，能突出显示所学材料的主要特征。③使所有学生都能清楚、准确地感知演示对象，并引导他们在感知过程中进行综合分析，以区别其主要特征。④全部组织工作要有助于激发学生的观察兴趣，发展求知欲、主动性和抽象思维。

6.参观法

组织学生到大自然或社会特定场所观察、接触客观事物或现象以获得新知识和巩固验证已学知识的教学方法。按照教学任务，可分为准备性参观、并行性参观和总结性参观。按照学科，可分为生产性参观、自然和科学性参观以及历史文学性参观。它可使教学同实际生活联系起来，激发学生的求知欲。其步骤和要求是：①准备。使学生明确参观的目的、计划，做好参观活动的安排。②进行。要求学生集中注意力，收集有关资料，质疑问难，还要注意安全。③总结。指导学生系统整理有关材料，座谈或撰写报告，将感性认识上升为理性认识。

7.练习法

情境：学习了小数四则运算后，为学生组织了一堂练习课，主要复习小数四则混合运算的顺序。教师安排了循序渐进、依次加深的练习。

第一个练习，是口算小数四则运算，同时板演小数四则混合运算，目的是巩固运算顺序；

第二个练习，是用分析和综合图，让学生根据图意列式，讲出思考方法，巩固运算顺序；

第三个练习，是根据文字题的要求列式，使运算顺序在文字题中逐步加深，并训练学生正确使用括号；

第四个练习，是根据已有的式子，要求学生用语言表达；

$$15.1 + 4.9$$
$$100 \div ?$$
$$? \times 3.8$$
$$?$$

$$?$$
$$12.4 \div ?$$
$$? \div 6$$
$$? - 0.8$$
$$0.005 \times 400$$

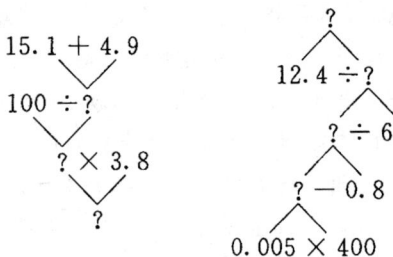

第五个练习,是判别几个形式相类似,但列式不同的文字题,如:①4.23 加上 0.02 的和乘以 1.2,结果是多少?②4.23 加上 0.02 乘以 1.2 的积,结果是多少?③4.23 加上 0.02 乘以 1.2,结果是多少?

最后一个练习,是自编文字题及练习思考题,即在"0.5,0.5,0.5,0.5=0"加上适当的运算符号使等式成立,启发学生思考同数进行运算结果得 0 的有几种情况。

上述六个练习都围绕运算顺序这个中心,各有不同的要求,一层比一层深,教学中,重点放在引导学生的思路,解决运算的规律。[①]

原理:练习法,为形成一定技能、技巧,培养创造能力,要求学生在教师指导下反复多次完成某些动作或活动方式的教学方法。按练习目的可分预备性练习、训练性练习和创造性练习。按练习内容可分为心理技能练习(如阅读、作文、计算等)、动作技能练习(如体育运动、劳动操作等)和文明行为习惯练习(如卫生习惯、守时习惯等)。练习过程一般分为三个阶段:①开始阶段。操作不熟练,技能形成较慢,教师要注意学生操作的准确性。②中间阶段。练习在速度上、效果上迅速提高,达到准确、合理的程度。③结束阶段。技能提高逐渐变慢,出现停滞状态。教师指导总结经验,使动手与动脑相结合。组织练习的过程因学科和个人而有差异。一

---

① 吴粹红:《按知识之"序"组织数学练习》,《上海教育》,1982 年第 5 期。

般步骤：首先由教师提出练习任务，说明要求和方法，并示范；然后学生独立练习，教师个别指导；最后进行检查、分析和总结。练习的基本要求是：①使学生明确目的和要求。②精选练习材料。③掌握正确的方法。④适当分配分量、次数和时间。⑤注意系统性、经常性，循序渐进，逐步提高。⑥要有反馈。⑦方法多样化，引起学生兴趣，使其保持注意力。

8. 实验实习法

情境：《机械振动》是一节起始课，其内容是一些常见的现象，学生一般会兴味索然。但在应用时却往往概念模糊，抓不住问题的关键。

刘廷苏老师出现在讲台上，像一位胸有成竹的常胜将军在下达战斗命令："今天我们分成四个组进行系列实验，现在甲组观察乒乓球的跳动，乙组观察篾片一端的振动，丙组观察弹簧振子的振动，丁组观察单摆小球的摆动，然后依次交换观察。"

这样用实验程序法进行观察、总结，学生很快就掌握了振动和跳动、简谐振动和阻尼振动的区别及其物理意义。紧接着，刘廷苏又让学生自己用秒表和直尺测量弹簧振子和单摆的振幅与周期。课堂气氛活跃，学生们兴趣盎然，不仅缩短了教学时间，而且处理了课外作业，减轻了学生的负担。[①]

原理：实验实习法，在教师指导下，学生通过独立操作仪器设备获得知识的教学方法。常用于自然学科教学。其主要优点是，学生亲自参加实践活动，印象深刻；可培养学生正确使用仪器进行科学实验的基本技能和科研能力，养成严谨求实的科学态度和科学精神，发展学生的观察、思维和创造力。种类有：学习理论之前进行的实验旨在获得感性认识。学习理论之后进行的实验，旨在验证理论，复习、巩固已学过的旧知识。一般步骤是：①提出实验题目和明确的任务;②规定实验操作程序;③学生动手实验,教师检查;④进行小结并作出结论。

9.发现法

发现法是学生在教师的指引下通过独立的探索,创造性地解决问题,获取知识和发展能力的方法。一般来说,学生要解决的问题都是社会和科学上已解决了的问题,大部分问题所包含的原理都作为基础知识列入教材中。不过,这对学生来说尚是新的。在教师不作讲解而只提供一定素材、情境的条件下,学生解决这些问题则需要进行创造性的研究活动,即需要通过分析研究所提供的资料、情境,提出问题,作出假设,进行实验和验证等一系列活动,来获取科学知识。

发现法的特点是由学生完成比较复杂的课题或独立作业。所以,它有突出的优点,能使学生在研究和解决问题过程中受到极大的锻炼和提高,逐步掌握研究问题的方法,形成创造性地分析问题和解决问题的能力。这种教学方法适用于小学高年级以上各年级的数理学科。基本过程是:①带着问题观察具体事物。②将所得的片断知识形成假设。③从假设上升到精确的概念。④将概念转化为能力。实施此法时必须考虑学生智能的高低、学习材料的难易、教师指导的多寡。

10.情境教学法

情境:南通师范二附小李吉林老师的课堂,是把儿童带入情境,在探究的乐趣中,激发学习动机;又在连续的情境中,不断地强化学习动机。探究心理的形成,对具有好奇心、求知欲望的儿童来讲,本身就是一种满足,一种乐趣。其过程可简单地概括为:探究→满足→乐趣→产生动机,在把儿童带入情境后,根据课文情节的发展,内容的需要,使情境成为一个连续的动态的客体。教师有意识地把儿童一步步带入课文描写的相关情境,让儿童感到"情境即在眼前","我即在情境中"。课文中描写的一个个人物形象栩栩如生地再现在儿童的眼前;课文中描写的一个个特定空间,儿童可涉足其间,仿佛进入了其人可见、其声可闻、其景可观、其物可赏的境地。客观的教学情境一环环引人入胜;儿童进入情境后的热烈情绪又反过来丰富了情境。他们发自内心的微笑,忍不住的哭泣,震动心灵的义愤,争先恐后表述的感受、见解……都使儿童的学习动机在这种"情"与"境"相互作用的持续中得以强化。教学终于成为"我"高兴参与的有趣的、有意义的活动。在这里,没有丝毫沉闷的学习空气,没有强制,没有指令,完全摆脱了被动应付的状态。[①]

原理:情境教学方法是指教师根据一定的教学要求,有计划地使学生处于一种类似真实的活动情境之中,利用其中的教育因素综合地对学生施加影响的一种方法。它的特点是使学生在不知不觉中受到教育。

情境教学方法不像语言传递和实际训练那样要靠教师向学生直接提出要求或进行具体的指导,而是寓教学内容于各种具体的、生动形象的、有趣的活动之中,其目的是创设理智、情感并存的意境,唤起学生的想象,以加深他们对事物的认识和情感上的体验。

情境教学方法最重要的是要为学生创设能顺利实现教学任务的"情境",只有把学生引入情境之中,才能对学生发生积极的影响。这种方法从现象上来看,似乎教师并没有直接参与指导,但实际上却需要教师进行大量精细而复杂的组织工作,在教学艺术和教育机智方面都对教师提出较高的要求,否则,教师的主导作用就不易充分发挥。

(二)教学方法选择的衡量标准

1.选择的教学方法是否符合学生特点、教师特点、教学大纲的规定,是否采用了现代化设备

---

①　李吉林:《全面提高儿童素质,探索一条有效途径》,《教育研究》,1997 年第3 期。

在操作中仍需注意以下几个制约因素：教学方法是以教师的世界观教育观为前提的，强调知识学习的教师大多采用讲授方法为代表的接纳式学习，强调能力培养的教师十分注重发现法为代表的发现式学习。同时，教学方法也受教育对象的心理和生理发展阶段的条件制约。教学方法还受教学大纲所规定的教学内容的影响。

2.选择的教学方法是否维持学生的注意与兴趣

一般地说，学科内容不同的教材类科普读物都以科学性和逻辑性为主，很少考虑兴趣和引起注意的问题。教师则有必要在不影响科学性和逻辑性的条件下，考虑如何引人入胜地进行学习。这是使学生做好学习准备所必需的。

引起和维持学生注意和兴趣的教学方法有两种：一种是提出问题，使学生为寻找正确答案而学习、理解和得出结论。另一种是引起好奇心，使学生注意、关心和探索，新奇的程度虽然因人而异，但只要提出的问题是新奇的，就会引起学生的好奇心。

运用与原有的信念和见解相冲突的方法。就是通过呈现给学生与他们已有的信念体系相互矛盾的现象，使学生感到"奇怪"，从而维持注意与兴趣。

制定新的认知性标准的方法。当学生某学科的知识还不充分的时候，先给一个类似"法则"的知识，然后举出一个与法则相反的现象，引起不和谐。例如：讲植物生长必须依靠光合作用，但有一类植物不需要光合作用。这种不和谐唤起了学生对植物生长和种类的兴趣。

运用选择冲突的方法。当一个问题出现几种可供选择的答案时，学生困惑不解，在认识上发生了冲突，也会产生好奇心。多项选择题就是利用了这种方法。

3.分析教师用什么方法解决妨碍、干扰教与学的智力问题和情趣问题妨碍和干扰智力问题的方面有：与旧经验不一致的难点和概念，与实际经验不一致的结论，与知识水平有差距的方法和步骤等等。这些都需要选用适当的教学方法加以解决和处理。

妨碍和干扰情趣问题的方面，首先是学科态度方面的问题，学生中有爱上的课和不爱上的课，教师重要的是激发学生学习相关知识的强烈愿望。有的学生由于对任课教师情感上的亲疏，而影响对该教师所教学科的好恶，还有的学生由于学科基础薄弱而在学习成就上屡遭挫折而丧失学习情趣，这些也都需要教师加以解决。

4. 选择的教学方法是否给学生带来满足感

教师的评语对促进学习很有激励作用，顺应评语，即根据答案存在问题加以矫正，正确的予以好评，学生受到了鼓励，获得满足感，效果最好。特殊评语，即对甲等的成绩评以"优等，保持下去"，乙等评以"良好，继续前进"，丙等评以"再提高一点"，丁等评以"让我们改进这一等级吧"。

在课堂上教师与学生对话，从回答中得到正面肯定，从发言中得到了满足感，这对学生来说异常重要，从而促进学习该学科的兴趣，增强对教师的尊敬，也会提高学习信心。因此，课堂上师生对话，课堂提问是很重要的环节。

教师不能给学生带来满足感还表现在讲课上，教师如果不能很好地组织好思想，表现得观念太多、杂乱，学生就会不听或似听非听。学生听教师讲话并作出反应，对于建立师生间的满意关系非常关键，其中语言的有效使用又是核心。

5. 维持课堂纪律是实施教学方法的重要前提

教学，首先包含课堂纪律管理，其次才是信息交流。在良好课堂纪律的基础上，才能完成教材的讲授，在一个课堂纪律混乱的教室里，既教不好，也学不好。教师认为课堂上教学是第一位的，把纪律问题放到课后去处理是不对的。

　　（三）教学方法实施的步骤

　　当教师采用某种教学方法进行一节课的教学时，必须遵循一定的步骤才能达到某一目标。一般教学方法的实施都要具有五个步骤。①引起动机。如前所述，吸引学生，调动兴趣，引起好奇是教学方法的第一质量要求。②呈现教材。学生产生求知欲望后，教师分层次、有次序地呈现教材就是一个重要问题了。③举例说明。学科中的概念、定义等都是对大量事实、现象所进行的科学抽象的概括。若要真正学懂科学概念、定义等等又必须用客观实际、事实、现象加以说明，举例说明就是十分重要的了。④归纳概括。教师需要把讲过的内容提纲挈领地加以归纳概括，勾勒章节结构，界定重要的概念，提示学习的标准，可以使学生掌握要点，促进记忆。⑤布置作业。布置作业是对学生的一种操作要求，通过练习、复习，以加强巩固和深化理解。

二、现代教学技术的应用

　　现代教学技术是指教学中使用的传递信息的媒体和进行教学的技术手段。它的作用是促进教学过程的优化和个别化，有助于提高教学的质量和效益。现代教学媒体包括各种教学机器，以及已录制的、载有教学信息的幻灯片、投影片、录音带、电影片、录像带、计算机软件，等等。传统教学媒体主要是指黑板、挂图、标本、仪器、文字教科书，等等。现代教学技术的应用不等于完全否定传统教学媒体的作用，它需要教学中将传统教学媒体与现代教学媒体恰当地结合。现代教学技术的应用必须遵循现代教育科学理论的指导，特别是要遵循现代教学论和传播理论的指导。

　　（一）现代教学技术的功能

　　（1）它能不受时间、空间、微观、宏观的限制，将教学内容中涉及别的事物、现象、过程全部再现于课堂，让学生通过事物的形、声、色、变化和发展等，去获取知识，认识世界，而不是通过信息的抽象,事物的符号去获取知识。

(2)它能提供代替的经验,使抽象概念半具体化。具体事物半抽象化,从而使教学、学习变得容易,既容易转向具体实际化,也容易转向抽象概念化。

(3)能促进学生智能发展的过程,提高学生掌握知识和能力的质量,并能更好地适应学生的个别差异和不同水平。

(4)能增进教学效率。

(5)能提高信息的增值率,扩大教学规模。

现代教学技术的应用,能帮助人们逐渐改变传统的教学观,实现教学思想上的两个转变:从单纯的重视教,转变为既重视教又重视学;从单纯的重视传授知识,转变为既重视传授知识又重视能力培养。能帮助人们逐渐改变传统的教学模式,促进教学形式、手段从单一化向多样化发展,教学不仅有面授,而且可通过视听手段进行远距离教学;教学手段不仅有粉笔、黑板,而且有多种多样的电光、电声、电控技术设备。利用计算机管理教学,可使教学管理机械化、自动化,更加科学化。

(二)运用现代教学技术的基本方法

1.课堂播放教学法

课堂播放教学法主要有两种。①演播法。就是在课堂教学中,教师主要借助电教媒体,演示图像,播放录音,以传递教学信息。采用这种方法,教师的责任主要在做好教学的组织与引导工作。演播法一般按照下列步骤进行:提示—播放—讨论—小结—作业。②插播法。就是在教师讲解时,穿插播放电教教材的有关片断,为讲授提供感性材料或例证,作为抽象概括的基础,并激发学生听讲的积极性。插播法一般按照下列步骤进行:讲解—播放—讲解—播放—小结。

2.远距离播放教学法

远距离播放教学法主要有两种。①现场直播法。就是由广播电台、电视台、教育卫星或其它播放系统,直接播出教学现场实况。②录制播放法。就是先制成录像或录音教材,然后通过播放系统播出。

3.程序教学法

这是采用上述第二种电化教学模式时,使用的教学方法。这种教学方法,就是使用装有程序教材的教学机器(也可以是程序学习书),对学生进行个别化教学。采用这种方法时,教师的主要工作是编制程序教材。

4.机器考查成绩法

运用电化教学设备、考查学生成绩,通常有以下几种方法:

(1)课堂应答分析器考查法。运用课堂应答分析器,教师提出问题,全班学生在各自座位的按键上作选择性的回答,教师控制台的显示器上,能清楚地显示出哪些学生答对,哪些学生答错,答对的总数与百分比,答错的类型与总数,以及学生回答问题的快慢速率等。从这,教师可以迅速、准确地了解全班学生对某个问题的学习和理解情况。

(2)声像记录分析法。用录音、录像方法,将学生的回答情况或动作性、操作性技能记录下来,然后作细致的分析。这种方法,能更有效地考查学生的学习成绩,特别是技能技巧方面的成绩。

(3)计算机考查法。计算机在成绩考查中的运用,主要有以下几个方面。①出题:按考试要求,从计算机试题库抽取有关题目,即可得到一套适用的试题。②评分:将学生回答情况输入计算机,即可判断其正确与错误,并迅速将分数统计出来。③技能考核:如对实验技能的考核,学生通过按键,在显示器上,即可呈现演示实验的全过程,计算机根据操作过程的正误,给予评定成绩。④成绩分析:利用计算机,对全班学生的成绩综合分析,以全面了解学生的学习情况和教师的一般教学效果;或对全班学生分类试题的成绩分析,以了解学生对各类问题的掌握情况。

三、教学策略

教学策略,指建立在一定理论基础之上,为实现某种教学目标而制定的教学实施总体方案。包括合理选择和组织各种方法、材料,确定师生行为程序等内容。

(一)教学策略的分类

目前世界上还未形成一个大家公认的教学策略的分类体系,已进行较深入研究并形成流派的教学策略可列举以下六种。

1.先行组织者策略

此策略源于奥苏贝尔的有意义学习理论。其步骤:准备预备性材料;设想学习进程;显现预备性材料和新材料;从预备性材料中抽象出新信息;运用活动强化。

2.概念形成策略

此策略源于布鲁纳等人的理论研究。包括选择性策略和接受性策略两种。其实施步骤,呈现实例,确认概念,强化练习,发展思维技巧。

3.认知发展策略

此策略建立在皮亚杰的研究基础上。运用原则为:儿童从实践中获得知识;教育活动以儿童为中心;教学须是个别化的;社会交往起重要作用。教师以开发者、诊断者、认知冲突的创设者和促进者、社会交往的推动者等身份发挥作用。

4.随机管理策略

此策略系统地控制强化刺激,使之在特定时候强化所期望的行为反应。多用于技能学习和其他复杂行为的学习中。

5.自我管理策略

此策略教给学生改变行为方式的方法。其主要步骤为:教给学生行为的原则和技巧;教给学生自我估计的步骤;制定自我管理、自我决断、自我指导的计划;避免不良的随机行为。方法包括示范、督促、强化和指导。

6.行为练习策略,又称"直接教学"

此策略特点是建立一系列模式化的教师行为。实施步骤:明确课程的目的、环节和内容;呈现新信息;控制练习时间;通过语言揭示使学生掌握和运用新技能、新结构;个别指导;提供机会使学生独立练习。

上述策略中,有些学者认为前三种属于信息处理的范畴,后三种属于行为技术的范畴。

(二)发展性教学策略

教学策略,不是具体的方法规定,而是在一定教学观指导下教师依据一定的情境,合理处理教学各因素关系而采取的工作方式。总结我国80年代以来的教改实践经验,作者提出发展性教学策略。其有以下特点。

(1)教学目标应具有层次性和可操作性。

(2)多样综合的教学模式。以教师系统讲授为基本形式,结合学习者活动学习、发现学习、情境学习等多种形式灵活安排,不拘泥于某一固定程式。教师在教学进程中要基于对教材、学生的充分了解和把握,采用多种形式引导学生去揭示知识发生发展过程,培养学生独立获取知识的能力。教学中要充分发挥教师与学生双方的积极主动性,而不是教师代替学生的学习和思考。

(3)引导学生积极主动参与。应结合不同学科特点,密切联系生产与生活实际,为学生提供参与的条件,教给参与的方法,加强学生动手实践操作活动。

(4)承认差异,因材施教。教学要满足每个学生发展的不同需要,将集体教学、小组合作学习与个别辅导结合,加强师生间、学生间合作性交往,给每个学生提供参与、表现并获得成功的机会。

(5)研究学科特点,把握学科教学过程规律,融合教师个人的教学经验形成教学个性风格,使学生在整体优化的教学氛围中得到生动活泼主动的发展。教学是生动丰富的,关键在于教师的创造。

4

教室行为的形成——课堂管理

　　引言:课堂管理,是教师在课堂上用以维持学生合宜行为的措施,是教学活动中最基本、最综合的一项技术。现代教学理论是把教学看做一种特殊的交往——社会活动。教师作为教学过程的学生群体和个体的学习行为的激发者、引导者、组织者、调节者和良好学习条件的提供者,需要熟练地运用交往的手段与艺术。课堂管理包括教师试图鼓励学生对课堂任务进行合作和参与而采取的一系列行为和活动的组织技术。课堂管理不仅约束、控制着有碍学习的不良行为,而且引导着学生从事积极的学习活动,从而增进学习的效果。

　　情境:新来的图画老师到六年级一个难以管理的班级任教。教务主任关切地告诉她:"这个班级纪律十分糟糕。"

　　上课铃响了。女教师走进教室,而学生好像没有发现她似的。坐在中间一排最后一张桌子旁的两个男生正在谈笑风生;几个学生聚集在窗门旁边不知在干什么;教室里充满着欢笑声和吵闹声。女教师沉默了片刻,然后以坚定的、不可违抗的语气说:"站起来,×××,×××!都坐到自己的座位上去!"于是,教室里渐渐开始安静下来了。这时,她就叫某一学生站起来,叫另一个学生坐到自己的座位上去。全班学生都感到十分奇怪:"新来的女教师怎么知道他们的名字,甚至连谁坐在哪个座位都一清二楚?"但是女教师并不理会学生内心的问题,仍然不快不慢地说:"难道你们就这样准备上课的?"安静下来的学生这才默默地开始准备上课。

上课开始了。女教师布置了作业,用具齐全的学生在着手画画。女教师轻声地询问那些没有铅笔或者没有纸张的学生,想方设法使所有的学生都有用具。接着她就声明,如果哪个学生健忘而再无理取闹,这将会给全班带来许多麻烦。教室里秩序井然、鸦雀无声。女教师在课桌间往返巡视,偶尔用一两笔轻线条修正学生的图画……"真棒!了不起!"一个学生总结似地说。女教师严肃地说:"要学习画画!画画会给你带来真正的欢乐!"在这堂课上,她向学生介绍了许多从事各种职业的人,他们把自己大部分业余时间都用在画画上,他们的图画画得很好,有的甚至参加了画展;她向学生介绍许多伟大的画家开始学画时也跟他们现在一样;她对学生说明不是所有的人一开始学画都万事如意的。最后,女教师告诉学生:"本学年结束要举行学生画展,进行图画比赛,每班选出一个代表参加学校评选委员会。"

在办公室里,班主任幽默地对新来的女教师说:"你一见面就批评学生,可是学生却都说,'就是这位女教师!她第一次来上课就知道我们大家的名字,真了不起!图画也画得真好!……我们就希望这样!'"[①]

原理:

一、课堂管理的基本原则

(一)了解学生的需要

课堂学习管理不是靠简单的监督和控制可以达到目的的。教师要了解学生的心理需要,是课堂学习管理的心理依据。虽然教师在建立有效的、有启发性的、促进学习的环境中起着关键作用,但是外因必须通过内因而起作用。因此,只有了解学生的心理需

---

① 傅道春编著:《情境教育学》,84页,哈尔滨,黑龙江教育出版社,1996。

要,才能根据学生的心理需要调动学生的积极性,激发学生学习的自觉性,积极参与教学活动,从而保证教学任务的完成。教学的目的、内容和方法只有与学生的需要相适应,才能更好地启发学生学习的自觉性,学生也才能有效地完成学习任务。

(二)建立积极的师生关系和同伴关系

课堂教学的过程是师生情感交流、思想共鸣的过程。良好的师生关系和理性的教师权威,不仅有助于教师传授知识,而且有助于学生学习。在这样的教学环境中,教师与学生彼此之间具有较大的相容性,相互产生积极主动的促进作用,学生主动接纳教师的指导,接纳各项教育措施,教师的行为可对学生产生潜移默化的影响,教师的教学活动也能高效地顺利开展。

学生的群体,不论是正式的班集体、团队组织,还是非正式的友伴群体,对学生的学习动机、态度及价值观都有很大的影响。良好的学生群体,可以为教与学创造一种积极向上的群体心理气氛,对于促进学生的学习效率及形成良好品德都具有重要的意义。所以课堂学习管理,要建立和形成课堂良好的师生关系和学生的同伴关系,以满足学生最基本的心理需要。

(三)实施有效的教学措施,促进最佳学习

教师采取有效的教学措施把学生的行为引导到教学活动中来,充分发挥学生学习的积极性,这样,课堂上的学习行为就会增多,问题行为就会减少。为此,教师要有明确的适合学生心理需要、学业程度的教学目标,并使教学目标成为学生的需要。为了达到教学目标,教师还必须对学生提供有效的指导,使用难度适当的教材和好的教学方法,使学生对学习内容本身感兴趣。这样,学生才会迅速地主动地投入学习。同时,教师还应对学生的学习结果进行评价,以鼓励学生不断获取学业成就,增强他们学习的兴趣和积极性。

(四)建立教室常规

教室常规是保证教学能顺利进行的行为准则。例如,上课铃声停止以后,学生必须准备好书本文具,安静地坐在自己的位子上准备上课;上课时有问题,发言之前要先举手,等老师同意后,才开始发言。规则是维持课堂秩序的准则,也是课堂学习管理的依据。因此,从学生入学开始,就应当建立教室常规,使全体学生认识到,这是学生在教学活动中必须遵守的行为准则。教室常规一方面有利于学生形成良好的课堂学习行为,另一方面,对学生的违纪行为有预防的作用。如果没有这种团体规则作为依据,一旦学生出现了违纪行为时,处理就会无章可循,学生也难以心悦诚服,难以起到教育的作用。在制定教室常规时,必须使全班每一位学生了解规则的意义,同时还应考虑到学生执行起来是否有困难。只有这样制定出来的团体规则才不会流于形式。

二、影响课堂管理的因素

(一)学校领导的管理方式

学校领导的管理方式对教师课堂学习管理有着直接的影响。学校领导如果采取民主管理方式,学校的气氛是比较宽松、和谐、积极向上的,那么,教师就能够发挥自主性和创造性,敢于发表意见,敢于根据课堂的具体情况进行教学改革,学校中大部分的课堂学习气氛就会是活跃的、良好的;而学校领导如果采取监督式的、权威的、专制的领导方式,学校领导与教师之间关系紧张、冷淡,在这种学校气氛下,课堂学习管理的气氛也会比较紧张,学习空气也就比较沉闷。因为学校领导对教师的专横和威胁,直接影响着教师的思想和情绪,而教师必然会把一种紧张不安的情绪带入课堂。

(二)学生的定型期望

定型期望是指人们对某一种职业或职务类型的人,在行为表现、动机和意向方面的期望。例如,一般认为,教师是人类灵魂的工程师,教师应为人师表,一切行为应符合比较高的道德标准,这就是人们对教师行为的一种定型期望。学生对教师的课堂教学行为,同样会怀有一种定型期望,他们希望教师以某种方式进行教学和课堂学习管理。学生的这种定型期望,对课堂学习管理是会产生影响的。学生在学习的不同时期,会对教师有不同的定型期望,如果教师的行为表现与学生的定型期望不一致,学生就会产生不满。所以,教师要时刻了解学生对自己的期望,尽量使自己的行为方式、管理方式等与学生的期望相一致、相协调,这样才能使师生关系更融洽、更和谐一致,从而取得更好的课堂学习管理的效果。

(三)班集体的特点

对不同特点的班集体,应采取不同的课堂学习管理的方式和方法。不同的班集体,有不同的群体规范、不同的凝聚方式,因此,教师在教学中不能采取固定不变的课堂学习管理模式。对待不同性质、类型和特点的班集体,应采取不同的课堂学习管理的模式。例如,优秀的班集体,已经形成了良好的学风和群体规范,而且有较强的凝聚力。在这样的班级中,教师应采取启发式的课堂学习管理,充分发挥学生的积极性和主动性,放手让他们进行自我管理。而对于学习风气不浓、学生问题行为较多、纪律差的班集体,教师则应采取控制性的管理,培养学生骨干,逐渐引导班集体的群体行为形成规范,形成班集体,同时形成良好的课堂学习气氛。

班集体的大小,对课堂学习管理的方式也有一定的影响。一般来说,班集体大,情感纽带弱,师生之间、同学之间交往的频率低,相互了解少,建立集体规范就比较困难,容易形成各种非正式的小群体。而且,往往不是所有的学生都能感受到班集体的温暖,少数同学甚至会感受到冷落;学生间的个别差异也较大,难免产生摩擦与冲突,直接影响课堂学习管理的效果。因此,班级群体不宜过大,一般以 30—40 人为宜,最多不超过 50 人。

(四)教师的行为方式

情境:随着一阵清脆的上课铃声,缪老师精神抖擞地迈进教室。今年,他又接了一个新班。面对这 40 多个陌生的面孔,看到这些熟悉的神色——孩子们总是以种种期待而又疑虑、好奇而又狡黠的神气来观察新老师的,老师开始了他的开场白:"同学们,我姓缪—"他正准备转身板书"缪"时,突然不知从哪个座位上发出一声模仿猫咪的叫声:"喵—"于是理所当然地引出了哄堂大笑。面对调皮学生的这个不大不小的玩笑,缪老师微笑着说:"同学们别忙着先夸我'妙',从今天起我们一起来学习,到时候再请你们给我作评价,到底妙不妙。"学生们安静了,担心"暴风雨将要来临"的惊恐也消失了。自然,这开场白是成功的。第一堂课,在亲切、平和的气氛中顺利进行。

学生听到"缪",忽又联想到猫咪叫,脱口而出一声"喵",这恐怕是个并非恶意,但是个不适时的玩笑。如何处置这种意想不到的"事件",可能会出现这样四种情况:

A.脸气得刷白,眼一瞪,桌一拍,拂袖而去,跑到校长或班主任面前大发其火:"这个班我是无法教了!"

B.板着脸,竖起眉,威严地说:"刚才是谁学的猫叫?站起来!……"

C.平静得如同没有发生任何事一样,等学生笑声煞住,他便冷冷地、平缓地开始他的讲课。当然学生们不知他葫芦里卖的什么药,观察他、猜测他,心里怎么也平静不下来。

D.如缪老师那样,恰到好处地处理了这个"突发事件"。[①]

原理:教师的行为方式对课堂也产生着明显的影响。目前大多数教师在课堂管理中的表现是习惯性做法或对其他教师的效仿,依然属于一种经验行为。从技术的观点出发,分析其相关的因素,对加强教师课堂的控制力量是会很有收效的。

1.强制性的因素

---

①　刘永曾等主编:《捕捉最佳教育时机》,34页,大连,辽宁师范大学出版社,1995。

　　这里包括使学生产生规范感的规章制度;使学生产生尊重感的教师地位;使学生产生敬畏感的奖惩手段;使学生产生压力感的考试、考查。这部分因素靠的是教师职务影响力,这是社会赋予教师的权力,是成人世界管理少年儿童的一种法定资格。强制性因素产生一种威慑力,对纪律与学习自觉性差的学生尤为重要。但强制性因素要有一个"度",强制过度就产生一种反弹,就会把学生逼上梁山——"破罐子破摔"。实施强制性因素还应掌握一个"面",如用于大多数学生,就法不责众,教师与班集体会产生一种对立的关系。

　　2.亲和性因素

　　这里包括使学生产生向往感的教师威信,使学生产生敬爱感的教师人格;使学生产生敬佩感的教师才能,使学生产生亲近感的教师情感。这部分因素是教师本身具有的,属于个人专业影响力,是课堂控制中的一个根本因素。靠教师的"磁性引力"使学生自觉自愿地按教师指引的方向去努力,心甘情愿地服从,富有极大的教育意义。当然,亲和性因素要在一定的强制性因素配合下才能发挥更大的教育效益。

　　3.操作性因素

　　操作性因素包括教师对学生课堂活动作出判断的实践经验;实施教育控制的教育机智;作用于课堂教学质量的技术性能。操作因素与教学实践相关,但又不和一个教师从教长短成正比。课堂实践中的"有心人"操作水平提高快,他们能够灵活巧妙地改变教法,处理教材,解决偶发事件也比较自如。

　　三、课堂气氛

　　课堂气氛,是一种社会情感气氛,主要指班集体的情绪状态。它影响着群体的集体精神、群体的价值以及每一个学生个体的内心世界。教师行为决定了课堂气氛,而这种气氛又反映了学生学习的兴趣、师生间信息交流和整体的教学效果。这是因为良好的课堂气氛具有极大的感染力,本身具有课堂效果的"助长"作用。我国心理学研究者所作的一项实验表明,教师以高兴愉快的情绪教学,从幼儿园、小学到初中,学生当堂的学习效果与一般的情绪状态相比,最多提高16.8分;而教师以不高兴、低沉的情绪教学,比一般情绪的当堂教学效果可降30.7分。可见教师居于班级团体的领导地位,是创造课堂气氛,改进教室情境的主要影响者。

情境1:数学课上教师要求学生独立思考一道题。突然,一声喜悦的叫喊——"想出来了!"打破了教室的寂静。大家顿时笑了起来,而教师却勃然大怒,斥学生"捣乱课堂"。全班陡然鸦雀无声,那个学生满眼泪花,思想再也集中不起来了,对下面的课,也失去了兴趣……①

情境2:教师在初二年级上课时,对学生已经学过的功课进行提问。

"喂,你,过来回答。"教师对一个年龄较大的学生说,"你只会散步,却不知道功课。"

"我啥时候散步了?"女生面红耳赤地说。

她感到委屈,没有上黑板。

"任性!"教师讥嘲地说,在记分簿上给这个姑娘打了一分。

"你为什么像圆木头似的无精打采?"教师转向另一个学生。

从此,这个受委屈的学生的绰号"圆木头"就叫开了。

这位教师提问时经常斥责学生,以致使学生们紧张得在回答问题时连话都说不出来。为此,这位教师老是得出悲观的结论:

"还做不出?噢,我早就知道,你是做不出来的。而你,总是摇头,摇头,任何时候,任何东西都不知道,也不会知道。"

一个差生举了手,教师看见学生举起手,朝这个学生点了一下头,说:"我本来想问你,可有什么用处!反正你是回答不出来的。"

①　傅道春编著:《情境教育学》,86页,哈尔滨,黑龙江教育出版社,1996。

　　然后教师对另一个学生说："而你,你做完了? 奇怪,今天怎么居然给你做对了?"[1]

原理:

(一)良好课堂气氛的标准

　　日本广岛大学教授冈德雄把课堂上积极的气氛称为"支持型气氛",把消极的气氛称为"防卫型气氛"。他指出,"防卫型气氛"的特征是:①恐惧与不信任;②控制与服从;③策略与操作。班集体成员处于不安状态,担心遭到攻击,倾向于较为安全的常规活动。支持型气氛的特征是:①自信与信赖;②宽容与主动;③自发型与多样化。无需担心集体压力与他人眼光,不拘泥于惯例与常规,有创造性地去思考,有利于发展学生的创造力。[2]

　　教师要创造一个良好的教室气氛必须要有下列行为:

　　(1)接纳感受。接纳学生所表达的感受,包括正面的和负面的,即满意的、快乐的,或是对教师和其他课堂内的事情不满意和不快乐的。

　　(2)赞赏或鼓励。对学生要使用"答得好"、"对"、"不错"、"这样好"、"试试看"、"说下去"这些使课堂气氛缓和或产生欢乐的语言。

　　(3)接纳意见。接纳来自学生的意见、建议,把学生的思想整理后再重述出来。

　　(4)善于发问。向学生发问,有意要学生回答,能贯穿一条启发性的线索,从而引发较多的学生自发行为。

　　心理学家威塞尔(T. N. Wiesel)划分出七种范畴的教师言语行为,作为课堂气氛的指标,也很有参考价值。①支持学生的言语。其目的在于消除学生的疑虑或称赞学生。②教授或澄清言语。其目的在于向学生表达这种感觉:他们已经理解了,以及帮助学生解

---

①　傅道春编著:《情境教育学》,87页,哈尔滨,黑龙江教育出版社,1996。

②　韩向前:《课堂气氛初探》,《教育理论与实践》,1986年第3期。

决他们自己的想法和情感。③解决或提出问题的言语。教师以客观的方式提供有关问题的知识或提出疑问,以促进学习者自己解决问题。④中性言语。包括温和的方式,管理性的评论。逐字逐句地重复已经说过的东西,而没有可以推论的目的。⑤指导或劝告的言语。其目的是要求学生遵循教师对行为的劝告。⑥指责或反对的言语。其目的在于阻止学生当前"不可接受"的行为继续放肆。⑦教师自我支持言语。旨在维持或调整教师自己的处境或行为过程。

(二)"中性力量"的处理。

我们观察教室里的班级活动,可以看出课堂中有三类力量的影响:①积极力量,指增进学生学习的行为;②中性力量,指不增进也不干扰学生学习的行为;③消极力量,即干扰学生学习的行为。这三类力量的水平差距很大,其动机与志向迥异。我们的课堂冲突相当一部分是中性力量发展而引起的。

情境:有位老师无意中听到某学生在课堂上小声说了一句话,他很生气,当众逼问:"刘小东!你说的什么?""我没说什么。""把刚才的话再说一遍。""我说:用一下你的钢笔。""你不是这么说的。""就是这么说的。""你还狡辩!出去!""出去就出去,你有什么了不起!"这位学生跑出去,"砰"的一声关上门,全班学生被震得心神恍惚。[1]

原理:中性力量的表现形式有:①不在听课,但静坐在座位上的学生;②张开双眼出神地望别处;③既不吸引别人也不使其他人分心的乱涂乱画;④两个学生小心翼翼地交换意见;⑤在桌上睡觉但无鼾声。

这些中性力量个别出现时,可以带来对教师一种课堂情绪的影响。但也可以在不扰乱主要工作的条件下,接受学生的这些中性现实,让其他学生照常进行学习。如中断教学逐个处理会引起

---

① 傅道春编著:《情境教育学》,88页,哈尔滨,黑龙江教育出版社,1996。

分心事件,影响全班学生的学习思路。当然,中性力量需要教师的诱导,从而转化为积极状态。

5

教与学的联结——教学组织形式

引言: 教学组织形式是指为完成特定的教学任务教师和学生按一定要求组合起来进行活动的结构。教学组织形式不是固定不变的东西。随着社会政治经济和科学文化的发展及其对培养人才要求的不断提高,教学组织形式也不断发展和改进。我们应当全面掌握各种教学组织形式的性质与功能,综合加以利用,使之有主有辅地结合起来,方能更好地发挥作用,改进和提高教学。

情境1: 古代中国、埃及和希腊的学校大都采用个别教学形式。教师向学生传授知识,布置、检查和批改作业都是个别进行的,即教师对学生一个、一个轮流地教;教师在教某个学生时,其余学生均按教师要求进行复习或作业。[①]

情境2: 班级上课萌芽于16世纪西欧的一些国家,兴起于17世纪乌克兰兄弟会学校,经过捷克教育家夸美纽斯的总结、改进和理论升华初步形成了班级上课制。它把一定数量的学生按年龄与知识程度编成固定的班级,根据周课表和作息时间表,安排教师有计划地向全班学生集体上课。在班级上课制度,同一个班的每个学生的学习内容与进度必须一致,但开设的各门课程,特别是在高年级,通常由具有不同专业知识的教师分别担任。中国采用班级

---

① 王道俊等编:《教育学》,264—265页,北京,人民教育出版社,1997。

上课,始于清代同治元年(1862 年)于北京开办的京师同文馆。①

情境 3:1920 年,美国的 H. H. 柏克赫斯特在马萨诸塞州道尔顿中学创建了一种新的教学组织形式,人们称之为道尔顿制。按道尔顿制,教师不再上课向学生系统讲授教材,而只为学生分别指定自学参考书、布置作业,由学生自学和独立作业,有疑难时才请教师辅导,学生完成一定阶段的学习任务后向教师汇报学习情况和接受考查。由于每个学生的能力和志趣不同,他们各自的学习任务和内容当然就不同,甚至彼此不相干;学习任务按月布置,完成后再接受新的学习任务。②

情境 4:19 世纪末 20 世纪初,分组教学在一些国家出现。所谓分组教学,就是按学生的能力或学习成绩把他们分为水平不同的组进行教学。分组教学类型主要有:能力分组和作业分组。能力分组,是根据学生的能力发展水平来分组教学的,各组课程相同,学习年限则各不相同。作业分组,是根据学生的特点和意愿来分组教学的,各组学习年限相同,课程则各有不同。20 年代苏联的学校教学也受到西方道尔顿制和分组教学的影响,进行过分组实验教学制。把学生 5—6 人分成一组,让每组学生独立学习教师指定的材料,教师不作专门讲解,只作辅导。③

情境 5:近年来,美国学校出现了一种新的教学组织形式。它是由教育学教授劳伊德·特朗普提出的。这种教学形式试图把大班、小班和个人 3 种教学形式结合起来。实行大班上课,即把两个以上的平行班合在一起上课,讲课时应用现代化教学手段,由出类拔萃的教师担任;小班研究,每个小班 20 人左右,由教师或优秀生领导,研究、讨论大班授课材料;个别教学,主要由学生独立作业,

①　王道俊等编:《教育学》,264—265 页,北京,人民教育出版社,1997。
②　王道俊等编:《教育学》,265—267 页,北京,人民教育出版社,1997。
③　王道俊等编:《教育学》,265—267 页,北京,人民教育出版社,1997。

部分作业指定,部分作业自选,以促进学生个性的发展。其教学时间分配为:大班上课占 40%,小班研究占 20%,个别教学占 40%。[①]

情境 6:据《上海教育报》1 月 2 日报道,被称为"教学领域的一场革命"的"小班化教育",已从 1997 年 9 月起率先在上海市的 10 所小学起始年级中进行首轮试点。[②]

在试点学校的教室里,课桌椅采用组合式,随意排列成马鞍型、对称型、周边型或"品"字型等;教室铺地毯,师生可席地而坐进行教学;教室内四周为壁橱,1 米以下部分为封闭式,学生每人 1 橱,1 米以上部分为开放式,陈列图书、玩具、学生制作等;教室的 4 个角为教师办公角、学生图书角、电化教学设备角和玩具、体育器材角;准备或活动教室也划出了家政角、琴棋书画角、金工木工角等。教室充满了一种温馨、欢乐的气氛,充满情趣和人情味。

小班的学生数最少为 19 人,最多为 28 人,不搞任何形式的测试,而是抽签随机决定。小学教师语、数包班教学。每班配备 2.5 名教师,1 名教师教语、数科;1 名教师任班主任并进行自然常识、生活与劳动、体育锻炼、校班(队)活动、阅览与自习、社会实践活动等综合教学(含心理辅导);另有一名教师兼教两个班的体育与保健、唱歌、美术等学科。大多数试点学校按一个班二个教室配,或两个班三个教室。除正式上课用的教室外,另一个教室为准备或活动教室。

原理:教学的基本组织形式、辅助组织形式及运行环节

一、教学的基本组织形式

(一)班级上课是教学的基本组织形式

①　王道俊等编:《教育学》,265—267 页,北京,人民教育出版社,1997。
②　《教学领域的一场革命——小班化教育》,《报刊文摘》,1998 年 1 月 8 日。

今天,我国学校的教学仍以班级上课为基本组织形式。这是因为它具有其他教学形式无法取代的优点,在提高教学质量和效率上仍能起主要的作用。它的主要特点与功能如下:

首先,有严格的制度保证教学的正常开展和达到一定质量。它在自身发展过程中形成了一整套严格制度:如按年龄、知识编班分级制度;学年、学期和学周制度;招生、考试、升留级和毕业制度;作息制度;课堂纪律与常规等,使教学制度化、规范化和科学化,保证教学活动周而复始地正常运转并获得一定质量。

其次,以课为单位进行教学比较科学。每节课45分钟左右,完成一定数量的知识技能教学;上完一节课,略作休息又进行下一节课,有劳有逸。这样,教学工作便能连续地、有节奏地进行下去,符合学生身心发展和认识规律,保证学生能精力旺盛地开展学习。特别是课的类型日益多样化及其功能的不断完善,只要善于选择和利用就能有成效地进行教学。

其三,便于系统地传授各科知识。班级上课制能以周课表方式科学地安排各科教学,使之有条不紊地交错进行,确保学生循序渐进地学习和掌握各学科的系统科学知识,完成预定的教学计划。

其四,能够充分发挥教师的主导作用。各国的教学实践都反复证明,迄今为止最能充分发挥教师在教学中的主导作用的仍是班级上课这种教学形式。实际上,它就是为充分发挥教师主导作用、最大限度提高教师工作效率和使各科教师协调一致对学生教学而形成起来,并不断得到改进和完善的。班级上课通过发挥教师的主导作用,不仅能够有效地使学生掌握系统的科学知识与技能,而且还能通过加强因材施教、个别指导和学生的独立作业以弥补其自身难以照顾学生个别差异的缺陷。

(二)课的类型和结构

在班级上课制的发展过程中,人们对课的类型和结构的认识日益深入。这对教学有重要的意义。因为不同类型和结构的课在教学上具有不同的功能。如果教师在教学时善于根据教学任务、教学内容和方法以及学生的年龄特征等方面的需要,正确地选择和运用课的类型、安排课的结构,就能更好地完成教学的任务。

课的类型,即课的分类,一般的分类有以下两种。

一种是根据教学的任务来分的,可分为:传授新知识课(新授课);巩固知识课(巩固课);培养技能技巧课(技能课);检查知识课(检查课)。但在实际的教学中,有时一节课只完成一个任务,有时一节课则需完成多项任务,所以根据一节课所完成的任务的数量,又可分为单一课和综合课。

另一种是根据使用的主要教学方法来分的,可分为:讲授课;演示课(演示实验或放映幻灯、录像);练习课;复习课。当一节课主要是采用一种方法进行教学活动,用方法命名课的类型对教学有指导意义,可以通过充分发挥某一方法的作用来为完成教学任务服务。

上述两种分类也有联系,具体表现在两类课型有相对应之处。如新授课多属讲授课,巩固课多属复习课,技能课多属练习课或实验课等。

课的结构,是指一节课包含哪些组成部分以及各组成部分顺序、时限和相互关系。课的结构是被课的类型决定的,不同类型的课有不同的结构。

常用的几种课的结构有如下几种。①新授课的结构:组织教学,检查或复习,提出新课的目的、内容要点与学习要求,讲授新课(主要部分),小结,布置作业。②技能课的结构:组织教学,提出培养技能技巧的目的要求,教师讲解原理、范例或作示范操作,在教师指导下学生独立进行练习(主要部分),小结,布置作业。③复习课的结构:组织教学,提出复习目的与要求,引导学生复习(主要部分),小结,布置作业。单一课的时间分配,主要部分约占 30—40 分钟。④综合课的结构:组织教学,检查与复习,提出教学目的并讲授新课,巩固新课,布置作业。

综合课在一节课内要完成多项教学任务,故综合课讲授新课时间比新授课要少得多,一般只讲15—25分钟,而它的检查与复习旧课、巩固新课的时间较多。综合课变化多,新课分量不重,最宜于小学,然后是初中。

掌握课的结构有助于掌握每一种课的性能与操作过程,以便发挥各种课在教学中的作用。但任何一种课的结构在实际运用中,都会根据情况有所变化。例如传授新知识课,在初中讲新课的时间比在高中讲的时间要少;练习课运用于数学和运用于语文,其内容、做法与要求都不一样。总之,要根据实际情况,灵活掌握,创造性地运用,切不可生搬硬套,公式化、简单化。

二、教学的辅助组织形式

现代教学,除用班级上课(即课堂教学)外,还要采用多种辅助的教学组织形式,以巩固、加深和补充课堂教学的知识,弥补上课在照顾学生个别差异、进行因材施教方面之不足。这些教学辅助组织形式与上课不同,有它们的特点:它们不需要通过课堂形式而往往在课外进行;每次活动不严格限定为45分钟,时间可长可短;对学生的要求因人而异、因材施教;不一定要面向全班,可以采取小组活动或个人作业形式进行。这些教学的辅助形式主要有:作业;辅导;讲座;参观等。

(一)作业

因其在课外完成或常在家中完成故又称课外作业或家庭作业。从内容上看,课外作业与课堂教学联系密切,是对课堂知识技能的复习、巩固和运用,但从教学形式上看,课外作业为一种学生的独立作业,它是教学的辅助形式。

学生课外进行独立作业在教学中具有重要意义:首先,教师在上课中授予学生的基础知识、基本技能,只有通过学生独立作业、经过他们独立思考与操作才能被他们消化、掌握和巩固。否则，教学成效甚微。而且不通过作业也无法发现学生学习中的问题，既不能给学生以及时的指导，也不能帮助教师改进教学。其次，通过作业能够培养和提高学生的自学能力、动手能力和创造性。因为在课外作业中，学生必须运用自己的聪明才智独立地分析问题、解决问题、检验正误、自我评价以及思考如何改进自己的学习，特别是碰上较复杂的问题，更需要发挥创造性来攻克难关，所以，只有那些乐于独立作业和攻克难题的学生才能具有较强的自学能力和较大的学习创造性；而那些依赖于同学或父母完成作业的学生则无法锻炼和提高自己的学习能力，不纠正他们的这种依赖性便不可能使他们继续前进。其三，课外作业便于对学生因材施教，对成绩优异者和有特殊兴趣与专长的学生，可以多指定一些作业与参考书以发展他们志趣、个性与专长。

组织与指导学生的课外作业要注意以下几点要求：首先，作业的内容、数量应决定于教学的需要，是为学生加深、巩固和运用课堂教学的知识服务的，所以要有目的、有重点，并及时向学生布置，以便他们掌握基础知识、形成基本技能。其次，作业的形式与内容要多样化，各作业题的难度要依次增加，一般是学生通过努力能够完成的。其三，要求学生独立完成，确有困难时可以请教师、父母作启发指导，或与同学讨论、交换意见，但不允许依靠他人来完成或抄袭同学的作业。其四，对作业必须认真批改，一般由教师批改，但也可以在教师领导下，让学生互相批改和自我批改，使他们受到多方面的锻炼和提高，及时获得自己作业的成绩及其优缺点的反馈信息，以激励他们继续努力学习。

（二）辅导

这是根据学生的需要由教师给予引导、启示、咨询和指点以帮助他们完成独立作业的一种教学活动形式。辅导的内容一般包括：使学生明确作业的目的、要求与方法；对学生进行必要的启发、诱导、示范;解答学生的疑难,使知识深化、系统化;发现学生学习中存在的问题及其原因,并帮助他们纠正。辅导可分为:个别辅导、集体辅导。它的应用范围很广,是一种重要的教学辅助形式。

辅导在教学中具有重要意义:首先,辅导从学生的需要与问题出发,有的放矢,能具体解决他们的疑难,使学习能顺利进行和完成;其次,便于因材施教,区别对待,给成绩优异者以特殊指导,给掉队者以补课;其三,可以发现课堂教学存在的问题,及时进行补救和改进。

进行辅导要注意下述要求:首先,着重解决学生的疑难和知识的深化、系统化问题,不可在辅导时又把课堂教学内容重讲一遍或越俎代庖,代替学生完成独立作业;其次,辅导要配合教学和学生独立作业及其批改进行,注意及时补救教学中的缺陷,扫除学生作业中的障碍,结合作业批改来评讲学生作业中的问题;其三,不仅要发现学生知识、技能中的问题给予帮助,而且要注意发现他们学习方法和思维方法上的问题给予指正,使他们学会学习。

(三)讲座

这是由教师不定期地向学生讲授与学科有关的科学趣闻或新的发展,以扩大他们知识的一种教学活动形式。它的内容与学生所学的课程有关,但不在教学大纲范围之内,而是对学科内容的扩充,具有一种科普性质。这种教学形式具有多方面的意义。首先,能扩大学生知识面,激发学生的兴趣和培养学生对科学的热爱。其次,宜于因材施教,可以满足那些对某些学科有特殊爱好的学生的求知需要,发展他们的志趣和特长,为国家发现和培养特殊人才。其三,能活跃学校的学术气氛,使学生关心文化科学的发展,养成良好的学风与校风。

(四)参观

这是根据一定的教学目的组织学生到一定场所,通过对实际的事物进行观察、询问以获取知识的教学活动形式。参观在教学中具有重要意义。首先,参观能使教学和实际生活紧密地联系起来,给学生以大量的实际知识,有助于学生更好地领会课堂所学的书本知识。其次,它能扩大学生的眼界,激发学生的兴趣与求知欲,学到许多课堂上学不到的知识。其三,能使学生在接触社会主义现代化建设中、在访问英雄模范人物过程中受到深刻的思想教育。所以,参观是一种必不可少的教学辅助形式。

三、教学运行的基本环节

教学以上课为中心环节。要上好课,课前教师必须备课,学生也要作相应的准备或预习;为了巩固和发展课堂教学成果,课后还要辅以其他教学形式,主要的是学生独立作业和教师的课后指导;此外,还必须适时进行评价以推动和改进教学。这样,教学便围绕上课组织起来,形成了一个循序进行、周而复始的工作流程。若从教学的主要方面——教师教的方面分析,备课、上课、课后辅导和评价构成了教学工作的基本环节。这些基本环节在前几节已做了多方面的揭示,在此不再详述。

▲附录:重要的不是结论,而是认知过程

主 持 人:傅道春 黑龙江农垦师范专科学校教授

特邀教师:纪晓村 北京第一实验小学、北京市优秀教师

傅道春:忽视认知过程的教学是简化的教学,而简化的教学培养不出缜密思维的学生。应试教育比较强调知识结论,素质教育更重视认知过程。纪老师,您的课堂教学倾向是怎样的呢?

纪晓村:我还是先说一个教例——图形的认识。

认图形:(投影:少先队员做好事的图)①这块玻璃(指汽车的

玻璃)是什么形? 这扇门的面是什么形? 将纸贴在黑板上,并板书:长方形。②这块玻璃(指楼房的玻璃)是什么形,这是什么形(指平房的玻璃)? 老师拿出一张正方形纸,问"这张纸是什么形?"将纸贴在黑板上,并板书:正方形。③这是什么形(指屋顶)? 交通指示牌的面是什么形? 老师拿出一张三角形纸,问:"这张纸是什么形?"将纸贴在黑板上,并板书:三角形。④钟面是什么形? 这是什么形(指墙上装饰)? 老师拿出一张图形纸,问:"这张纸是什么形?"将纸贴在黑板上,并板书:圆。⑤齐读:长方形、正方形、三角形、圆。

今天我们就来认识这四种图形。

图形分类:每个人的学具袋里有许多图形,请你们把这四种图形分别挑选出来。圆形很好认。三角形好认吗? 为什么也好认呢? 三角形有几条边呢? 请一个同学上来数一数。看老师怎么数的,一条边、两条边、三条边。请你们拿出一个三角形,数一致有几条边。老师拿出一个三角形(锐角三角形),这是什么形? 教师又拿出一个三角形(钝角三角形),这是什么形? 三角形都由三条边围成。长方形和正方形有时不容易分清,两人讨论讨论,这两种图形有什么相同的地方? 有什么不同的地方? ……

傅道春:创设情境的教学方法,常被认为是文科教学的特殊教法,而您在小学低年级数学教学中也运用得如此生动、充分。我们想请您谈谈这方面的见解。

纪晓村:从现代教学论的观点看,教学过程既是学生的认识过程(而且是有"领导的认识过程"),又是学生发展的过程。数学教师的主要任务就是为学生设计学习的情境,提供全面、清楚的有关信息,引导学生在教师创设的数学情境中,自己开动脑筋进行学习,掌握数学知识。在学生思考问题时,不到苦思不解时,不启发他;不到有所领悟时,不启发他。但要注意使学生的思考"跳一跳,够得着",使学生体验到思维的快乐。所以,在教学中要创设激疑情境,使学生明确探索的方向,从而调动思维的积极性。

傅道春：从这一教例中可以看出您教学的多样性特征，我们想了解一下这种教学风格的形成过程。

纪晓村：教育学家夸美纽斯认为兴趣是创设一个欢乐和光明的教学环境的主要途径之一，只有让学生在这种科学环境中去探索知识的奥秘，才能对学生的思维起到一个促进作用。据心理学研究，新颖的、活动的、直观形象的刺激物，最容易引起儿童大脑皮层有关部位的兴奋，形成优势的兴奋灶。六七岁的孩子注意力最多保持 10—15 分钟，要使他们的注意力长时间地稳定在学习对象上，教师在教学中就要注意让学生的多种感官参加到教学活动中来，并不断变化练习形式，使学生对所学知识产生浓厚的兴趣。如果变式练习的设计要求学生多角度多侧面进行思考，没有固定单一的程式可遵循，立足于"活"，就能使学生思维灵活，并能激发他们思维的创造性。

傅道春：目前在我国中小学教学中，有一种"重视知识的结论，忽视认知的过程"的倾向，而您恰恰注重了"学生获取知识的思维过程"的教学。请您说明一下其中的道理。

纪晓村："知识，只有当它靠积极的思维得来，而不是凭记忆得来的时候，才是真正的知识。"所以，数学教学应是"数学活动（思维活动）的教学，而不仅是数学活动的结果（数学知识）的教学"。这就是说，数学教学过程中，要重视揭示和建立新旧知识的内在联系，重视学生获取知识的思维过程。从教学实践中，我进一步认识到思维能力是智力的核心，学生的思维能力在思维活动中才能得到发展。教给学生思维方法，促进知识迁移，学生会积极动脑思考问题。学生在学习知识的过程中锻炼了思维，成功的喜悦又进一步提高了他们继续学习的积极性。

傅道春：中小学生的思维以形象思维为主，因此教学的直观性，鲜明性就显得尤其重要。一般说来，明显的刺激、确凿的对象、反复产生的现象等，因为过分平常，不会在感觉后摄入思维中；完全新颖的、抓不着线索的刺激也不能成为思维的素材。那么最能活跃儿童思维活动的感觉性刺激究竟是什么呢？一般认为,最好是能引起儿童兴趣的感情色彩浓厚的刺激。儿童感兴趣的刺激不是眼前认知的事物,而是未知的,通过努力可以认知的事物;不是低于自己生理发展的知识,而是高于自己生理发展的、能够掌握的知识。纪老师正是抓住了这一特点,精心安排,设计教学的。一个人在学校生活中平均接受 50 多名教师的教学,如果这个群体中的每个任课教师,都能指向学生整体素质,我国的教育质量将有一个大的改观。

情境练习:

认真观看优秀教师的课堂录像,从以下几个方面逐一评论分析他的教学活动:

(1)在哪些处体现了什么教学原则?你认为还有什么教育原则应该提出来?

(2)在哪些处运用了什么教学方法?这些方法与哪种教学策略相关?

(3)这位老师在课堂管理中有哪些特色?

(4)如果这节课由你来上,你会从这节录像课吸收些什么?你会有哪些新创造?

7

教会学生学习

提示:教会学生学习,是指在教学过程中,不只是教给学生一些知识和技能,同时对学生的非智力因素进行培养,让学生掌握独立学习的本领。陶行知先生说:"我认为好的先生不是教书,不是教学生,乃是教学生学。"①教会学生学习,不只是一个方法问题,更重要的是一种教学的思想问题。本章我们将涉及到学习的类型、过程、组织方式、对学生学习方法指导等学习的基本理论问题。

1

学生知识和智力的获得——学习的分类和过程

引言:学生究竟在学习些什么? 这些学习内容是怎样获得的? 这就是在本节中我们要探讨的学习的分类和学习过程的问题。

---

① 陶行知:《陶行知文集》,14 页,南京,江苏人民出版社,1987。

一、学习的类型

对学习活动进行分类,有利于认识不同类型的学习的特点及其特殊规律,便于提高学习的效果。但是,由于学习本身的复杂性,分类有一定的困难;加上研究者对学习所持的观点和对学习进行分类的角度不同,意见是不一致的。

我们对学习的分类,主要是根据学习的不同内容和结果来划分的。根据这种分类,可以把学习划分为以下几种类型。

第一,知识的学习。其中包括学习知识时的感知和理解等。

第二,技能和熟练的学习。主要是指运动的、动作的技能和熟练。

第三,心智的、以思维为主的能力的学习。

第四,道德品质和行为习惯的学习。

这类划分在日常教育工作中常被采用。它的优点是比较符合教育工作的实际需要,教师可以针对不同类型的学习形式的特点,根据不同的特殊规律进行教学和指导学生的学习。这种分类的缺点在于,事实上不能简单地把学生的学习区分为知识的、技能的或道德品质的学习。在学习过程中,知识、技能和道德品质的学习都是密切联系着的。在学习知识时,同时也包括着技能的学习;不包括必要的技能,特别是心智技能的学习,是不存在的。任何一类学习形式,都与道德和行为习惯的学习有关。所以,按照这种分类进行研究和从事教育和教学工作时,必须把它们紧密地相互联系起来进行考虑,防止割裂。

二、各类学习的过程

(一)知识学习的过程

学生的知识学习,是掌握前人总结与概括起来的经验的过程,它是学生学习的主要任务和主要活动。从学生在教学系统中对一类事物的实际认识过程出发,可以将学生知识学习的过程分为选择、领会、保持、应用四个阶段。

选择阶段。是知觉选择的过程,学生对教师讲授的教材内容,引起注意,有意识有选择地运用视、听、触、嗅知觉进行感知。这个阶段是知识学习的定向阶段,关键在于激发学生学习知识的积极性,这时获得的知识属于感性认识,对教材的意义尚未真正理解。

领会阶段。是在知觉教材的基础上进行领会和理解。所谓领会,是指明白、知晓知识的意义及结构关系。在此过程中,学生根据已有的知识经验去解释新的知识,并且将新知识纳入旧的认知结构中。所谓理解,意指揭露事物本质和规律的过程,在此过程中,将个别事物和现象类化,概括为普遍的原理;或将一般原理具体化,用一般规律解释个别事物和现象。领会概念是理会知识的核心,因为学生学习知识,主要就是要准确掌握概念以及由概念组成的思想体系。

保持阶段。在理解、领会之后,知识的学习就进入记忆储存的阶段。对所学知识须通过记忆才能在头脑中保持住,如果边学边忘,就无所谓知识的学习。保持和遗忘总是联系在一起的,为了保持知识,就要研究记忆的基本环节和遗忘规律,采取合理的记忆方法,与遗忘现象作斗争。

应用阶段。学生学习知识,目的在于应用。应用知识既是对学生领会或保持知识的经验和反馈的手段,也是学生对知识的理解和巩固进一步深化的环节,同时还是促进学生知识迁移的主要途径。应用知识的形式,可以通过语言回答提问,可以通过操作完成任务,可以通过课堂练习或课外作业解答问题,也可以在实际生活中去解决疑难问题,等等。各种形式的知识应用,其难度、条件和功用都有所不同,必须根据教学需要、学生心理发展的水平和实际可能加以采用。

(二)技能学习的过程

技能是指智力活动和操作活动的基本活动方式,是指动作及其方式的熟练程度,包括智力技能和操作技能两大类。例如,阅读、写作、运算等属于智力技能范畴,而绘画、唱歌、跳舞、弹琴、体操、操作计算机、手工等则属于动作技能。技能学习就是将一连串动作经反复练习而形成熟练的、自动化的反应过程。在技能形成的阶段和各阶段的特征上,动作技能与智力技能既有共同性,也有差异性。一般来讲,动作技能的形成要经历定向、分解、定位和熟练四个阶段。

定向阶段。行动的定向是操作技能掌握过程中的一个重要环节。学生对教师关于行动方式的示范和讲解进行观察和记忆,了解与某种技能有关的知识、性质、功用;了解动作的难度、要领、注意事项及动作进程,从而在头脑中形成关于动作的印象。这种动作映象对以后的动作练习将起调节作用。

分解阶段。复杂的操作技能通常由一系列动作构成,所以技能学习开始往往由教师将整套动作分解成若干局部动作,学生逐一模仿练习。这样做简单易学,而且有助于掌握各种局部动作的要领。不过这时在前后动作的交替和过渡上还较困难。同时,初学者注意范围狭窄,不善于注意的分配和转移,容易出现动作紧张、呆板、不协调、顺序颠倒、顾此失彼的现象,并常有错误的动作或多余动作。这时需要反复练习,不断校正和调节动作的准确性。

定位阶段。此阶段的特点是动作的组成部分已联结为整体,整体动作的顺序通过多次的练习而固定下来。这时动作准确连贯,成为具有固定程序的反应系统。

熟练阶段。技能学习的最后阶段是熟练阶段,这时已形成对各种变化情境具有高度适应性的动作方式,在执行方面能达到高度的协调完善与"自动化"。这时的动作具有连贯性、整体性、灵活性和简易性,多余动作消失。在动作的控制上,视觉控制已转向动觉控制,知觉的广度、精确性与敏锐性的辨别力大为提高,能够分配注意,同时完成其他活动。

　　(三)能力学习的过程

　　学生能力的学习和培养问题是现代教学论的一个核心问题之一,学者们对能力学习的过程进行了大量研究。由于在复杂的能力结构体系中,思维能力处于主要地位,而在学习过程中思维能力又集中体现于和形成于解决问题的学习活动过程之中,因而,学者们对探讨能力学习过程的着眼点大多放在问题解决能力的学习之上。

　　学习活动中的问题解决能力的学习主要解决的是"如何学习"(即学习的过程)而不是"学习什么"(即学习的内容),通过解决问题,思维得到训练,能力得到提高。从某种意义上讲,能力学习比知识学习、技能学习更为重要。

　　美国实用主义教育家杜威将解决问题的过程分为五个阶段:①提出疑问;②分析;③假设;④评断;⑤结论。[①] 在他之后许多学者对问题解决过程的研究,大体上都与他的看法相似。

　　华莱士(G. Wallas)提出解决问题的四个阶段:①准备;②孕育;③明朗;④验证。这四个阶段主要是从科学家的创造活动中提炼出来的,但也可以粗略概括为学生解决学习问题的过程。

　　加涅也将问题解决分为四个阶段:①提出问题;②明确问题;③形成假设;④检验假设。这种分法已被广泛采纳。

　　吉尔福特(J. P. Guilford)从他的智力三维结构模型理论出发,将问题解决的过程分为三个阶段:①初始信息分类阶段,以认知作用为基础,觉察到疑难问题,并收集有关资料,做好解决问题的准备;②归类信息储存阶段,以记忆为基础,将视觉的、听觉的、符号的、语义的、行为的有关材料记住,以供解决问题时用;③材料转换阶段,以操作作用和评价作用为基础,将认知和记忆的材料转换成新观念、形成问题解决的假设,借助思维进行评价,以检验认知、记

忆材料的精确性,检验新观念和假设的可靠程度并加以证实。吉尔福特把问题解决过程看成是复杂的智力活动过程,在这一过程中,问题的各种信息经过认知、记忆、聚合思维、发散思维、评价等智力活动,才能处理完结,使问题得以解决。

(四)品德学习的过程

对学生进行思想品德教育是教学的主要任务之一。学生品德的形成是社会通过包括教育在内的各种渠道把社会道德规范和价值观传递给年轻一代的过程,也是学生在群体生活中通过自己的实践由被动到主动去学习和掌握(领会、巩固、应用)这些规范、价值观并形成道德行为习惯的过程。任何一种品德都包括道德认识、道德情感、道德意志、道德行动四个主要成分,其下又包含一些具体成分。品德的学习和形成过程即是各种品德成分及其内外影响因素相互作用的复杂过程。我们将在第八章详细探讨。

各种类型的学习在性质上、结构上和发展阶段上各有特点。研究学习的不同类型,有利于对学习过程进行深入的分析,也有利于从不同角度对学生学习活动进行具体指导。但同时必须明确,各类型又是相互联系、促进、补充、包容、重叠和交叉的,绝不能将它们割裂开来。

三、学习的基本思想

许多学习理论家都在解释关于学习的问题。他们的基本思想对于我们组织学生的学习活动会有很大的启发。

(一)学生的能力

学生的一般智力和能力与学习有关系。不管用什么方法来教某种教材,有些学生总是具有较高的学习新材料和形成新概括的智力。学生的学习能力随年龄和成熟而发展。

(二)过去的经验

根据社会心理学的场说理论家的说法,过去的经验对于新学习的迁移成绩是重要的。

（三）学习的准备

由遗传、过去的经验和成熟水平所决定的学生的准备,在引进新的学习经验时是一个须加考虑的重要因素。当教学任务与个体的成熟水平和其他准备因素相适应时,学习就比较顺利。

（四）保持和遗忘

对学习者具有切身意义的事物比那些对他们没有切身意义的事物保持的时间要长些。在场说理论家看来,按照结构模式的关系学习比孤立的学习保持的时间要长久些。

（五）练习

对于过去的东西经常进行操练和复习会促进学习,并使关于事实的学习和技能的学习臻于完善。

（六）理解关系

如果学习者能看出新旧学习材料之间的关系,他们就比较容易学会新材料。

（七）机能上的相似

依照联想说,学习的正迁移是在两种学习任务之间存在机能的相似性时发生的,最大限度的负迁移则是在两种学习任务之间存在机能差异时发生的。因此学校的学习应该与真实的生活情境有机地联系起来。

（八）概念的重要性

联想说与场说都强调指出,某种组织形式对于学习迁移是很重要的。必须帮助学生避免追求应用价值有限的孤立经验和事实,学会形成具有较大应用可能的概念和概括。

（九）发现

用发现法或积极主动参与活动的方法得到的学习迁移,比用消极被动参与活动的方法达到的效果要好。

（十）学科内容

没有任何一门学科比其他学科在增强智力方面具有更大的作用。但是学习学科内容的基本思想和原理,用以发现新的关系,并且在学习一门学科时,应用各种原理,都是很重要的。

（十一）评价和态度

在认知学习的过程中评价和态度是重要的。正如场说所强调的,情绪的因素影响学习,所以评价和态度可以看作是一种学习类型。

（十二）动机

动机既是学习的结果也是学习的原因。那些无需经过教师的鼓励而能引起学生自然兴趣的事物称为内在动机,一般认为这是一种最有效的动机。教师利用分数,父母的奖赏,以及未来的成功等外部动机,可以刺激学生学习那些他们原来不感兴趣的东西。这两种动机都与联想说的刺激——反应理论和"认知内驱力"理论有关。

（十三）知道自己有进步

联想说强调说,学生的成绩可以由于尽快告诉他们的作业成绩而有改进。

（十四）自信心

根据场说理论家的意见,特别是根据现象学说心理学家的意见,学习与一个人如何判断其达到的成就有关。学习者的自尊心和对自己的恰当估计,会影响他的学习效果;反过来学习可以提高一个人的自尊心和恰当估计自己的能力。来自双亲和教师的赞许是一种与学生的自信心有关的最普通的来源。

（十五）学习的自由

按照场说理论家的意见,应该允许学生有犯错误的自由,有探索新思想的自由,有试验他们的想法的自由。同时,讥讽学生或使学生害怕失败会使学生失去学习信心。

2

学习的管理——学习活动方式的组织

引言:学习活动方式,是学生学习活动的类型及其运行的空间、时间与程序在课程内部的反映。学习活动方式的组织,一方面要反映各主要活动渠道之间的相互关系,另一方面须反映各科学习活动内部的结构性。

学习活动方式的组织须符合下列要求。

一、反映学习活动的整体性

中小学各学段的整个学习活动包括多种渠道和多种层次的活动。学习活动方式要反映各主要活动渠道之间的相互渗透及学习活动各层次之间紧密衔接要求,从而使整个学习活动形成一个有机的整体。

(一)要保证学习活动的完整性与系统性

学习活动的完整性,要求既要全面安排各学科的学习活动,又要适当安排活动课程各方面的学习活动。中小学各学科的学习活动包括语文、外语学科的听、说、读、写、思等活动;数学学科的阅读、观测、想象、思维和计算活动;自然学科的阅读、观测、实验、分析和计算活动;社会学科的阅读、观察、调查、分析和辨别活动以及劳技学科、体育学科、艺术学科中的一系列智力活动与操作活动等。这些学习活动以间接经验为主要内容,需占大量学习时间,因而是中小学学习活动的主干部分。活动课程各方面的活动是中小学学习活动的辅助部分,包括社会政治活动、科学技术活动、文学艺术活动、体育保健活动、旅游参观活动以及公益劳动等。这些学习活动以直接经验及现实问题为主要内容,只占少量时间,因而是中小学学习活动的辅助部分。主干活动与辅助活动各具有独特作用,彼此不可代替。应使两者取长补短,相辅相成,从而发挥中小学课程的整体功能。

（二）要使学习活动既有多样性,又有综合性

如上所述,学习活动的完整性决定了活动的多样性,包括活动类型的多样与活动形式的多样。如果学习活动不具有多样的特性,课程结构的功能不可能充分发挥出来。然而,实践证明,多样的学习活动之间又须具有一定的综合性。学习活动的综合性是指活动发展到一定阶段时不同类型活动点的横向联系。学习活动方式的组织要保证这种"横向联系"。学习活动的综合性有小综合与大综合之分。小综合是指某一科目内不同类型活动的横向联系,如语文活动中听、说、读、写的横向联系;数学活动中数、形活动点的横向联系;物理活动中力、热、光、声、电活动点的横向联系;化学活动中不同化学反应活动点的横向联系,等等。大综合是指不同学科活动之间的横向联系,如某些农业科学实验活动、社会调查活动就具有沟通多科学习活动的作用。又如在初中、高中阶段,可以环境保护课（选修课）中"水的污染"为题,组织学生参加包括环境保护、生物、化学、语文等学科的综合性的学习活动。

（三）一般心理活动与学科心理活动的统一

在中小学各科学习活动中,贯穿着学生的一般心理活动,即意向活动与认识活动。赞科夫把这种一般心理活动概括为观察活动、思维活动和实际操作活动。

但是,各学科的学习活动又具有自己的个性。数学活动、语文活动、外语活动、物理活动、化学活动、生物活动、历史活动、地理活动、体育活动、音乐活动以及美术活动等都有各自的特点。课程内部的学习活动方式要反映学科学习的特殊心理活动和一般心理活动,以促进不同学科之间的相互渗透。

（四）学习活动的程序性与连续性的统一

学习活动的程序性是按照从简单到复杂、从低级到高级的次序安排学习活动的内容。无论各科学习活动或各项辅助性学习活动的安排都须具有各自的程序，包括活动的总体程序和具体程序。比如，阅读活动的安排，一方面要使学生掌握日益丰富、日益复杂的词汇与句子结构，同时又要给予适当的机会让学生继续练习和改进以前学过的发音技能与阅读速度；到了更高的阶段，不仅要求学生把书面语言变成口头语言，而且要求学生对所学的文章予以解释和评论。

活动的程序性反映了学习活动纵向发展的内部联系，这是不可违背的。但是，活动的发展还需反映学生认识发展特别是技能与熟练形成的特点。基本技能的形成、动作自动化地完成需要多次强化和反复练习，因此，学习活动的安排又须具有连续性。所谓活动的连续性是在活动的纵向发展中连续重复安排主要的活动项目。

某些基本概念和基本法则也可在不同阶段以不同的形式连续地予以重复安排。如数学上的分配律、交换律和结合律就需在小学和初中予以重复安排，社会学科及自然学科的学习活动也有类似情况。

二、学习活动总量的合理确定和分配

学习活动总量是一个学生平均每天用于主干活动和辅助活动的学习时间及所完成的全部学习量。所谓学习量是学生所学习的一切间接经验与直接经验的总和。学习活动总量的确定和分配要依据一定年龄阶段学生身心发展的需要和可能。

（一）要保证不同年龄的学生必需的休息和娱乐时间

小学生每日需睡足 10 小时，初中、高中学生每天分别需要 9 小时和 8 小时的睡眠时间。每天上下午的课间休息时间和午餐后的休息时间也需要保证。此外，每日还要为学生安排长短不一的娱乐时间。

（二）合理分配主干活动与辅助活动的时间

中小学学习的主干活动时间一般可占整个学习活动时间的85％左右，辅助活动时间可占15％左右。

（三）合理设计各文化基础学科的作业量

文化基础学科的作业分课内作业与课外作业两种。课内作业必须在课内完成，课外作业时间需作出明确规定，小学低年级一般不留家庭作业，中、高年级每天的家庭作业时间一般为30—45分钟，初中每天的家庭作业合计不超过1.5小时，高中每天的家庭作业合计不超过2.5小时。

（四）合理安排劳动量与体育运动量

劳动量与体育运动量的安排以照顾学生身心发展的特点为原则。

劳动量即生产劳动给予人体的生理负担量。生产劳动的工种与技术的难度要为学生所胜任。每次劳动时间，高中以不超过4小时为宜，初中以不超过3小时为妥，每次劳动中间，要有适当的休息时间。小学高年级每次劳动不宜超过2小时，中间需休息两三次。小学低年级只参加轻微劳动，每次半小时左右。女生参加生产劳动时，尤需注意其生理特点。

运动量是指体育运动给予人体的生理负担量。学生身体机能的发展要求一定强度的运动量。如运动量太小，不能满足身体发展的需要；若运动量过大，则将损害学生的健康。

运动量的合理安排，要依据学生身体发展的年龄特点。学龄初期儿童对运动量的需求远远超过幼儿的需要。但在10岁以前，儿童的发育还不完善。6—8岁时，肌肉的重量约相当体重的25％—27％，其结构、成分虽较前有所改善，但力量较弱；骨内含钙盐少，富弹性，易弯曲；心脏收缩力的机制不强；呼吸频率较快，肺活量较小；力量、速度、耐力、灵巧的发展不足。所以，这个时期的儿童在运动中易疲劳,一般不宜作耐久力的操练和强度大、难度高的运动。10 岁以后,运动量可适当加强,但须控制。到了少年期,内分泌活动增强了;性腺活动展开后,身体发育趋向成熟。15 岁时,肌肉的重量相当于体重的 32.6％,17 岁时为 44.2％,因而肌肉的力量有显著增长,心脏机能趋向完善,肺活量接近成人,所以,少年期学生可负担较大的运动量,能参加 800 米至 1500 米一类的中距离赛跑运动;但少年往往对自己的运动能力估计过高,有时甚至冒险作力所不及的动作,需加强教育和引导。

劳动量与运动量的合理安排,都需在有关课程文件中作出明确规定。

三、劳逸安排的节奏性

学生的学习活动以脑力活动为主,同时也有体力活动。连续或反复进行一种活动必然引起肌肉的疲劳。肌肉疲劳是由于有机体的新陈代谢失去平衡而引起中枢神经系统发生的抑制现象。解除疲劳的根本方法就是休息。休息有两种方式,一种是静止性休息,即让大脑及身体的一切组织完全停止工作,这种休息方式要求规定合理的作息制度,以保证必要的静止性休息时间;另一种是活动性休息,即用一种新的活动代替原来的活动。首先,是脑力活动与体力活动的交替进行。其次,是文理各科、动静科目的交替安排,做到动静相依、文理相间,使一部分神经细胞几十分钟后转入抑制,让另一部分处于抑制状态的细胞兴奋起来。这不但可使大脑在一段时间内持续工作不致疲劳,而且前后学习内容的记忆不致受到干扰。第三,根据小学低年级学生身心发展的特点,每节课以 30 分钟为宜。这一切都需反映在有关课程文件之中,使学习活动亦张亦弛,有节奏地向前运转。

3

学生学习方法指导——学习的态度、程序、途径、手段和技能

引言：学法指导是教育者通过一定的途径对学习者进行学习方法的传授、诱导、诊治，使学习者掌握科学的学习方法并且灵活地运用于学习之中，逐步形成较强的自学能力，即"教学生学会学习"。

学习方法包括学习的态度、程序、途径、手段、技能等。学法指导包括学习内容的指导和学习过程的指导。教师的课堂行为应包括这两部分，应同时完成这两方面的任务。前者在于学生理解外在内容，后者在于使学生理解内在过程。

一、学习方法指导的目标

学习方法指导的目标，就是为学生创造良好的学习条件和环境，使学生掌握科学的学习方法，逐步形成独立学习的技能。

（一）学习条件的最优化

这主要指：学校、家庭要有良好的学习环境，包括物理环境和人际环境；要有良好的学习条件，包括笔墨纸张，学习用具，教材书籍等个人的学习条件以及图书馆藏书、报刊、实验设备等学习条件；学生要有良好的身体素质；教师要有较高的教学水平等四个方面。

（二）学习过程的最优化

中学生在校学习过程主要包括：自我规划；课前预习；认真上课；课后复习；课外作业；课外学习；系统总结等七个方面。

（三）逐步形成自学技能

学生一生中自学是学习的关键。自学的效率取决于自学的技能如何。培养自学技能是教师的重要任务。自学技能包括：①自学的组织技能，比如拟定学习任务、合理规划、安排时间、创造条件、进行总结等；②自学的信息技能，比如查阅目录索引、使用工具书、使用信息技术硬件等；③自学的智力技能，比如形成动机、接收信息、合理识记、理解教材、独立思考等。

二、学习方法指导的基本要求

近些年来，随着教学改革的深入和对学生在教学过程中的主体地位认识的提高，不少同志加强了对学生学习方法方面的研究。

（一）学习方法指导要有整体观

教学工作是一项系统工程。学习方法指导只是这个系统中的一个因素。从教学系统功能整体性原则来看，学习方法指导必须在整体改革的思想指导下，才能发挥应有的作用。学习方法在教学过程中既是学生获得知识的手段，也是学生把知识转化为能力的手段。在教学过程中，学生的学习方法受教师的教所制约，教师怎样教和学生怎样学是不能截然分开的。学生学习方法还离不开教学其他因素的改革，如随着教学内容和教学手段的现代化，学习方法指导也要充分考虑"现代化"的要求。

教学活动在不同时空领域内采取的活动的方式方法是有所不同的。学生学习方法有其相应的序列，因此学习方法指导就是遵循这个序列，否则就会得不到预期的效果。

（二）把学习方法指导的研究与研究学生结合起来

学习方法指导问题，决不只是一个方法问题。任何学生采取这样或那样的学习方法，都与他的学习目的、学习态度、学习情况、学习意志以及个性特征有密切的关系。要研究每一个学生的情况，把学习方法指导与学生整个情况研究结合起来，才能收到预期的效果。

学生学习与青少年身心发展的特点及学习中遇到的问题有密切关系,但决不能忽视学生生活的环境、社会、自然、家庭以及校风、班风等对他们学习目的、学习态度的影响。因为不同的学生,学习目的,态度上的差异,往往决定于他所处的生活环境。所以,学生学习既有共性也有个性。以往我们往往只注意到共性,针对共性中存在问题也采取过某些教育措施,但由于对每个学生独特的情况缺乏了解,那些针对性的教育措施就难免一般化,甚至成为空洞的说教,对学习情况的改善起不了多大的作用,学习方法指导也就难以落到实处。

(三)激发学生学习的自觉性、主动性

改善学生学习的一个重要问题,是如何激发学生学习的自觉性与主动性。"学"终究是学生自己学,教师教好、家长督促以及其他学习条件的创造,都只是一些外在因素。变"要我学"为"我要学",是教学过程中一个非常关键的问题,即学生是否感受到"学习需要",这与学生对学习的认识与情感有直接关系。

要激发学习的自觉性,应注意以下几点:①明确学习的目的要求,激发学习的兴趣,使之产生一种需要感;②要让学生看到自己努力学习获得的进步,使之产生一种积极的情绪体验,坚定自己能够学好的自信心;③学习要有一定的难度,即这种难度是学生经过自己的努力或他人适当地指点可以达到的,当他克服了这个难度后,就产生一种愉快感,就会激发他向更高难度攀登;④引导学生正确评定自己的学习成绩,发现学习中的问题,明确下一步努力的方向和行动目标,进一步提高学习的自觉性和责任感。

(四)学习方法指导,必须着眼于学生能力的培养

学生掌握科学的学习方法,是知识转化为能力的"手段"。因此,学习方法指导是促进学生能力的形成和发展的必要措施。所谓学习能力是指学生顺利完成一定的学习活动所必备的心理特征

或本领。中小学学生应着重培养的一般能力主要有:学习能力、实际操作能力、表达能力、研究能力、组织能力、自控自理能力与交往能力。此外还应注意培养不同学生的特殊能力,如计算、绘画、制作等能力。这些能力的培养与掌握科学的学习方法有密切的关系。现在有些中小学给学生开学习方法指导课,并编写了学习方法指导的教材,这种尝试是有意义的。但一般性的学习方法指导,仍然是通过各科教学进行。

三、学习方法指导的过程

(一)了解学情

了解学情是搞好学法指导的重要前提。了解学情可通过调查问卷、检查作业、考试检查、平时观察、让学生叙述等来分析。

(二)制定计划,做好准备

制定计划就是根据学情,选择学法指导的途径、方法、时机,明确指导的目标和方法,并做好相应的准备。

(三)实施指导

实施指导是把指导计划机动灵活的付诸实施。指导可在全班进行,也可个别进行。

(四)反馈控制

实施指导后,要经过一段时间,才能显现出效果。把学习的进步状况和实际效果与预期目标对照,找出差距,进行再指导,以达到最佳效果。

四、学习方法指导的途径和方式

(一)途径

学习方法指导的途径大致有通过教师的指导来进行;通过学生之间的交流来进行;通过家长或其他人员来进行等三个方面。

(二)方式

学法指导的方式主要有系统传授式、专题讨论式、学科渗透式、学习诊断式、经验交流式等五种方式。

系统传授式。这是目前进行学法指导的较普遍的一种理论传授方式，它是教师根据学法指导教材向学生系统地传授学习方法。这种方法的具体做法是教师要像其他各科课程一样研究教材，进行备课、授课，学法指导纳入教学计划，列入课表，学生有教材和笔记。这种方式的优点是教给学生系统的学法知识，使学生易于从理论上掌握学习方法；缺点是不能结合学生实际，理论与实践易于脱节，从而影响学法指导的效果。

专题讨论式。这种方式根据学生学习的需要，采取专题形式定期或不定期地举办学法指导讲座，这种方式即可以一班为单位，也可以一个年级或全校统一进行；可以是报告会，也可以是利用校刊、校报、学习园地等形式进行。它的优点是比较符合学生实际，形式灵活，可使学生学到某一方面较丰富较深入的知识；缺点是缺乏系统性，容易被其他的作业冲击，理论与实践易脱节。

学科渗透式。这是学法指导经常采用且效果较好的一种方式，是教师根据自己所教的学科渗透学习方法。一般由任课教师进行。这种方式要求教师既要对所教学科的知识有坚深的基础，又要对学法知识熟练掌握。它的优点是结合学生的实际，又能结合学科特点，还能兼顾学法的知识及教师的自身情况。因此，这种方式讲起来有具体内容，言之有物，学生既可以学到学习某一学科的具体方法，又能找到自己的不足、克服学习上的缺点，使学生掌握各环节的技巧，能够潜移默化。缺点是有时过于繁琐，教师掌握的尺度不一，易于冲击教学内容。

学习诊断式。这是教师运用心理诊断技术帮助学生具体找出并分析影响学习效果的原因，指出具体的解决办法。这种方式一般来说具有较好的效果。它的优点是结合学生的实际，能及时有效地解决学习上的问题。但实用范围小，只能个别进行或在群体内进行,同时对人员素质要求较高,耗费人力也多。

经验交流式。这种方式是学生之间通过自己的实践和学习过程的反思总结出自己的学习方法,并互相交流经验,取长补短,改进自己的学习方法。这种方式可以在教师的指导下进行,也可以不在教师的指导下,学生独立进行。它的优点是具有较强的实用性,可以随时随地进行,不受时间、空间的局限,比较符合学生的实际,易于被学生接受;缺点是由于学生的经历和经验有限,交流的内容也有限,且学生的认识水平较低,很难从科学的高度来总结。因此,这种方式只能作为一种辅助方式。

五、几种主要学习方法的指导

(一)指导学生学会制定个人的学习计划

"凡事预则立,不预则废"。干什么事情都要有个计划或打算,学习也是这样。制定学习计划有以下的作用。一是学习计划是实现学习目标的蓝图。有了学习计划,会使自己学习的目的要求更加明确。二是坚持计划的实施,有利于锻炼自己学习的意志,养成良好的学习习惯。三是按计划学习,有利于合理使用时间,提高学习效率,特别是一个科学的学习计划,在学习过程中注意到弛张结合、动静搭配、文理交叉等方面,更有利于青少年身心的健康发展。

(二)指导学生学会阅读

学生以学习间接知识为主,因此,较多时间是与书本打交道,阅读是获得书本知识的基本方法,指导学生学习,特别要重视阅读方法的指导。

具体可以从以下几方面进行阅读方法指导。一是指导学生制定好阅读计划,明确阅读目的、要求、范围、时间、步骤、方法等。二是指导学生根据阅读计划要求学会找书,尽快进入"定向阅读"。定向阅读可以使学生在信息复杂的阅读环境中尽快寻找到阅读的目标,有效地指引学生的阅读,使选择的读物和所读的知识成为一种有序的结构。三是帮助学生控制阅读中的心理状态,保持必要的学习内推力,调节自己学习的情绪。四是提供一些阅读材料,让学生根据自己的实际合理地运用。

（三）指导学生学会观察

科学的观察方法是人们在自然条件下（即不加控制）有目的、有计划地对自然现象或社会现象进行考察的一种方法。它是直接用自己的眼睛、耳朵等各种感官或借助相应的仪器去感知观察对象。学生通过观察,有利于增加感性认识,获得直接经验。

指导学生应用观察法,应注意以下几点。一是观察要有目的有计划。所观察的事物纷繁复杂,不是说随便观察,就能获得知识,要根据学习的要求,有计划、有步骤地进行观察。二是选择观察对象要注意典型性。这样花费较少的精力,就可获得确切的资料。三是观察要有实事求是的态度,不要掺杂个人的偏见,这样观察得来的资料才真实可靠。四是要掌握相应的观察方法和技术。在观察之前要订出详细的观察提纲,制定观察的标准,记录表格和速记符号。对观察对象在不同时空活动领域中的各种状态都要做好记录。五是对观察得来的资料要进行整理,使之系统化、本质化。不要满足于一些零星数据或片段事实,要进行分析、比较、概括,得到较全面、较本质的认识。

（四）指导学生学会记忆

学生获得的科学文化知识、道德观念只有靠记忆才能在头脑中得到巩固、保持。指导学生科学地进行记忆,应注意以下几点:一是明确识记的目的和任务,提高识记的自觉性,积极地进行有意识记。明确识记目的和任务有助于提高识记的速度和正确性。要自觉主动地给自己提出学习和记忆的任务,而不是临阵磨枪,考前搞突击。二是正确使用记忆方法。科学的记忆方法,能够增强记忆,收到事半功倍的效果。避免使用机械重复的方法获取知识,重视对知识的领会、理解,掌握符合记忆规律的记忆方法。如形象记忆法、图解记忆法、歌诀记忆法、谐音记忆法、比较记忆法等。三是掌握遗忘进程的规律,科学地进行复习。

(五)指导学生学会独立思考

指导学生思考问题,应注意:一是抓住知识的精华和内在联系,善于透过现象看本质,善于抓知识的难点、重点,避免平均使用力量,克服知识理解表面化的倾向。二是善于多角度、多渠道地思考、寻求解决问题的方案,突破常规,力图以全新的方案和程序创造性地解决问题。三是举一反三,触类旁通,能积极展开联想,进行综合归纳,力求融会贯通,举纲张目。

(六)指导学生建立科学的学习程序

学习周期中的预习、听课、复习、作业等环节,需要合理衔接,行止有序。教师应指导学生掌握三种科学的学习步骤:一是先预习后听课,这样学习目标明确,思维活动有较好的"准备性"。二是先复习后作业,实现知识在理解基础上的应用,达到有效地巩固和转化。三是先思考后发问,使思维进入最佳"愤"、"悱"境界,有利于知识的深化。

(七)指导学生学会排除学习干扰

学习也是一种复杂而繁重、艰苦的劳动。学习者必定会遇到来自本身怕苦、畏难、急躁、自卑等"内部困难",以及环境中的不良干扰、引诱等"外部困难"。教师要指导学生学会自我激励和自我克制,排除来自内、外部的学习干扰,以达到预期的学习目标。

▲附录:给学生提高一个档次

主 持 人:傅道春 黑龙江农垦师范专科学校教授

特邀教师:彭爱平 湖北省中学一级教师

傅道春:如果真的实现了学校教育"面向全体,不放弃每一个;

全面发展,不误每一处的潜能开发",就要通过对学生的评价标准、方式和手段,引导、激发他们去学习,使学生不断地上档次。彭老师,我们共同探讨一下教师对学生成绩评价产生的具体效应。我们还是从一件事展开。

彭爱平:好,那我就先说一件事:期中考试后的一天中午,高一年级的一位男生敲开了我家的门,拿着试卷指着一处打叉的地方认真地对我说:这种答法是正确的,不应扣分(0.5分)。我细心地给他解释为什么是错的,他点了点头,问题已弄清了,但脸仍然未"阴转晴"。这时,我拿起红笔,给他加上了0.5分,原来的59.5分变为60分,并对他说:这次借给你0.5分,下次考试还回来,他脸立即"阴转晴"了,连说几个"谢谢",满意地走了。

期终考试后的一天中午,这位男生又来到我家,拿着试卷郑重地对我说:"老师,这次考试我打了65分,期中考试我借了0.5分,现在还回来,请扣除0.5分。"我笑着说:"看到你学习进步了,我很高兴,0.5分就不扣了。"接着,我问他,期中考试时,为什么要争那0.5分?他道出了缘由:"59.5分和60分就是不一样,用同学们的话讲是相差一个档次。您给我加了0.5分,给了我脸面,回家时好见父母,在班里好见同学。您光了我脸面,我心里时时暗示自己,努力学习,不负老师的信任和期待,一定要补回0.5分。学习有了动力,学习起来就有了兴趣、劲头,自然就有了长进"。我语重心长地对他说:"考试看分数,但不仅仅是分数;学习要考试,但不仅仅是为了考试,为了分数,为了老师,为了父母,而有更深层的含意。"他接着我的话说:"学习是为了掌握知识和本领,为走向社会、光辉人生铺路架桥。"我说:"对!说得太好了。希望你不断进步。"以后的三年他真的不断进步,化学成绩一年一个台阶,高考成绩达到了85分。

傅道春:教师借给学生分,学生还给老师分,这一借一还包含着哪些教育的道理?

彭爱平："借"寄托期待。老师将理解、鼓励、信任和希望通过"借"传给学生,学生从"借"中体验老师的良苦用心和倾注的情感,从而内化为"争取"努力学习的驱动力;以学习的进步、成绩的提高返"还"给老师。一借一还巧妙地运用了期待效应和情感激励。"借"依据了当代中学生的心理特征——需要理解,自尊心强。

傅道春:请谈谈从学生借分到您借给了学生分这段时间里,您的所思所想。

彭爱平:学生登门"求"分,虽然动机不算纯,却也是关注学习的好表现,且在考得不好的情况下,这时他多么需要老师的理解、同情、鼓励。这正是施以教育的好时机,师生心灵的碰撞必定会撞击出耀眼的火花。我顺水推舟,巧借 0.5 分,满足他"光脸面"、"上档次"的需要。青少年学生爱面子、讲面子,争强好胜的心理强,这次了他面子,他定会下决心争面子,暗下刻苦学习的内功。但这只是低档的学习动机,还要创造、寻找机会趁热打铁,将低档的学习动机转为高档的学习动机。学生登门"还"分来了,教育时机来了。机不可失,时不再来。采用对话诱其一步步走向高档的学习动机。动机纯了,学习自然会用功,不愁成绩不提高。我放心了,"借"——"还"的历程完结了。我认识到了这样一个问题:教育的效果并不一定与所讲道理大小、多少成正比,关键要掌握好时机,下"及时雨"。俗话说,抓住火候。教育要强化"机遇"意识!

傅道春:这种借分现象在哪类学生身上还可能发生,在哪类学生身上不可能发生?

彭爱平:关注学习(尤其是关注分数)、自尊心强的学生可能发生。否则,不会发生。

傅道春:目前的学校评分是依据一个客观标准进行的绝对评价,您怎么看这种评分的利弊?是否有更好的评价方式?

彭爱平:从全国的高考到学校的大小考试,采用的都是这种评分制。它从一定程度上可以反映教与学的效果,选拔人才。近年来高考注重考基础,更注重考能力,"分数"有了较好的"区分度"。以"分数"作人才质量评定的方式,容易导致片面追求分数,因而高分低能现象普遍存在,束缚了全面发展的高素质人才的培养,难以突破应试教育的"围城"。"分数"误导了学生的学习动机——学习为考试、为分数,"分数"成为无形的墙,把学生分隔成"好、中、差",挫伤了部分学生的心理,产生心理障碍。应试教育讲分数,素质教育讲素质,素质高低也需要客观评价。因此,要有一种素质评价的"度量衡",这将是一项系统工程。

傅道春:彭老师开明地借给了学生 0.5 分,使这个学生升了一个档次。于是,就产生了教育的连锁反应:"光了脸面"——暗示自己努力——实现教师的期待——后来一年一个台阶。如果我们更多地利用学生成绩评价中的激励因素,我们的学生评价会起到促进学生发展的积极作用。而升学教育,通过精确评分,用每一个学生间的分数差标出学生的学习位置。这对多数学生来说是一种压抑。评价的结果会宣布大多数学生是失败者,这与我们的教育愿望是不相符的。

看得出,在原评价方式的框架中,彭老师已经在寻找着突破,采用了非常规的教育手段,获得了意外的效果。在升学教育向素质教育转轨过程中,还真的不能过分地强调常规化,非常规往往是改革的初创状态。我建议学校的校长组织点非常规教育案例的剖析,从中可能会找到许多素质教育的新因素,可以更好地促进学生的学习。

情境练习:

1. 回顾自己的学习经历,你认为有效的方法有哪些?不当的方法有哪些?值得讨论的方法有哪些?学习方法对成绩的提高有哪些明显的影响?

2. 追踪调查一位中(小)学生,观察他的学习过程,写出调查纪录。然后就学习中的问题,给他几点建议(给建议之前应征求学生班主任的意见)。

8

教会学生做人

提示：教会学生做人是以德育为主的全面育人教育。育人的目标、层次与内容也较为丰富。如把这一基本任务看作一个目标系统，它本身包括三个层次：把学生培养成好公民；在此基础上引导他们逐步树立科学的人生观、世界观；使他们中的优秀分子将来能够成为共产主义者。在这里，关于公共道德品质、公民教养、科学的人生观与世界观以及社会主义觉悟的形成，各有什么不同的规律？同人生发展的不同阶段各有什么联系？其中每种社会意识或行为准则，还该作如何分解？培养不同类别的品行的具体途径如何？这些都属有待进一步探讨的课题。本章我们涉及到的问题有：教育目标的内容；道德品质的形成过程；德育的原则；学生教育的方法等问题。

1

塑造完整的人——素质教育的内容

引言：应试教育从教育过程来说，是简化的教育；从教育内容来说，是残缺的教育；从教育的指向来说，是考试的教育。我们所从事的中小学教育，是数以千万计的活生生的少年儿童的发展教育，是塑造完整的人的素质教育。本节我们将从这个意义上阐释教育目标的内容。因此，会更多地带有升学教育向素质教育转轨时期特有的痕迹。涉及到的内容有：素质教育的涵义、特点、目标、现代人格及其教育等问题。

情境：

素质教育与应试教育的区别[①]

类别表现	素 质 教 育	应 试 教 育
教育目的	提高国民整体素质，为实现"四化"培养跨世纪人才	只是为适应上一级学校的选拔需要，单纯追求分数和升学率
培养目标	全面发展加特长的社会主义建设者和接班人	培养少数高分加听话的书生型人才
教育体系	构建以人的全面发展为中心的教育体系	构建以学科知识系统为中心的教育体系
教育对象	面向全体学生，不求人人升学，但求个个成才	面向少数升学有望的学生，淘汰多数学生

---

① 张俊晨等主编：《素质教育实施指要》，33页，哈尔滨，黑龙江科学技术出版社，1998。

类别 表现	素 质 教 育	应 试 教 育
学习动力	学生以国家和民族的振兴、社会的发展和体现个人价值为学习动力	学生以分数、升学和个人得失为学习动力
教育内容	全面贯彻教育方针,按国家计划全面开设课程,重视双基,发展智力,培养能力,使学生德智体全面发展	偏重考试科目,轻视非考试科目,忽视德、体、美、劳等学科
教育方法	方法灵活,重在"启发",鼓励创造性地发挥,使学生生动活泼地主动地发展	方法单调,重在"灌输",强调背诵,忽视实践能力和创造性思维的培养
教育过程	发展学生的兴趣爱好,重视学生个性的健康发展,提倡因材施教	强调统一性和同步性,加重课业负担,用应考压抑学生的个人兴趣和才能的发挥
教育评价	注意从实际出发,综合评价学生,评价教育教学工作	以考试分数作为评定学生学习质量和教育教学工作的惟一标准
师生地位	以教师为主导,学生为主体,尊重学生的主体地位,引导学生参与教学过程,教学相长	以教师为中心,把学生当成被加工的对象,使之处于被动和从属地位
人际关系	强调平等、合作、和谐的师生关系以及教育工作者之间的团结、合作关系	为了追求高分数和升学率,形成了一种保守的、强迫性和不正常的竞争关系
教育结果	培养出更多更好的适应时代需要的,具有良好素质的建设者和接班人	虽然培养出少数人才,但多数人是以失败者的心态走向社会

一、素质教育的涵义和特点

(一)素质教育的涵义

素质教育的问题,是基础教育的核心问题。那么,什么是素质教育,其本质是什么?关于素质教育的概念的表述,目前不下于十余种。归结起来说,所谓素质教育,是指教育者以符合规律的教育措施,对新一代素质按现代化需要实现开发、完善、提高和再创造的过程。换言之,素质教育,就是教育者科学地运用人类自身创造的物质文明和精神文明成果去开发、塑造和完善儿童(广义的)身心结构与功能,以达到全面提高公民素质质量的教育实践过程。其实质是一种对儿童个性素质的再生产和再创造的社会实践过程。具体地说:①跟上现代化的需要,瞄准人才素质,采取切实可行而又行之有效的教育措施;②面向学生全员扎扎实实地实施教育;③抓住全面提高学生个性素质的教育目标,落实到教育过程的始终。

(二)素质教育的特点

素质教育是一项复杂而科学的系统工程。它具有整体性、基础性、内化性、综合性等四个特点。

整体性。素质的整体特点,要求素质教育必须整体化。即素质教育是教育"全员"性与"全面"性的统一,必须面向全体学生,抓好每一个学生的素质的全面发展。为此,教育者就必须把教育、教学的目标、对象、内容、途径或手段明确确定,使它们构成协调推进的系统。只有把全系统抓好了,才能真正转上素质教育的轨道。

基础性。素质的发展性特点,要求素质教育既为每个学生步步发展打好基础,又为每个未来公民的终身发展打好基础,建立起自学和继续发展的坚实丰厚的基础和生长点。

内化性。素质的本质,要求素质教育注重并切实把外在影响和要求内化为学生个体的素质。外在的影响和要求都是外在的东西,不等于是学生的内在具有。只有外在的东西内化为心理的成分,即形成某心理因素,或被掌握的东西,才能称为学生的东西,称为学生的素质。显然内化是个非常重要的过程。所谓内化,是指被个体接受了的外界刺激影响作为内在信息经过大脑加工而转化为某种心理因素的过程。所以,素质教育必须强化内化过程。

综合性。素质教育涉及到学校、家庭、社会及学生个人等影响因素。因此,学校在努力强化、优化内部条件,创造最佳教育环境的同时,整个社会也必须重视并切实优化社会大环境,创造良好的外部教育氛围。实行学校、社会、家庭"三结合"教育,则是最有助于实现素质教育预期效果的教育措施之一。应特别注意的是教育对象学生的自我影响问题。学生是有自我意识的受教育的主体。所谓自我意识,是指人对自己的认识和态度,自我观察、自我体验、自我评价、自我监督、自我控制和自我教育等就是不同层面的自我意识表现。它具有对自己的思想行为进行能动的调节的作用。这是人所独具的心理现象。因此,实施素质教育,应首先考虑主体这一心理素质,并艺术地调动与强化其积极的能动作用。同时也努力培养与锻炼它,使它不断得到提高,再反转过来有效地调控自己,激励自己。如此良性循环不已,就会不断提高素质教育的效率。

二、素质教育目标分解

(一)思想政治素质目标及教育

思想政治素质在受教育者的整个素质结构中占据着统治的或统帅的地位,对其人生发展具有定向和动力的作用。因此,必须克服"淡化政治"的不良倾向,认真研究和加强对中小学生的思想政治素质教育,以保证中华民族下一代人的政治质量,使社会主义事业后继有人。思想政治素质教育包括:政治素质教育,主要解决立场、观点、态度、信念、理想问题;思想素质教育,主要解决思想认识和思想方法问题。

(二)道德素质目标及教育

道德素质是调节个人的行为,处理个人与他人和个人与社会的关系所必需的,是学生成长为一个合格的现代公民最重要的条件,是学会做人的根本。

道德素质教育主要目的在于培养学生的共产主义道德观念、

法制观念和文明行为习惯,以形成学生完美的品格。在当前和今后一个相当长的时期里,要着重培养学生的爱国主义情操、民族自尊心和自豪感,同时还要教育学生热爱人民、热爱劳动、热爱科学和爱护公共财物;教育学生大公无私、热爱集体、正确处理个人利益和集体、国家利益之间的关系,做到个人利益服从集体利益和国家利益;教育学生忠诚老实、谦虚谨慎,培养学生对人民的事业忠心耿耿和对人的诚实不欺,等等。

（三）文化素质目标及教育

一般认为,人类文化主要包含三个方面:科学、道德和艺术。科学追求真,道德追求善,艺术追求美。文化素质教育也就是真、善、美的教育。值得一提的是,除此之外,文化还应包括生活和宗教。生活追求富,宗教追求者。中国传统文化是以审美代替宗教,这一点,很值得今天发扬光大。而生活教育,对儿童、青少年进行日常生活指导,指导他们在越来越多的闲暇时间内,如何计划好自己的生活,如何确定自己的生活方式,如何自谋职业、创业革新,把握自己人生的道路,处理好个人生活中的诸多问题,等等。

科学文化知识素质教育包括:基础知识素质教育,主要解决知识的基本结构;基本技能素质教育,主要是掌握基本技能技巧;基本学习方法素质教育,主要是掌握科学的学习方法;基本智力素质教育,主要是发展智力因素和培养非智力因素。

（四）生理素质目标及教育

生理素质是人的整体素质赖以生成的基础。在素质教育中,体格、体型、体质的培训,感官的训练和左右脑的开发,应作为一项不可缺少的奠基工程,给予特别关注。

生理素质教育要合理地开发人的各种潜能,从根本上提高人的自然素质,就要教导学生掌握健身的基本知识、技能,养成经常锻炼和讲究卫生的良好习惯;就要促进身体健壮,全面发展体能,提高机体适应环境和抵抗疾病的能力;就要培养学生良好的精神状态,在生活、学习、劳动中保持精神振奋、斗志昂扬、意气风发、精力充沛。作为终身教育起点的优生、优育、优教,对于提高民族素质,对于素质教育,都是基础的基础。

（五）心理素质目标及教育

心理素质包括广泛的兴趣、积极的情绪、奋发的进取心、健康的个性等,这是适应环境,赢得学习和生活成功的必要条件,是形成和发展人的社会文化素质的基础。当今社会生活的一个显著特点是发展迅速,变化复杂,竞争激烈,对每个人来说,不但机遇与挑战同在,而且往往成功与挫折并存,这就需要有较强的心理适应性和心理承受力;对于生活在社会转型的年代而且大多为独生子女的中小学生来说,良好的心理素质尤其显得格外重要。

心理素质教育就是要培养健康的心理,健全的人格。它的主要内容是:开发潜在的智能,使人获得正常的智力;培养愉快的情绪,使人乐观向上,积极进取,对生活充满信心,具备一定的情绪调控能力;形成健全的意志,使人能主动自觉地迎接挑战,战胜困难,具有独立、果断、坚韧、勇敢的品质;养成协调的行为,使个体心理行为符合环境需要和自己的身份,与环境协调一致,关心理解他人,与人相处关系和谐。

（六）审美素质目标及教育

审美素质包括良好的审美意识、健康的审美情趣、一定的创造美的能力等。良好的审美素质有助于人追求真理,发扬善性,增进健康,从而促进人的各种素质的发展,是少年儿童按照美的规律来塑造自己的完美人格的必要条件。

审美素质教育即美育或审美教育,指形成受教育者科学的审美观念、较强的审美感和创造美的能力的教育过程。包括自然美、艺术美和社会美的基本知识,有正确的审美观念、健康的审美情趣及较强的审美能力。例如,审美的感受能力、欣赏能力、判别能力、表现能力和创造能力等。通过审美教育,可以提高学生审美修养和辨别真善美和假恶丑的能力,使学生更加热爱生活,热爱未来,并为美好未来的实现而努力奋斗。同时,审美教育又可以催化人的身心健康发展,净化人的心灵,陶冶人的心性,还具有"益智"的功能。因此,审美素质教育也是素质教育结构中的一个不可缺少的方面。

(七)劳动素质目标与教育

劳动素质,包括热爱劳动的态度、自觉劳动的习惯、一定的生活自理能力和简单的劳动技能等。这是少年儿童将来投身改造自然、改造社会的物质生产劳动和精神生产劳动的基础,也是通过实践促进其他各种素质形成和发展的需要。劳动素质教育指教育者通过对受教育者实施劳动教育和劳动技术教育,使其掌握劳动方面的知识和技能,并在此基础上培养其劳动观念和劳动习惯的过程。提高受教育者的劳动素质,不仅是我国现代化经济建设的客观要求,而且对促进受教育者的全面发展也具有十分重要的意义。

(八)交往素质目标及教育

包括参与社会政治生活、人际交往、群体合作等方面所要求的素质。人都是在一定的社会关系中从事各种活动的。在交往中获得的大量间接经验,又促进个体心理的成熟和素质的发展。当今我国社会由计划经济向市场经济转轨,由封闭向开放转型,个人与他人,个人与社会的物质、政治、思想文化等方面的联系越来越密切,人与人之间的交往越来越频繁、广泛、深入和复杂,因而人的交往素质显得格外重要。

以上素质目标构成了人的个体素质教育目标结构的主要要素,包括了少年儿童将来认识、改造环境和发展自身所需素质结构中的主要方面,它们相互联系构成了一个比较完整的体系。

三、现代人格素质的基本特征

恩格斯在《共产主义原理》一书中指出:新的制度需要新的人,并且创造这样的人。人们越来越认识到我们所需要的"新人"应该具备的一个特征就是人格充分而自由的发展。现代人的人格特征,即具有理智和情感和谐发展的心理机制,高度创造力的活动效能以及符合共产主义道德的伦理内容。具体而言,其内涵有十二条。①现代人准备和乐于接受他未经历过的新的生活经验、新的思想观念、新的行为方式。这是现代人格特征的首要因素。相比之下,传统人则不大愿意接受新的事物、新的思想。②准备与接受社会的改革和变化。现代人能够欣然接受他周围发生的社会改革和变化过程,能够更自由地接受先前是限制别人得到而现在他也许正在享有的改变机会。从某种意义上说,他不太固执,乐于面对改革的现实,对别人以非传统的方式去思考、去做事、去改革,不横加干涉。简言之,他不太固守传统。③思路开阔,头脑开放,尊重并愿意考虑各方面的不同意见。现代人不仅对他直接所处的环境有自己的意见,而且对外部和国家事务也能提出自己的看法。传统的人只是对与他个人有切身利害关系的少数事物感兴趣。④注重现在和未来,守时惜时。现代人有很强的时间观念。他乐于着眼于现在和未来,不愿拘泥于传统和过去。一方面能够更好地继承传统中的优良遗产,一方面又能从传统中旧的束缚下解放出来。⑤强烈的个人效能感,对人和社会的能力充满信心,办事讲效率。现代人相信人类能够学会如何控制环境,相信人类能够解决自身问题,反对办事拖沓或采取敷衍的态度对待工作。⑥计划。现代人在公共生活和个人生活中趋向于制定长期的计划。⑦知识。现代人形成自己对周围世界的看法或意见时,注意对事实的考虑和尽可能多地去获取知识,在这个基础上,形成他的意见和看法;现代人不固执己见,不轻信臆断和妄想;现代人倾向于热心探索未知的领域;现代人中间充满着尊重知识的风气。⑧可依赖性和信任感。现代人信赖人类的理性力量和理性支配下的社会,亦较信赖他人。⑨重视专门知识,有愿意根据水平高低来领取不同报酬的心理基础。⑩对教育的内容和传统的智慧敢于挑战。乐于让自己和后代选择离开传统所尊重的职业,鼓励教育孩子根据社会发展的需要和个人所表现出才能的领域,以新的方法和新的思想观念去工作和生活。⑪相互了解、尊重和自尊。现代人对弱者和地位较低者的自尊和权利,能给予更多的保护。⑫了解生产和过程。现代人期望能在认识生产的过程中发挥出自己的才能与创造力。

四、人格教育的方法

(一)树立正确的人生观和世界观

人生观是关于人生的目的、态度和行为的根本看法,它直接支配一个人如何去思考和行动,是人的行为的最高调节者,赋予人格以确定性和坚定性。世界观是人们对于自然、社会以及人类思维即整个世界的根本看法,它处于个人行为活动的最高层次,是个性倾向性的集中表现。当前关于人生观、世界观的讨论可归结为10个方面,即:①幸福观和苦乐观;②恋爱婚姻观;③前途理想观;④荣辱观;⑤金钱观;⑥互助友谊观;⑦自我实现观;⑧科学民主观;⑨社会发展观;⑩生死观。以上问题的讨论是进行人生观、世界观教育的主要方法。如果有了正确的人生观和世界观,一个人就能对社会、对人生、对世界上的事物,持有正确的态度,作出适当的反应,就能使人站得高,看得远,并正确地体察和分析客观事物,做到冷静而稳妥地处理事情,同时也能心胸开阔,保持乐观主义精神,提高对挫折的承受力,从而防止人格障碍的出现,有利于完善人格素质。

(二)确定人格教育的导向

为了有效地进行人格教育,应该深刻理解人格教育的意义,充分了解自己的人格现状,明确人格教育的目标、内容、途径、方法。

人格教育是为了人格优化,以达到人格的健全和完善。人格优化包括人格品质的优化和人格结构的优化,其具体方法是择优和汰劣。

择优的方法即选择某些良好的人格品质作为自己努力的目标,比如自信、开朗、勇敢、热情、勤奋、坚定、诚恳、善良、正直等人格特征常为人们所称颂,可作为人格教育的依据。

汰劣的方法即针对自己的人格缺点、弱点予以纠正,比如自卑、忧郁、冷漠、懒散、任性、粗心、急躁等。在多数情况下,择优和汰劣往往是一起进行的,择优的过程就是弥补不足的过程,而改正缺点也就是培养优点。

(三)明确道德基本规范的内容

在道德的全部内容中,道德规范占有突出的重要地位。所谓道德规范,也就是道德标准,它是一定社会或阶级对人们行为所提出的要求,它用一些具体的行为准则,规定了人们应该怎样在社会中生活,怎样处理个人和社会之间的关系,等等。目前,我国道德的基本规范可分为社会公德、社会主义道德和共产主义道德三个层次。

社会公德是一个社会全体居民为着维护公共生活的正常秩序而共同遵循的最简单、最起码的道德规则。人们生活在同一个社会中,总是要互相交往、互相联系、互相影响的,这就要求人们的行为遵守一定的规则。这种规则反映了人们在社会生活中的相互关系,遵守它才能保证每个人正常的工作、生活和学习,保证社会生活的正常进行。

社会公德规范的内容十分丰富,概括起来大体有以下几个方面:遵守公共秩序,维护社会生活的安定;讲究文明礼貌和公共卫生;助人为乐,互相帮助;守信用,讲信誉;尊老敬贤,爱妇幼;爱护公共财物等。

社会主义道德是共产主义道德体系的有机组成部分,是共产主义道德的形成、发展和不断完善过程中的一个必经阶段,是社会主义条件下包括工人、农民、知识分子及其他社会主义劳动者都应该履行的道德。社会主义道德作为一种意识形态,是从资本主义社会的无产阶级道德发展而来的,并将随着社会主义社会逐步向共产主义社会的过渡而日趋完善,并最后发展成为共产主义道德。

社会主义道德以集体主义为基本原则。爱祖国、爱人民、爱劳动、爱科学、爱社会主义,集中体现了社会主义道德的集体主义原则,是社会主义道德的基本要求即基本规范。

社会主义职业道德是社会主义道德的有机组成部分,是社会主义道德准则及规范在职业行为和职业关系中的特殊表现,在社会生活中起着重要的作用。社会主义职业道德的基本规范包括:忠于职守,热爱本职;热忱服务,文明生产;讲究质量,注重信誉;钻研业务,提高技能;遵纪守法,廉洁奉公;积极进取,勇于竞争;锐意改革,开拓创新;团结协作,互助友爱;艰苦奋斗,厉行节约等。

共产主义道德是从无产阶级整体利益中引申出来的,以马克思主义科学世界观为指导,与以生产资料公有制为基础的社会形态相适应的,以集体主义为基本原则的道德规范体系。共产主义道德是人类历史上最进步最高尚的道德。其基本规范是:克己奉公,助人为乐;毫不利己,专门利人;舍己救人,自觉献身。其核心是一心为公。大公无私的共产主义献身精神。共产主义道德是共产党员和先进分子的道德规范,是全社会道德进步的方向,是广大人民群众努力争取达到的目标。

2

人成长的历程——道德品质的形成和发展

引言:学生品德的形成是社会通过各种渠道(包括舆论和教育在内)把道德规范传递给年轻一代的过程,也是学生在群体生活中通过自己的实践由被动到主动去掌握这些规范并形成道德行为习惯的过程。就个体而言,品德的形成是一个极为复杂的过程。了解这一过程对学生品德的培养有着非常重要的意义。

情境：班会上，黄老师对学生进行"学雷锋、树新风、送温暖、做好事"活动的动员，突然张弛站起来说："没问题，我再去捡钱！"全班同学哄堂大笑，黄老师不禁想起了前一段时间张弛由于拾到人民币 3600 元而上交保卫科，受到领导表扬、群众称赞，并被授予"拾金不昧好少年"光荣称号的事。她也被这天真、幼稚的童心逗笑了。

不久，黄老师收到附近电影院一位同志的短信，信上说张弛等几位同学主动帮助打扫电影院，但一开始却要求要给学校去表扬信。信刚读完，低年级的一位同学又来告状说张弛抢她的刀。原来这个小女孩跳绳时不小心将刀掉在地上，张弛捡起来就跑，小女孩追着要他也不给，一口气跑到中队长那，在好人好事登记本上又记了一次拾物交公。

这几件事联系在一起对黄老师震动很大。放学后她找到张弛，随手翻着好人好事登记本问张弛："你最近做了不少好事吧？""嗯"。张弛笑着，听了很高兴。黄老师也鼓励地朝他点点头，然后话锋一转："可今天却有人说你抢了她的小刀。""不是抢的。"他急切分辩，"是我看见她跳绳时掉在地上，我捡了交给中队长了！""那你明明看到别人掉的东西，为什么不当面交还呢？"张弛不吭声了。黄老师接着说："你这样做，把小同学都急哭了。要是雷锋叔叔看见别人掉了东西，会像你这样做吗？"他摇了摇头。黄老师说："学习雷锋叔叔，就要学习雷锋的精神。雷锋叔叔并没有捡过很多东西，他帮工地运砖，送大嫂和孩子回家，寄钱给灾区人民，在火车上当义务服务员……走到哪，好事就做到哪儿，而且不留姓名，不是为了要表扬。"黄老师说着从书架上拿过来《雷锋日记》和《雷锋的故事》两本书给他，要他好好学习，想一想雷锋叔叔做好事时是怎么做的。

几天后的一个傍晚，黄老师有事回校路过教室，竟然看见张弛一个人站在窗台上擦玻璃。第二天老师故意没有把这件事提到班上表扬。当同学们猜测着是谁把玻璃擦得这么干净时,张弛也没说什么,只是交给黄老师一篇读书心得,上面写着:"看了《雷锋日记》和《雷锋的故事》两本书,我懂得了做好事不论大小,只要是对人有利的事,就去做。最值得我学习的是雷锋叔叔做好事不留名,不为名不为利的可贵精神……"从此,张弛的确按他所说的像雷锋那样从一点一滴的小事做起,甘当无名英雄了。①

原理:这则情境通过张弛的转变向我们展示了学生品德形成的过程:道德认识的形成、道德情感的培养、道德意志的锻炼和道德行为的训练。一般是从知(即道德认识)开始,沿着知、情、意、行的内在发展顺序进行的。但这并不是一个固定不变的模式,它们之间的组合关系经常发生变动,即品德的培养可以以任何一个环节为开端着手进行,不过无论怎么变动,始终是构成品德的心理成分共同发生协同作用的一个综合的过程。所以在教育上,应当使品德的这些基本心理成分都得到相应的发展。

一、道德认识

道德认识也叫道德观念。它是指对道德行为准则及其执行意义的认识,其中包括道德概念、原则、信念与观点的形成以及运用这些观念去分析道德情境,对人、对事(包括对自己的言行)作出是非善恶等的道德判断。道德认识是品德的基础。学生有了一定观念,才能分析和认识道德情境,遇事知道该如何去做、为什么要这样做,并以此来调节自己的行为。

(一)道德知识的掌握

道德知识与文化科学知识一样,是以理解和掌握概念的形式表现出来的。道德概念是社会道德现象的本质特征的反映。学生

---

① 傅道春主编:《情境心理学》,272—273页,长春,东北师大出版社,1997。

理解和掌握了道德概念,才能在复杂的社会生活中分清各种事件与行为的是非、美丑、善恶、公正与偏见、道德与不道德的界限。

（二）道德评价能力的发展

道德评价是指根据已有的道德准则对自己或他人行为的是非、善恶等进行分析、判断的过程。正确的道德评价能使品德趋于完善。研究表明,学生的道德评价能力是随着道德知识的丰富和加深、身心的成熟,在舆论、别人的评价、教育影响下逐步形成和发展起来的。道德评价能力发展的一般过程是:①从他律到自律。道德评价能力是在别人的评价的影响下形成起来的。儿童开始只是重复老师或别人的评价,以后才慢慢有自己较独立的评价标准。②从客观的效果到内在的动机。对道德的评价最初是以行为的直接效果为标准,然后转向对行为动机的分析。③从他人到自己。少年学生对自己的评价往往落后于对别人的评价,先学会分析别人的行为,然后学会分析自己。④从片面到全面。少年学生的道德评价常常带有很大的片面性,容易对一个人的一次行为表现或某一品德作出全面肯定或全面否定的结论。随着年龄的增长、道德知识的丰富,学生逐步学会对自己和别人进行比较全面、客观、正确的评价。学生的道德评价能力虽然受个体发展年龄特点的制约,但也能通过教育给以促进。

二、道德情感

道德情感是伴随道德认识所产生的一种内心体验,也就是人在心理上所产生的对某种道德义务的爱慕或憎恨、喜好或厌恶等情感体验。如自尊感、荣辱感、友谊感、集体主义感、责任感等。道德情感在内容上是极其丰富多样的,它是个人道德行为的内部动力之一,常常作为心理动力和行为的价值尺度,左右着行为的决策和发动。

情境:一位老师讲读《金色的鱼钩》这篇课文。当她和学生一起讲读到老班长光荣牺牲的时候,饱含深情地说:"老班长就这样死了——他是为了完成党交给的任务,一路上忍饥挨饿,把野菜汤这惟一的食物让给病号和小战士吃,自己被活活饿死的。他把生的希望让给了战友和晚辈,把死留给了自己。他对党是多么忠诚,对战友和晚辈是多么热爱,他的心地是多么宽广无私,他的情操是多么崇高!生活在新时代的我们应当怎样做呢?"几句话激起了学生的感情波澜,有的饱含热泪,有的掩面抽泣。突然,一个学习成绩很好的男同学站起来,一边哭泣一边批评自己由于担心同学们的学习成绩超过自己,不愿意帮助同学,有时还故意让同学出错,这是狭隘、自私的表现,并表示今后要向老班长学习,坚决改掉自己的坏毛病。这情景,出乎这位老师的意料之外,她被感动得热泪盈眶,说不出一句话。①

这位教师充满感情色彩的讲解以及课文中道德榜样的力量,大大激发了学生的道德情感,收到了意想不到的效果。

我国心理学教授章志光等人的实验研究表明:富有情绪表情的故事讲述与平淡的故事讲述相比,前者能促进对故事道德内容的吸收,有助于道德认识的提高、道德体验的产生和道德行为的选择。所以教师应有效地运用情绪感染的力量,从而促进学生品德的形成。

道德榜样对道德情感的形成起着十分重要的作用。青少年学生感情丰富,英雄模范人物的形象,常常引起他们深刻的感受和执着的追求,成为鼓舞他们前进的强大动力。所以为了培养道德情感,教师应充分利用有道德教育意义的文艺作品、事迹报告会等经常地去感染学生,从而激起学生和这些人物进行对照、向道德范例靠近或认同的愿望以及积极向往的情绪状态。

---

① 傅道春主编:《情境心理学》,279—280页,长春,东北师大出版社,1997。

三、道德意志

道德意志是在自觉执行道德义务的过程中克服所遇到的困难和障碍时所表现出来的意志品质。道德意志实际上是道德观念的能动作用,是在一定的道德情境中人利用自己的意识通过理智的权衡作用去解决内心矛盾与支配行为的一种力量。道德意志在道德认识转化为道德行为的过程中起着十分重要的作用。一个人有了道德认识,但能否引起道德行为,能否抵御现实中的各种诱惑,往往取决于道德意志力。学生确立了道德意志后,往往不以外界环境为转移,而以内部的道德意志来调节自己的行为。

情境:班主任沈家南老师向全班学生提出人人要为集体作出贡献的要求。班上有个小魏同学由于平时自由散漫惯了,自暴自弃地说:"我能作什么贡献? 决心书、检讨书、保证书,我不知写了多少了!"沈老师向他指出:只要从小地方做起,还是可以为集体作贡献的;并说只要你一天不骂人,这一天就算表现好。他高兴了,与教师讲好每天下午 5 点钟来汇报。可是第二天 5 点钟过了,还迟迟不见他来。老师就去找了他,他低着头说:"我熬不住了,失败了。"沈老师鼓励他说:"别灰心,你比过去进步了,过去你骂人还强调理由,气粗喉咙大,现在知道难为情了,明天再争取吧。"这个学生原以为会挨批评,结果却得到了鼓励,他决心努力改正。第二天,他不到 5 点就高高兴兴地向老师报告,这一天他没有骂人。教师肯定了他的进步,并给他讲张海迪的故事,告诉他:"当你感到最苦、最累、最困难、快要坚持不下去的时候,再咬咬牙坚持下去,你的意志就坚强了。"当他做到一个星期不骂人的时候,教师又在班上表扬了他,说明他正在以自己的实际行动为集体作出贡献,并宣布,如果他一个月不骂人,就奖励他。结果他做到了。[1]

---

[1]　傅道春主编:《情境心理学》,281 页,长春,东北师大出版社,1997。

该情境中的沈老师正是在培养小魏的道德意志力上下了功夫。当小魏表现出道德意志薄弱时,沈老师对他进行了有针对性的道德意志锻炼。研究表明,向学生进行关于意志锻炼必要性的谈话或讨论,可以使其形成意志观念,并产生发展意志的意向和锻炼意志的正确动机。所以首先应该使学生具有明确的道德意志观念,明确意志行动的理由,这样可以产生控制行动的效果。其次,提供良好的意志行动的榜样,可以激发锻炼意志的愿望。再次,向学生提出具有适度困难的任务,让他们经过努力,克服一定的困难,最终取得成功,并且对学生在活动中做出的各种意志努力要及时地鼓励和赞扬,这样可以促使学生形成坚强的道德意志。

四、道德行为

道德行为是人在一定的道德意识的支配下表现出来的对待他人和社会的有道德意义的活动。它是人的道德认识的外在具体表现,是实现道德动机的手段,它是对人的品德作评价的客观依据。道德行为经过多次重复和实践,形成道德行为习惯。道德行为习惯一旦形成,行为便表现出自觉性,使之成为一种惯常的、持续的、比较稳定的行为活动方式。这种行为活动方式固定下来,成为一定的特性或倾向,标志着品德的最终形成。

(一)道德行为方式的掌握

情境:有一次,李老师组织班级同学外出活动,在马路上看到一个个子高大的小男孩,按住一个瘦弱的小男孩拼命乱打,被打的那个又哭又叫。突然,他班的张小兵同学窜出队伍,不管三七二十一举起拳头便把那个大男孩打倒在地,博得了一片喝彩声。对于这种过失行为,经验丰富的李老师并没有贸然地加以训斥和批评。他思索了片刻,说了这么一句话:"你的这种做法是出于高尚动机的野蛮行为!"小张同学听了教师这样评价,脸唰地一下红了。接着,李老师诚恳地向他提出:"希望你能够用高尚的行为来体现高尚的动机!"小张不时地点头,心悦诚服地接受了老师的意见,表示今后不再打人了。李老师又具体地指导小张,以后再遇到这类情况,首先要控制自己的情绪,把双方劝开,了解情况、分清是非,然后发表自己的意见,以理服人,千万不要靠拳头去解决问题,否则会激化矛盾。从此,小张再也不迷信自己的拳头了。[1]

该情境中的张小兵同学就是具有良好的道德愿望,而没有掌握正确的道德行为方式,所以导致了他的错误行为。而有经验的李老师当即对他的行为动机和行为方式进行了分析,并给予了他正确行为方式的指导,这就是李老师的教育成功之处。

在教育实践中,经常出现这种由于没有牢固地掌握一定的道德行为方式,不善于组织自己的行动,无法取得积极效果的现象。一般情况下,道德动机和道德行为的效果是一致的,但如果学生没有掌握正确的道德行为方式,便会出现这种道德动机和道德行为的效果不一致的情况。所以教师在引导学生确立道德动机的同时,必须指导他们学会选择实现良好动机的正确行为方式。教师最好选择生活实践中或学生集体中正反面的典型事例,引导学生分析、讨论,最后取得一致的认识。让学生通过对具体范例的剖析,领悟到若要使道德动机与行为效果一致,采取何种方式是适宜的,何种方式是不恰当的。

(二)道德行为习惯的训练

道德行为习惯是指与一定的道德需要、道德倾向联系的一贯的自动化的行为方式。良好的道德行为习惯是一种潜在的强大内部力量,一旦行为习惯形成便标志着品德的最终完成。良好的道德行为习惯是在无数次重复、有组织地练习和训练以及与坏习惯作斗争的过程中形成的。

---

①　傅道春主编:《情境心理学》,282页,长春,东北师大出版社,1997。

3

育人的基本规范——德育原则

引言:德育原则是在德育过程中引申出来的有关德育工作所必须遵循的基本要求,是德育工作者长期工作经验的总结和理论概括,反映了人们对德育工作的认识水平,因而它是不断发展着的。现阶段,我国教育工作者强调的基本原则有以下几点。

一、理论和实践相结合原则

理论和实践相结合原则是指进行德育要把思想政治观念和道德规范的教育与参加社会生活的实际锻炼结合起来,把提高学生的思想认识与培养道德行为习惯结合起来,使他们言行一致。

情境:学生一入学,魏书生老师就给学生讲张海迪、奥斯特洛夫斯基等人的事迹,以提高学生对意志训练的认识。当学生从这些感人的故事中,领悟到意志的巨大力量和意志是成功的法宝时,魏老师又进一步告诫说:"当你感到最苦、最累、最困难,快要坚持不下去的时候,再咬咬牙坚持下去,这就是意志的力量。这样刻苦的事情做多了,你的意志就坚强了。"

班上的学生有了渴望磨炼意志的要求,魏老师及时进行了严格的训练。首先,把意志训练渗透到学生的学习活动中,他规定全班学生每天抄一段名人的格言、警句,每天写一篇日记和500字的语文练习,每年读5000页课外书……天天如此坚持不懈,为达到预定的目标,魏书生还为学生准备了必要的条件。如为完成每年读5000页书的要求,班级建立了有400多册书的图书箱,设立了借书登记簿和图书管理员。

魏老师还通过一些活动来训练学生的意志。他提出每人每天跑 5 里路,做 50 个仰卧起坐、50 个俯卧撑。每天早晨五点钟,他带领学生长跑,寒冬炎暑坚持不辍。一天正是三九,西北风吹在脸上像刀割一样,他和学生们精神抖擞,顶着寒风健步前奔。

意志训练也要因人而异。班上有个最矮的女学生叫王惠玲,就怕上体育课,最不愿意长跑。魏老师就带着她参加长跑,有意让她锻炼。王惠玲咬着牙,吃力地跑着,一天两天,一月两月……她获得了成功的法宝,在校 1500 米长跑比赛中得了第六名,参加全县 3000 米比赛获得第三名。[①]

原理:对青少年学生来说,尤其要注重理论与实践的结合。因为学生的道德认识大都来自前人的道德经验,可以通过传授、学习获得,提高得比较快;而他们的道德行为与习惯则不能通过传授获得,只有经过长期的实际锻炼,克服各种内外的障碍才能形成,一般比较慢。所以,在学生品德的发展中,极易出现言行脱节的现象,在道理上懂了,说得很漂亮,但往往做不到。因此,理论与实践相结合是德育的一个很重要的原则。

二、疏导原则

疏导原则是指进行德育要循循善诱、以理服人,从提高学生认识入手,调动学生的主动性,使他们积极向上。

情境:有个学生,在老师上课板书时,常用两手食指敲打桌沿,发出“哒哒哒”的响声。有的老师警告说:是谁! 查出来要处分。可是总是禁而不绝。

后来,一位音乐老师找到了这个学生。他怯生生地站在老师面前,等待批评和处分。但老师没有责备他,笑着说:“你参加乐队

---

① 朱恩田等:《重视意志训练——魏书生教育方法两例》,《中国教育报》,1986 年 1 月 14 日。

打鼓好吗?"学生愣了,以为老师讽刺他,不敢答话。老师接着说:"我们乐队缺一名鼓手,觉得你有条件当。但是,你在上课时要认真听课,遵守课堂纪律,不要再敲桌子了,好吗?"学生点点头,泪水却扑扑地掉了下来。后来,这个学生敲鼓进步很快,上课再也不敲桌沿了。①

原理:青少年学生正处在道德认识迅猛发展时期。他们向往未来、要求上进、极力扩大自己的知识与视野,对社会生活有所认识。但他们缺乏社会经验和辨别是非、善恶的能力,看问题容易简单片面,出现一些过失也是难免的。然而,只要他们的认识一提高,改起来也快。故进行德育要注意正面教育、说服诱导,提高思想认识。况且青少年学生单纯、热情、耿直,敢想敢说,他们的思想认识总是要表现出来的,就像河水奔流一样,要堵是堵不住的。对思想认识问题,如果企图用"堵"的办法、"压"的办法去解决,就会使矛盾激化,造成对抗。所以,要像治水一样,重在疏导,使他们明白事理、提高认识,自觉地向正确的方向发展。要把青少年一代培养成为自觉的建设者,就只能说服而不能压服。

三、发扬积极因素、克服消极因素原则

发扬积极因素、克服消极因素原则是指进行德育要调动学生自我教育的积极性,依靠和发扬他们自身的积极因素去克服他们品德上的消极因素,实现品德发展内部矛盾的转化。

情境:小李升入中学的第一天,就使班主任老师十分恼火。

教室里静悄悄,同学们在认真地上第一节课。忽然,从一个学生的书包里窜出一只青蛙,"叭,叭"地叫着蹦向讲台。全班顿时乱了,班主任一查,是小李干的。一气之下,狠狠批评了他一顿。可是,第二天,教室里又带进了一只小猫,接着小狗、老鼠、麻雀……

---

① 傅道春编著:《情境教育学》,183 页,哈尔滨,黑龙江教育出版社,1996。

天哪,有一次他竟把一条蚯蚓放到了讲台上。从此,小李在班主任心目中成了不可救药的"调皮大王"。为了监督他,班主任专门安排了一个干部,注意小李的行动。但是批评、监视、处罚,都没能使小李转变。好不容易挨过了一年,他升入初二,班主任长长透了口气,包袱终于送出去了。

进入初二,小李还是那么调皮捣蛋。新班主任没有对他采取什么"下马威",而是仔细观察他,思考着……不久,就发现有一门课小李不但上课认真听,下课还要盯着老师问这问那,这就是动物课。

班主任把小李找来。小李怀着惴惴不安的心情走进办公室,准备承受暴风骤雨般的批评。可是出乎意料,班主任没有批评他,而是问他:"你喜欢动物?"

他点点头。

"那很好。我们班要成立一个动物兴趣小组,你来当组长,好吗?"

他惊愕了。当组长?从小学到中学,从来都是挨批的对象,从没想过还有人叫他当干部。刚想拒绝,看到班主任老师那信任的目光,他点头应诺了。

动物小组开展了昆虫考察活动,小李在课余和同学们一起捕捉昆虫,制作标本。各种各样的昆虫,有许多种他都认识,可这蝴蝶、螳螂、蝗虫……各种各样的名字怎么写?他碰到了难题。他问生物课老师,老师说:"我告诉你一个、两个名字的写法,今后遇到别的名字怎么办呢?你学会查字典就方便了。"查字典,过去语文老师教过,可是自己没有好好听,他去问语文老师,认真学习查字典的方法。兴趣小组准备观察蚯蚓的再生能力,要记观察日记。小李不知道怎样记,只好再去找语文老师请教,语文老师耐心地指导,他如饥似渴地学。

半年过去了,小李在班主任的引导下,从昆虫考察活动中,懂得了各门功课的重要性,对学习产生了浓厚的兴趣,也逐渐改掉了散漫的坏习惯,认真学习,取得了很大进步。在全市昆虫考察比赛中,动物小组制作的标本获得了鼓励奖。小李还写了科学小论文:《蚯蚓对农业生产的作用》。[①]

原理:人的思想品德发展的根本动力是自身的心理、思想的矛盾运动。任何外界的教育影响都要通过受教育者自身心理、思想的矛盾运动而起作用。学校和社会的教育是促进受教育者思想品德发展的重要条件,但却不能代替受教育者自身的思想转化。

儿童青少年心理、思想发展中的矛盾是多方面的。如先进思想与落后思想的矛盾、道德动机与道德行为的矛盾,等等。这些矛盾集中地表现为,受教育者对教育者(社会、学校、教师)提出的教育要求的反映与其现有道德水平之间的矛盾。在德育过程中,教育者的要求总要与受教育者原有的品德结构发生矛盾。由于受教育者原有的心理状态、品德结构的发展水平不同,因而对待教育要求的反映也不同:或积极;或消极;或持中立的态度……当受教育者对外部教育影响采取积极接受态度时,德育的要求便转化为主体自身的愿望,使原有的品德结构发生变化。教育者的责任就是要善于把教育的要求转化为受教育者主体的选择,以促进其思想矛盾的转化。德育过程就是这种"转化"与"被转化"对立统一的思想矛盾运动的过程。

四、严格要求与尊重学生相结合原则

严格要求与尊重学生相结合原则是指进行德育要把对学生的思想和行为的严格要求与对他们个人的尊重和信赖结合起来,使教育者对学生的影响与要求易于转化为学生的品德。

情境:一次课堂上,我发现一位女生在座位上偷照镜子。于

---

① 　傅道春编著:《情境教育学》,184—185 页,哈尔滨,黑龙江教育出版社,1996。

是,快速轻步地走上前,一把缴过镜子,朝讲台上一丢,口里讽刺道:"不要照了,够漂亮的了!"话音未落,小圆镜"啪"地一下,从讲台上摔到了地上,破了。

"……老师,难道您认为摔破的仅仅是一面镜子?不,您摔破的是一位同学的心,一位自尊心很强的女同学的心;您的那句话,刺伤了一个爱美的灵魂……是的,这是一件小事,可是,老师可曾想过,这件小事造成的裂痕,以后能愈合得完好如初吗,……"放学后,我办公桌上平平整整地放着这么一封批评信,信末署名:李德廉。

我感到诧异,李德廉是我的"高足",一向待他不薄,怎么也来这一套?

把他找来,我问:"对这件事,你认为应怎样对待?"

他似乎成竹在胸,望了望我,大方地说:"一、可以用提问的方式,把这位同学叫起来,以示提醒;二、可以用维持课堂纪律的方法,暗中警告:请认真听课,个别同学低头瞅着课桌下面,是在看课外书吗?三、可以在课后找她单独谈谈……"

这段话,句句在理。我直直地望着小李,心想,我的细皮嫩肉的学生啊,你考虑问题还能这么成熟。以前,我总认为你们单纯、幼稚,没当一回事,这是一个多么大的偏见!

"那么,你能帮我出个主意吗?"我热情地问。

"老师是不是可以找这个女同学谈谈,并赔她一面镜子……"他不好意思地说。

我照小李同学的意见办了,果然,师生感情的裂痕弥合了。[①]

原理:人们都具有自觉能动性、自尊心和荣誉感,只有受到尊重与信赖,他们才能充分发挥自己的主动性与创造性。青少年学生尤其这样,他们单纯、热情、积极向上,如果得到师长的尊重、信赖与鼓励,他们将充分发挥自己的才智,努力提高个人的品德。这

---

①　傅道春编著:《情境教育学》,187 页,哈尔滨,黑龙江教育出版社,1996。

样,对他们的德育就事半而功倍。如果对他们不尊重、不信赖,而是歧视、侮辱、压制,那么其后果则不堪设想。我国明代教育家王阳明深刻地总结了这方面的经验教训。他指出:"大抵童子之情,乐嬉游而惮拘检,如草木之始萌芽,舒畅之则条达,摧挠之则衰痿。今教童子,必使其趋向鼓舞,中心喜悦,则其进自不能已。"①

五、因材施教原则

因材施教原则是指进行德育要从学生的思想认识和品德发展的实际出发,根据他们的年龄特征和个性差异进行不同的教育,使每个学生的品德都能得到最好的发展。

情境:当我在班长惊慌失措的呼叫中冲进教室时,眼前一片狼藉:有几个书桌掀倒在地,乱七八糟的东西撒了一地。彭伟发疯似的将董海按倒在地,旁边的同学没有一个上前劝阻。我已不清楚自己是怎样费了九牛二虎之力将彭伟连拖带拉揪进办公室的。眼下他虽然没有再次挣脱我的意思,但那涨红的脸孔,歪在一边的脑袋,尤其是紧捏着的拳头,说明他并不服气。我顺手抓起桌子上的粉笔盒,可粉笔盒并没有从我手中飞出。在这几乎撞出火来的僵持中,他那更带敌视的倔强的目光使我猛然间清醒过来。我怎么这么冲动,差点闯祸!于是我慢慢放下手中的粉笔盒,打来一盆水搓湿了毛巾,替他轻轻擦去满脸汗水,又为他掸去身上的尘土,搬过一个凳子拉他坐下。他没有任何表情,完全任我摆布,但我明显地感到他不再与我为敌了。我尽量用温和的语气向他发话。沉默了片刻他进出两个字"他坏"。虽只两个字,但他终于愿意说话。

……我们面对面谈了很多很多,谈到他的孤独,他的倔强以及作为学生应该遵守的校纪校规,他露出惭愧的神色……

在《周记》中他写下这样的句子:"老师,我不怕您的力气,但我

---

① 孟宪承编:《中国古代教育文选》,298 页,北京,人民教育出版社,1979。

怕您亲切的态度和语调,我不会使您失望。"①

原理:我国古代教育家孔子积累了因材施教的丰富经验。他善于了解学生,提出了"视其所以,观其所由,察其所安"的了解学生的有效方法;他擅长于根据学生特点进行有区别的教育。有一次,孔子的学生子路和冉有先后来向他请教同一个问题,可是孔子却作了不同的回答。这使在场听的另一个学生公西华感到惊讶! 公西华问孔子为什么这样做? 孔子说,冉有平日胆小怕事,所以鼓励他遇事要积极去干;而子路过于胆大莽撞,则要求他慎重些,遇事先与父兄商量好之后再做。这个故事成了我国因材施教的范例。

教育的对象是活生生的学生,他们的品德发展既有一般规律、年龄特征,又有各自的个性、优点与不足。对他们进行德育必须依据这两个方面的实际因材施教,才能有针对性地促进他们品德的发展。德育特别要考虑学生的个性,这是尊重学生的表现,是因材施教的基础。否则,不但不可能发展学生的个性、调动他们进行道德修养的积极性,而且还会无视学生特点、压抑学生个性、阻碍学生的进步。

六、在集体中教育原则

在集体中教育原则是指进行德育要注意依靠学生集体,通过集体进行教育,以便充分发挥学生集体在教育中的巨大作用。

学生集体不仅是教育的对象,也是教育的主体,具有巨大的教育力量。马卡连柯指出:只有建立了统一的学校集体,才能在儿童的意识中唤起舆论的强大力量,这种舆论的力量,是支配儿童行为并使它纪律化的一种教育因素,特别是培养学生的社会主义的集体主义品质,不能离开集体的生活与活动,而必须依靠学生集体和通过学生集体来实现。因此,我们要遵循在集体中教育原则。

---

① 傅道春编著:《情境教育学》,188—189页,哈尔滨,黑龙江教育出版社,1996。

情境：一天，生活委员报告说："老师，这几天地面不干净了，不仅有纸，还有瓜子壳。"

"怎么办？大家讨论一下吧！"我说。

大家首先确定了零食的范畴：非吃饭（包括间食）时间内吃的一切食物，统称零食（病号需要当然除外）。特别需指出的是瓜子、冰棍、糖葫芦等带壳、带棍的食物。

吃零食有没有利？当然有，但同学们认为，就总体而言，弊大于利。表决结果，大家通过了在校内，特别是在教室内不吃零食的决定。

按照我们班的班规班法，有了一项较重要的规定，便要确定一位同学具体负责检查落实这项规定，大家管这位同学叫"承包人"。

谁负责监督大家做到不吃零食呢？问题刚一提出，班内便有数十人竞争，大家都抢，究竟谁干？争执了一会儿，不知谁冒出一句："平时谁最爱吃零食就选谁！"

"好！"同学们齐声拥护这个建议，大家推选卢建承包这件事。

卢建站起来问大家："如果发现别人吃零食怎么办？"这一问，又引起大家热烈的争论：

"发现一次罚写1000字的说明书。"

"对吃瓜子的还应该罚得重一点！"

"重到什么程度？"

"谁扔到地上一粒瓜子皮，就罚写1000字的说明书。"

"瓜子带到学校来也不行，也得写100字说明书。"

"是不是太重？"

"法规订得严些是为了不让人触犯。你如果订吃一粒写100字，衣袋里有一粒写10个字，那别人就不怕，也就制止不住吃零食。"

我看大家都充分发表了自己的意见，便说："停止争论。现在表决同意吃零食一次写100个字说明的同学请举手。"

只有两名同学赞成。

"同意扔地上一粒瓜子皮就写 1000 字的请举手。"

班内举起了数十双手,以压倒多数通过了严罚吃零食者的规定。

第二天,卢建同学上任了,为了获得监督别人的权力,他先从自己做起,努力改变爱吃零食的习惯。

他控制住了,别人也在努力控制。通过决定后的 5 天内,大家都忍住了。卢建尽管注意观察,也没能发现该挨罚的人。

第六天中午,同学们正在教室吃饭、聊天,一位同学忘乎所以,平时他极爱吃零食,此时,终于控制不住,剥开一粒瓜子吃,并下意识地将瓜子皮扔到地上。

上任 6 天的卢建正为自己没能发现惩罚目标而着急,见状立即上前,当场让那位同学捡起,并问:"还记得班规吗?""记不清了。""那么,咱们去找法律顾问吧!"同学们管承包记录全部班规班法的同学叫法律顾问。

找到法律顾问王海波,打开《班规班法》,查到卫生部分,吃瓜子的细目,明白了:"要写 1000 字的说明书,还要看衣袋里有没有瓜子,若有,每粒再加 100 字的说明书。"

那位同学衣袋里拿出 16 粒瓜子,两者相加,便是 2600 字的说明书。

"好了,马上开始写吧! 放学后交给我。"①

原理:马卡连柯根据他的教育经验说过,他从 17 岁起就当教师,曾长时间地想过,最好先把一个学生管理好,教育好,然后再教育第二个、第三个、第十个,当所有的学生都教育好的时候,就会有一个良好的集体了。可是,后来他得到一个结论:有时不应当跟个

---

① "新时期中学班主任工作的理论与实践研究"课题组编:《中学班主任工作100 例》,293 页,北京,教育科学出版社,1997。

别学生说话,而要向大家公开讲话,要采取这样的方式——使每个学生都不得不参加共同活动。这样一来,他就教育了集体,团结了集体,加强了集体,以后,集体自身就成为很大的教育力量了。

学生在学校环境中不仅接受教师的影响,而且在很大程度还要受到他处于其中的集体的影响。一个良好的集体,不仅作为一种影响源自发地对他的成员产生作用,而且确实可以成为一种"很大的教育力量",自觉地培养和塑造人。因此,从学生的发展和成就来看,就不仅存在着"名师出高徒",这样一种师生之间的函数关系,而且也存在着团体动力学所揭示的"要了解一个人,最好从他所属的团体去了解"那种集体与个体之间的函数关系。

七、教育影响一致性和连贯性原则

教育影响一致性和连贯性原则是指进行德育应当有目的、有计划地把来自各方面对学生的教育影响加以组织、调节,使其互相配合、协调一致、前后连贯地进行,以保障学生的品德能按教育目的的要求发展。学生的品德是在学校、家庭、社会等各方面的长期教育影响下发展的。这些影响纷繁复杂,不仅相互之间存在着矛盾与对立,而且往往前后并不连贯。如果不加以组织则必将削弱学校教育对学生的影响。尤其在现代社会,科学技术的进步,使学生活动和交往的范围扩大,通过书、刊、影、视接收的信息大大增加。在这种情况下,要有效地教育学生,必须加强学校对各方面教育影响的控制和调节。

4

育人活动的操作——学生教育的方法

　　引言:学生教育方法是在教育原则指导下,运用教育手段进行的教育者和受教育者相互作用的活动方式的总和。它包括教育者的施教传道方式和受教育者的受教修养方式。在此,我们主要介绍说服教育、榜样示范等主要方法。

一、说服教育

　　教师使用口语对学生进行教育,是教育活动中的重要项目,说服又是其中最常见的一种方法。说服是使对方放弃原来观点和认识,接受教师的意见。说服,应努力追求使对方心服口服,有即时或未来的可见的收效。在说服中,教师要能抓住事物的实质,言明利害,要表现出诚意和平和,注意运用事实教育对方,少费口舌反而有说服力。

　　情境:园艺家米丘林在科学实验中培育了许多鲜美诱人的水果,果园附近的一些小孩子常常爬进果园来偷果子。一天,米丘林在他们中间抓住了一个"小首领"。正当孩子垂头丧气地等待惩罚的时候,米丘林和蔼地对他说:"这果树是做实验用的,摘去一个果子,也许会毁掉一项重要的实验。"米丘林说罢把这个孩子领回家,拿出好东西给他吃,并对他说:"等你长大了,你可以培植出这样的果子。到那时,你会懂得我今天所讲的道理的。"从此,这群顽童不来偷果子了。

　　15年过去了。一天,一个25岁的农学院园艺系的毕业生来访问米丘林。他就是当年偷果子的"小首领",名叫雅可乌列夫。

从此米丘林十分精心地培养他,使他当上了生物学博士,成了米丘林事业的继承人。[①]

二、榜样和示范

社会学习论认为,榜样的行为对儿童的影响很大。教师和家长把社会的道德规范传递给学生有两种途径,一条是言语教诲,另一条是向儿童展示自己的行为实践。

情境:米歇尔等人(Mischel)在实验中,要求儿童按规则重现一个游戏。在实验开始阶段,成人与儿童一起玩。这时儿童被分成两组,第一组的成人要求儿童遵守规则,自己也遵守规则;第二组的成人要求儿童遵守规则,但自己却不遵守规则。当成人在场时,第二组儿童也还是严格按规则进行,可当成人不在场时,他们就不按规则去做了。而第一组儿童基本上足严格遵守规则的。

原理:这一研究结果表明,教育者光进行口头教育是难以见效的,必须言行一致,而且"身教重于言教"。这样,儿童才能通过观察学习获得道德行为。观察学习是通过学习者观察榜样的示范而进行的。榜样的条件和示范的形式都会影响观察学习的结果。

榜样应具备以下五个条件:榜样的示范要特点突出、生动鲜明,这样才能够引起学习者的注意;榜样的示范要符合学习者的年龄特征,如成人榜样对学生的影响就不如年龄相近的同学榜样的影响大;榜样示范的行为对于学习者来讲要具有可行性,即学习都能够做得到,这是最基本的条件,如果榜样的行为标准太高或很少出现(如救人),那么对学习者的影响会受到限制;榜样示范的行为要具有可信任性,即相信榜样做出某种行为是出于自身的要求,而不是具有另外的目的;榜样的行为要感人,使学习者产生心理上的共鸣,这样学习者才会表现出相类似的行为。

---

① 　傅道春编著:《情境教育学》,193页,哈尔滨,黑龙江教育出版社,1996。

示范具有多种形式。其主要形式有行为、言语、象征性、抽象、创造、参与性、延迟等七种示范。

行为示范:直接通过榜样的表现传递行为方式,如教师的一举一动对学生都会起到行为示范的作用。

言语示范:通过言语描述传递行为方式,如教师的讲解;小说中人物行为的描述。

象征性示范:通过广播、电视、电影等象征性媒介物呈现榜样的行为方式。这种示范在现代社会使用很广,其优点为可反复呈现,可同时多人观察,可以突出某一部分,其弱点为不如实际示范的可信性强。

抽象示范:通过榜样的各种行为事例,传递隐含在行为事例之中的原理或规则。例如,学生通过一些实例,了解到只有尊敬他人,才会受到他人的尊敬。

创造示范:指提供多个榜样或多种行为,让学习者将学到的行为组合在一起表现出独特的行为。

参与性示范:学习者在观察榜样后马上采取行动,然后可再观察,再采取行动。这种示范方式把直接学习与观察学习结合在一起,有利于行为方式的形成。

延迟示范:观察榜样示范的行为后,经过一段时间,榜样行为的再现仍能对学习者产生影响。

三、锻炼

锻炼是有目的地组织学生进行一定的实际活动以培养他们的良好品德的方法。青少年学生品德的培养离不开锻炼,只有在社会生活和道德实践的过程中才能形成、发展和完善。离开了实际锻炼,不论用什么方法都不能培养起学生的良好品德和习惯。所以,锻炼也是德育的一个基本方法。

（一）练习

培养青少年的良好行为习惯,如爱清洁、讲礼貌等文明行为习惯,必须通过反复的练习。例如,要培养学生具有运用"您好、请、对不起、谢谢、再见"等十字礼貌用语的良好习惯,光告诉学生或只讲明道理不行,而且更重要的是要求他们背熟并在同学交往中练习和在社会生活中实用,这样坚持下去才能形成良好品德。

（二）制度

通过引导学生遵守一定的制度,特别有助于培养学生的组织性、纪律性、顽强的意志和严格要求自己的好习惯。故遵守纪律是一种很重要的实际锻炼。对缺少独立性和自我控制能力的少年学生来说,尤其要加强遵守各种规章制度和纪律的锻炼。如果发现学生未遵守制度或未达到制度规定的要求,则应要求学生重做,达到符合制度为止。这是培养一些基本品德的基础。

（三）委托任务

教师或学生集体委托学生个人完成一定的工作任务,也是一种重要的实际锻炼。例如,委托学生担任课代表、办墙报、布置教室、筹备晚会节目、完成某项社会工作等。通过完成委托任务,不仅能提高学生的工作能力,而且培养了他们的工作责任感、集体主义品质和提高了思想水平。

（四）组织活动

组织学生参加各种实际活动是很重要的道德锻炼。这些活动包括学习、课外活动、劳动以及一定的社会实践活动等。在活动中学生要遵循一定的规范,克服许多困难,经受多方面的锻炼,因而能培养学生各种好品德。特别是通过社会实践,包括社会调查和社会服务,能使学生接触社会、了解国情、察悉民心,有助于学生提高品德素质、正确理解党的政策和认清自己肩负的使命,形成正确的理想和人生观。

四、修养

修养是在教师引导下学生经过自觉学习、自我反思和自我行为调节,使自身品德不断完善的一种重要方法。学生品德的提高是一个能动的发展过程,它的成效同学生个人能否自觉主动进行道德修养紧密相关,学生的年龄愈大,他们个人进行的道德修养在自身品德发展中的作用也愈大。故德育不能不重视学生的道德修养和提高他们的修养能力。

（一）学习

这是指为提高思想而进行的学习。个人道德修养的提高,主要有赖于学习人类积累的科学知识和道德经验,特别是学习马克思主义的革命理论。所以,要注意指导学生善于通过学习吸取思想营养来提高自己。

（二）座右铭

引导学生依据个人品德中的弱点或所确定的奋斗目标,选出有针对性的格言置于桌上,或贴于室内,用以自警、自律、自励,使自己获得教益。这是修养的一种好方法。它能帮助学生抓住个人的主要问题,经常反省、长期坚持,以达到真正提高。

（三）立志

立定人生志向,树立远大思想,使之成为个人前进的动力。这既是修养的一种方法,也是修养的一个重要内容。我国古代教育很重视学生立志,《学记》中十分强调"士先志",对学生的考查第一年就是"离经辨志",即辨别学生的志向。今天,我们仍要吸取这一经验,加强学生的理想教育,帮助他们立志,根据社会的需要和结合自己的条件、特点设计自己的奋斗目标,并勉励和督促他们为实现自己的志向和目标而坚持不懈地努力。

（四）自我批评

它包括自我反省、自我批评等,是青少年学生进行自我修养常用的一种方法。毛泽东同志提倡经常进行认真的自我批评,把它作为提高思想觉悟、防止不良习气影响的有力武器。我们应当从小培养学生逐步掌握自我批评的方法,具有自我批评的能力和习惯。

（五）慎独

这是自我修养的最高境界。"君子戒慎乎其所不睹,恐慎乎其所不闻,莫见乎隐,莫显乎微,故君子慎其独也。"[①]慎独要求一个人在无人监督的独处情况下也能自觉地、坚贞不渝地按道德规范严格要求自己。刘少奇同志在《论共产党员的修养》中曾强调"慎独"的重要性。我们对青少年的品德修养不能要求过高、过急,但我们要培养学生进行道德修养的自觉性,鼓励他们向慎独的方向努力。

五、陶冶

情境: 一次,我给学生讲了这样一个故事:一位在山中修行的禅师,月夜散步归来,碰上了一个小偷从茅屋出来,禅师知道小偷找不到值钱的东西,便脱下身上的大衣披在惊魂未定的小偷身上说:"你走老远的山路来探望我,总不能让你空手而回吧!"望着消失在夜色中的小偷的背影,禅师感慨地说:"可怜的人呀,但愿我能送你一轮明月。"第二天早上,禅师一睁开眼睛,便看见那件披在小偷身上的大衣叠得整整齐齐放在门口,禅师高兴极了:"我终于送了他一轮明月。"

接着,我在学生中组织"给你一轮明月"的演讲比赛。要求事情必须真实,不准虚构。讲演会上,学生们讲了不少令人感动的事。班长肖省辉讲:一次,曾小东与人打闹,把自己的凳子扔坏了,便偷偷地把我的给换了。我不好发火,只得坐他的坏凳子,可是心里不是滋味,很想找人评理,但我没有这样做。我把凳子拿去修好后,为了让他受到应有的教育,对他说:"你把凳子扔坏,我修好了,现在该把凳子还我

---

① 《礼记·中庸》。

了吧!"可曾小东听了毫不介意地说:"花了多少钱,我给你不就是了!"此时,我不平静了,认真地说:"不是为了钱,钱我可不要,不过爱护公物的良好品德,你我都必须要。"曾小东听了十分惭愧。[1]

原理:陶冶是通过创设良好的情境,潜移默化地培养学生品德的方法。它有自己的特点,既不向学生传授系统的道德知识,也不对他们提出明确的要求,而是寓教育于情境之中,通过按教育要求预先设置的情境来感化与熏陶学生;既没有强制性的措施,也难有立竿见影的功能,然而对学生有潜移默化之效果,能给学生品德发展以深远的影响。

(一)人格感化

这是教育者以自身的品德和情感为情境对学生进行的陶冶。在这种情况下,教师不是通过说理和要求教育学生,而是以自己的高尚品德、人格;对学生的深切期望和真诚的爱来触动、感化学生,促进学生思想转变,积极进取。教师的威望愈高,对学生的关怀和爱愈真挚,他对学生人格感化的力量就愈大。有的后进生对教师说理产生反感,听不进去,便需从关怀入手,致力于感化,则水滴石穿,最终导致学生的思想转变。

(二)环境陶冶

环境影响对学生品德成长有重要陶冶作用。一般情况下,良好的环境总是陶冶人的良好品德,不良境遇则往往形成人的不良思想行为。我国古代就已重视环境对人的陶冶作用,"孟母三迁"的故事至今传为佳话。今天,我们应当更自觉地为学生创设良好的环境,如美观清洁的校园、朴实庄重的校舍、明亮整洁的教室,有秩序、有节奏的教学活动和作息安排,良好的班风和校风等。如果我们能创设这样良好的环境,就能保证学生品德健康成长。

(三)艺术陶冶

---

[1] 钱宗明:《给你一轮明月》,《中国教育报》,1997年10月14日。

艺术包括音乐、美术、舞蹈、雕塑、诗歌、文学、影视,都是人类智慧的结晶。它来自生活,高于生活,形象概括,寓意深刻,感人至深,不仅给学生以美的感受,而且熏陶了他们的性情。我们应重视组织学生阅读文学诗歌、聆听音乐、欣赏画展、观看影视,或引导他们自己去创作、表现、演出,从中获得启示、受到陶冶与教育。

六、评价

品德评价是教育的一种辅助方法,它是对学生业已形成的思想品德或目前已有的品德发展状况的一种评价。它是促进受教育者思想品德按确定方向发展的一种强化手段,或者说是影响教育者思想品德发展方向的一种控制手段。以下主要是介绍品德评价的几种方式。

(一)奖励

奖励是对学生思想品德给予的肯定评价。奖励是一种鼓励的方法,它能使学生肯定自己正当的、优良的思想行为,并引起他们巩固、发展这些优良品德的愿望和信心。

奖励的方法可以用于个人,也可以用于集体,其形式有赞许、表扬、奖赏等三种。

赞许。这是对学生良好思想品德的好评,表示赞同或肯定。可以用口头表示一般的赞同或肯定,也可以用评语表示肯定。有时可用说"对"、"好"来表示,也可以用目光、点头、微笑、手势来表示。

表扬。这是对学生良好的思想和道德品质进行较为正式的评价。表扬有口头表扬和书面表扬两种。

奖赏。这是对学生较为突出的优良思想行为所作的奖励。奖赏的办法有两种:颁发奖状,授予奖品。奖赏一般都在隆重的大会上进行,既鼓励教育本人,又可以树立榜样,教育全体。

奖励要收到应有效果,应遵循以下要求:奖励应是优良行为的结果,是集体和教师对优良行为的高度评价,而不应成为学生追求的目的;奖励必须公正,符合实际,否则会使受奖励者丧失威信,损坏奖励的意义,甚至造成学生间猜忌,不团结以及对教师不满;奖励应得到集体舆论的支持,被奖的行为应得到全体学生的公认。

奖励不能滥用,不能绝对地极端乱夸,似乎被奖者十全十美。相反,应给受奖者指出不足和今后努力方向,不使其因受奖励而停滞不前,甚至自满。

(二)惩罚

情境 1:英国皮亚丹博物馆收藏了两幅画——一幅是人体骨骼图,一幅是人体血液循环图。这是当年一名小学生麦克劳德的作品。这个孩子有一颗特强的好奇心,老想看看狗的内脏是怎样的。有一天,他终于杀了一条狗。这条狗恰恰是他们校长的宠物,校长知道了,决定给他以惩罚:罚他画两幅画。这就是该博物馆收藏的那两幅。麦后来成为一位有名的解剖学家,就得益于校长对他小时候好奇心的保护和引导。这位校长给了麦克劳德惩罚,这样的惩罚实在不失为是一种高明的惩罚,一种聪明的惩罚。①

情境 2:下课了,孩子们趴在地上看蚂蚁搬家,逗蚯蚓耕地,他们的老师见了,就怒不可遏,赶上前去高声叱责:"看看你的双手,你的衣服!多脏?快弄干净了!否则,不准进教室!"孩子们立即逃离现场,抖索着拍干净了衣服、洗干净了双手,也吓得对蚂蚁、对蚯蚓从此再不敢问津。这时,老师高兴了,以为他的惩罚生效了!

原理:惩罚是对学生不良行为所作的否定评价。其教育意义在于使学生认识某些思想品德的不当,促使其克服、纠正和彻底根除这些思想和行为。

惩罚能引起学生内疚和不愉快的情感,使他们从所犯的错误和存在的缺点中吸取教训。惩罚使学生学会用意志努力克服自己不良的行为习惯,也是培养学生坚强意志性格的方法。

---

① 何心乐:《呼唤"聪明"的惩罚》,《光明日报》,1997 年 7 月 1 日。

惩罚的形式一般有批评、谴责、训导和处分两大类。处分一般分为警告、记过、留校察看、开除学籍等。

惩罚是一种教育。惩罚的目的是为了教育学生,促使其改正错误。要反对有害于学生健康、侮辱学生人格的体罚或变相体罚。惩罚要伴之以说服教育,帮助学生认识错误的性质、危害、产生的原因,认识到为什么受到惩罚,同时提出改正的办法、努力的方向,不使因受惩罚而丧失前进信心。

惩罚必须公正合理。要依据学生所犯错误的性质、情节及对错误的认识、态度来决定给以何种惩罚。要分别初犯和累犯,轻犯和重犯,无意或故意等,区别对待。

惩罚要得到集体舆论支持。如果学生不良行为得不到集体的谴责,惩罚就可能产生相反效果。惩罚要依具体情况机智地运用,要考虑学生的年龄特点、个别特点和过错的特点,不要简单从事,千篇一律地使用。另外,惩罚的方法,应当尽量少用。惩罚过多,往往会使受惩罚者无动于衷,减弱教育效果。

(三)操行评定

情境 1:黑格尔受家庭影响考入了神学院,原打算毕业后去从事当时颇受人尊敬的牧师职业。但大学老师为他写的这样一段评语却改变了他的一生:你记忆强、判断力健全、文字通顺、作风正派;神学成绩平平,但语言知识丰富,在哲学方面有天赋且十分努力。这段评语深深触动了黑格尔,他反复诵读、推敲这段文字,经过慎重思考,毅然决定扬长避短,改行从事哲学研究工作。在哲学领域中,他凭着对哲学的浓厚兴趣以及优越的天赋条件,潜心钻研,终于成为一名世界著名的哲学大师。①

情境 2:教师写给杜海卫的评定:你不仅长得天真可爱,而且还拥有一个天资聪明的大脑,你是那么热爱科学,你的小制作经常

---

①　王庆芳等主编:《心理学》,241 页,哈尔滨,哈尔滨工业大学出版社,1997。

得到老师的表扬。你是那么爱读书,你知道世界发明大王爱迪生吗? 应当向他学习。从现在开始你就练一手漂亮的字,准确地算出每一道习题,有条理地整理好自己的东西,定会成为班上的一名优秀生。[①]

原理: 评定操行是在一定时期内对学生思想品德所作的比较全面的评价,包括肯定的评价和否定的评价两个方面。

操行评定应以对学生品德方面的要求为指导思想,以"学生守则"基本内容,来考查学生平时在课内、课外、校内、校外对待学习、社会活动、劳动以及对待集体和同学等各方面的表现,作出概括性总结。

对学生的操行评定,要有全面观点、发展观点,实事求是。因此平时要对学生作多方面观察、了解、考查并做记录。

要从其他学生、其他教师和家长那里了解学生的表现。在了解情况的基础上经过分析、综合,作出客观公正的评价。

操行评定一般是一个学期作一次,并写成书面的操行评语。如果年复一年地将评定加以编制,就会成为了解学生的工具,成为进一步进行教育的依据。

▲**附录:抚平学生的创伤**

主 持 人: 傅道春 黑龙江农垦师范专科学校教授
特邀教师: 李建明 上海市优秀青年教师

傅道春: 实施素质教育中的一个重要问题就是体现出对学生个体的教育差别,有时教师与极有个性的学生之间形成一种僵局,在这方面,我们作教师的应如何对待,请您结合实例谈谈看法。

---

① 烟台市莱州实验小学:《评语改革撷英》,《中国教育报》,1997年3月11日。

李建明:我班的朱燕是个很有个性的学生。记得有一次,上课的铃声已经响过,可由于我忙于公务,没能准时地走进教室,正当我匆匆地走到教室门口时,只见他还在向其他同学说着什么话,引得大家都哄笑起来;当时我非常气恼,因为要安静地等待老师上课是我一再强调的,可没想到朱燕还是不能做到。于是,我一走进教室就严厉地说:"朱燕,请你好好想想,你身为班里的小队长,还会干出这严重影响课堂纪律的事,我真为你害臊。"听了我的话,他的脑袋马上耷拉了下来,眼里含着泪,似乎有满肚子的委屈,他正想开口说些什么,我马上用眼神阻止了他,并示意他站起来。就这样,在那一节课上,他站了很久,事后,我也没有把这件事放在心上,直到以后的语文测验中,他的成绩明显退步,这才引起子我的重视。

傅道春:李老师,个性强的学生,往往是师生关系的一个焦点,请您谈谈对这类学生的看法和教育问题。

李建明:对于很有个性的学生,首先要了解其个性类型,了解了个性类型,有助于深入了解学生,并针对不同类型特点采取不同的教育方式,避免教育的一般化,因此说,对于这类学生,尤其要注意因材施教的教育原则,充分发挥学生的个性特长。

傅道春:您对朱燕的批评中,哪一句话最有伤害性,为什么?如果没有"我真为你害臊"这句话,后来会怎样?

李建明:我认为是"我真为你害臊"这句话,这是因为该生自尊心极强,老师当众批评,他可能认为是存心出他丑,他很在乎自己在老师、同学心目中的形象。我想,如果没有"我真为你害臊"这句话,后果可能也会如此,只不过程度小些而已。

傅道春:"他似乎受了委屈"以后,您用眼神阻止他,并示意他站起来,是出于怎样的想法?如果换一种处理方法,又会怎么做?结果将会怎样?

李建明:当时我用眼神阻止他,示意他站起来,一是想借此事教育全班学生;二是为了显示自己的"威信";三是想早点把这件事了结,我不想再多浪费时间;另外还想让他站起来之后,对自己的行为反省一下,不要找理由为自己所犯的错误辩解。如果换一种处理方法,我可能叫他原位坐下,保持沉默,先上课,然后再作处理。这样的结果,可能会好些。

傅道春:请您谈谈"这件事"与"成绩退步"的关系。

李建明:本来朱燕与我的关系尚可,我在学生中也有一定威信。但经过这件事之后,他对我的课不感兴趣了。另外,他自己也背上了较沉重的思想包袱,通过这件事,同学们也开始疏远他,这一点是他始料未及的,他对学校生活不如以前那么有兴致了,甚至担心其他教师也瞧不起他。由于有了这沉重的思想包袱,所以他学习成绩退步了。

傅道春:请您谈谈教师向学生道歉的体会和看法。

李建明:真诚的道歉本来就体现了教师对学生的爱护,同时也是解决师生紧张关系的一种十分有效的方法。当然教师向学生道歉,要说清事情经过以及自身的看法,用角色变换的方式来体验他人情感,因此,我坦诚地告诉大家,有错要敢于承认;这同样能树立起教师良好的形象和威信;固执己见于事无补,甚至情况会更糟。

傅道春:教师与有个性学生间的冲突是师生间冲突的主流。学生没有个性就只有服从与屈服,就不会有任何与教师的教育对抗,也就没有了师生间的冲突。在中国传统文化影响下的教师,大多习惯于一种平稳的秩序状态,沉醉于"师道尊严"之中,认为一切冲突都是破坏性的,都应加以避免。其实,从教师组织行为的角度看,冲突并非都是坏事,有时它能导致一种富有成效和不断增强组织功能的结果。比如,冲突可以使那些隐藏的又可能解决的问题表面化,使之早日解决,使介入冲突的当事人之间加深了解,促使双方的自身调节,因此教师不要怕冲突,应很好地利用冲突,李老师与朱燕的重新和解,就是冲突后形成的新的师生关系。

教师如何与个性鲜明的学生相处,如何对学生加强个性教育,这是当前中小学教师中一个十分突出的问题,无视学生个性的教师,阻碍学生个性发展的教师,都与现实和未来世纪的教育任务相背离。李老师面对朱燕这样一个倔强的孩子,如果不主动言和,将会贻误学生终生,教师也就失职了。

这则案例还提醒我们应该如何对学生进行批评。"教师行为学"的理论主张,教师批评切忌上纲上线,一般情况下就事论事较好,就事论人往往失之偏颇,即使朱燕无正当理由引起学生的课堂哄笑,也不应上升到"我真为你害臊"的程度。

教师行为学在研究教师与学生沟通时认为,使用批评或非批评的方式,二者后果大异其趣:使用后者可以导致合作,使用前者可能引起反感。但在对学生施教中,批评又是教育学生的重要手段,批评的语言不但能治疗,也能伤害,语言不但有教化作用也有反教化作用。运用新的方法提出批评,会收到良好的教育效果。

情境练习:

请运用教会学生做人的教理知识分析评价以下教育事例,并以《教师与学生良好行为的养成》为题,写一篇论文。

(1)著名的科学家富兰克林为自己制定了一个性格修养计划,修养的内容包括:节制、静默、秩序、决断、俭朴、勤劳等 13 项。为了实现这一计划,他把这些内容记录在小本上,划出 7 行空格,每天晚上进行反省。若没照办,就在当天的空格上记一个黑点,这样日复一日,年复一年,最后形成了良好的性格。富兰克林在科学上的成就,与其注意性格的自我教育是分不开的。

(2)"我能将青蛙变成王子,将姑娘变成彩蝶呢。"这是加拿大一所叫做"学着做"礼貌学校的校长乔伊·戴维斯女士,对前来学习的青少年提出的保证。

巴兹·安特突然有一天觉察到自己缺少堂堂的仪表、翩翩的风度、得当的举止以及高雅的谈吐。他需要有人来指点,什么颜色的衣服才相配,什么样的发式才适合他的脸型,吃饭时该怎样使用刀叉才得体,等等。于是,他慕名前往"学着做"学校。

开头六课是练正确的姿势。常言道,"坐有坐相,站有站相"。巴兹以前从没有注意过这些小节,经戴女士一指点,他发现自己站着时耸肩缩头,坐着时又缩作一堆。戴女士让他练习挺胸、抬头,这一下,巴兹顿觉精神多了,仿佛人也长高了一二英寸。戴女士又教他如何走路。巴兹心想:"嘿,我活了这么大,还不会走路?"戴女士看出了他的心思,让他对着大立镜走几步。他这才发现自己走路时活像街上拖着两条鼻涕的小淘气。这下他服了。他学会一抬脚一举步都从容不迫,步履稳健,沉着有力。

第二阶段的课程是指导巴兹的穿着。戴女士教他如何选择既经济实惠又美观大方的衣服;根据他的外貌、个性、生活习惯,建议他穿什么颜色的服装、如何打领结等等,使他很快纠正了衣着方面不太讲究的毛病。

巴兹接着要求学习餐桌上那一套规矩。戴女士让巴兹带她到一家法式餐馆去吃一顿。这顿饭他学会了用左手使叉子,懂得了当别人的面不能剔牙,不能将叉子伸到别人的盘里,喝汤时不能摇晃汤盘……

巴兹深有感触地说:"要是你在这个世界上想有所成,就得先从礼貌风度做起。"

像这样的礼貌教育,新加坡莱佛士书院这所有多年历史的学校更有着光荣的传统,它在礼仪教育方面成绩斐然,培养了李光耀、吴作栋等许多领袖人物,成为"领袖摇篮"。

(3)开学了。这是初一七班组成的第一天。从长征小学,从胜利小学,从四面八方、十几所小学,带着他们各自从小养成的种种习惯聚集在这间教室里的12岁或者13岁的男孩子和女孩子们,眼睁睁地看着他们的新班主任魏书生老师,听他讲了许多话,讲了学校的要求,班级的要求,讲了少年人应当有理想、有志气,他们听懂了、记住了,或者有的不大明白,还没记住。到最后,魏老师说:

"还有一项要求,只有三个字,我说出来,请大家记住并且一定要做到。如果我发现我们班级里有一个同学疏忽了,忘记了,他一时没有做到,那么,我就要把这三个字重复一遍,做一次提醒。"

魏老师说出了这三个字,只有三个字!

班级里发生了一些轻微的响动,很快平静下来了。

魏老师用欣慰印目光把整个教室里的每一个同学扫视了一遍,微微地点了点头。

突然,魏老师点了一个同学的名字:

"刘志军!"

"到!"

大家惊讶了!难道魏老师要批评他吗?刘志军自己也不明白出了什么事。只听魏老师语调平静地说:

"刘志军,老师给你个任务:从今天开始,每当我提起那三个字时,你就加上一个数,由你来统计一下,看看到毕业前,到底需要老师提醒多少次?行吗?"

"行,老师,我一定做到。"

刘志军坐下了,这三个字在他脑子里首先有了最深的印象。

可是,全班有那么多人,并不是把每一个都能记得很牢的呀!这样,说不上什么时候,魏老师提出了那简短的三个字!

刘志军笔一动,改了一个数字。

刘志军坐在最后排,每当老师提醒之后他的笔一动,大家又一次加深了印象。

有时,魏老师问:

"刘志军,多少次了?"

"16 次了。"

隔段时间,魏老师又问。

"45 次。"……

"70 次。"……

　　这样,教室里差不多所有的同学,只要眼光碰上了刘志军,就想起了老师那一次又一次的提醒。

　　直到毕业前,刘志军向大家宣布:

　　"魏老师一共提醒了 116 次。"

　　这三字是什么呢? 那就是

　　坐如钟!

　　为了一项良好习惯的养成,魏老师"恒"下一条心,办法实在新。待到习惯成了自然之后,就无须乎再做什么提醒了。这样做的结果是:全班初一时视力正常的 84 人,到毕业时只有 1 人视力稍有减退。功夫不负有心人哪。

主要参考书目

瞿葆奎主编:《教育学文集·教师》,北京,人民教育出版社,1991。

叶澜著:《教育概论》,北京,人民教育出版社,1991。

陈桂生著:《教育原理》,上海,华东师范大学出版社,1993。

顾明远主编:《实用教育学》,北京,人民教育出版社,1991。

王道俊、王汉澜主编:《教育学》,北京,人民教育出版社,1989。

班华主编:《中学教育学》,北京,人民教育出版社,1992。

南京师范大学编:《教育学》,北京,人民教育出版社,1985。

睢文龙等主编:《教育学》,北京,人民教育出版社,1988。

傅道春著:《教师组织行为》,上海,上海教育出版社,1993。

傅道春著:《教师技术行为》,哈尔滨,黑龙江教育出版社,1993。

鲁洁主编:《教育社会学》,北京,人民教育出版社,1991。

黄希庭主编:《心理学》,上海,上海教育出版社,1997。

李秉德主编:《教学论》,北京,人民教育出版社,1997。

潘菽主编:《教育心理学》,北京,人民教育出版社,1985。

胡寅生主编:《小学教育学教程》,北京,人民教育出版社,1995。

华中师范学院等编:《教育学》,北京,人民教育出版社,1985。

邵瑞珍主编:《教育心理学》,上海,上海教育出版社,1990。

施良方著:《课程理论》,北京,教育科学出版社,1996。

廖哲勋著:《课程学》,武汉,华中师范大学出版社,1991。

刘克兰编著:《教学论》,重庆,西南师范大学出版社,1988。

[日]佐藤正夫著,钟启泉译:《教学论原理》,北京,人民教育出版社,1996。

[日]大河内一男等著,曲程等译:《教育学的理论问题》,北京,教育科学出版社,1984。

[美]A.C.奥恩斯坦著,刘付忱译:《美国教育学基础》,北京,人民教育出版社,1984。

陈桂生著:《"教育学视界"辨析》,上海,华东师范大学出版
　社,1997。

唐文中主编:《教学论》,哈尔滨,黑龙江教育出版社,1990。

后 记

　　本书将"教育情境"引入现行教育学的教材中,是为了寻找师范院校教育学教材层面"理论联系实际"的结合点。这是我多年在教育学课堂中的一种追求。在"情境"与"教理"的匹配和组合的过程中,发现理论与实际联系的层面较为复杂,二者之间是那么紧密,互为依存,交织在一起难以拨开;但它们在性质和范围上又有着区别,有时又是那么遥远,几乎是"天""壤"之别,难以聚合。它们是互为照应的,但又不存在一种固定、现成的具体对应关系。从教育事实、问题和教育规律之间的关系建立来说,二者之间有着一段很宽的开阔地。这块开阔地里容纳着数以千万计的教师们的实践活动,将之开发出来,就可以见到现象与规律、情境与原理共融的新天地。我在这个新天地里找到了许多构建师范院校教育学的新原料。

　　通过情境与原理结合的教育学,我力图表述一个使用教育理论培训中小学教师的新思路:以教育的设计、运作、创造、效应为基本理论范畴,努力寻找实践教育学研究的新领地、新方法和新语言。我力图能够使学生既懂得基本原理,又会操作,又培养了专业精神。但由于新的构想与原有理论的影响共存,原理阐释与应用操作的两难机制,难免出现顾此失彼,捉襟见肘之处。这些,只好留给同行们斧正了。

　　这本教育学,还是一部幸运的教材,她获得了许多宝贵的帮助。世界银行、国家教委、黑龙江省教委都给予了关注和实质性的支持。我国教育学著名专家、学者瞿葆奎、顾明远、叶澜、王逢贤、陈桂生、齐亮祖、唐文中、班华、燕国材、金一鸣、施良方等教授都曾分别听取了写作汇报,并提出了许多专业性的建议。对此,我感到十分的荣幸。全国高师教育学的同行们在四次会议上有近百人就编写意图发表了意见,他们的鼓励和热盼,给了我很大的勇气。魏书生、马芯兰、丁有宽、王思明等百余名优秀中小学教师创设的独具特色的教育情境,也为本书提供了有力的实证。教材是已有相关知识的集合。这本教育学,我的主要工作是在情境与原理的关系的建构上,情境是优秀中小学教师的创造,原理是教育理论工作者几代人劳动成果的沉积。这本教材是属于集体的。本书采集了报刊和多种版本教材中原理知识和教例,在此,向原编著者一并致以谢忱。

编者